2019年华南理工大学出版基金资助项目

土地开发权与国家发展

发展权的解释

曾志敏 著

·广州·

图书在版编目（CIP）数据

土地开发权与国家发展：发展权的解释 / 曾志敏著. —广州：华南理工大学出版社，2021.6
　　ISBN 978-7-5623-6679-9

　　Ⅰ. ①土… Ⅱ. ①曾… Ⅲ. ①土地开发-研究-中国 Ⅳ. ①F323.2

中国版本图书馆CIP数据核字（2021）第062734号

TUDI KAIFAQUAN YU GUOJIA FAZHAN: FAZHANQUAN DE JIESHI
土地开发权与国家发展：发展权的解释

曾志敏　著

出 版 人：	**卢家明**
出版发行：	华南理工大学出版社
	（广州五山华南理工大学17号楼，邮编510640）
	http://www.scutpress.com.cn　E-mail: scutc13@scut.edu.cn
	营销部电话：020-87113487　87111048（传真）
责任编辑：	**付爱萍**
责任校对：	**詹伟文**
印 刷 者：	广州市新怡印务股份有限公司
开　　本：	787mm×960mm　1/16　印张：12.75　字数：250千
版　　次：	2021年6月第1版　2021年6月第1次印刷
定　　价：	58.00元

版权所有　盗版必究　　印装差错　负责调换

前　言

历史地看，土地问题始终是我国推进革命、建设、改革事业进程中涉及的一个大问题，因而在研究上自然而然吸引了无数学人著书立说。土地这个"老问题"之所以不过时，是因为在不同的政治经济制度安排下，它在实践上的改革创新经常会带来理论研究上的新意或新需求。本书成稿于2016年。从政策意义上看，本书所提相关政策建议的实质内容与2020年4月9日中共中央、国务院印发的《关于构建更加完善的要素市场化配置体制机制的意见》中关于土地要素市场化改革的举措在一定程度上相契合。在这份全方位推进要素市场化改革的纲领性文件中，土地被置于劳动力、资本、技术、数据等要素的首位，反映了深化土地改革的紧迫性和决策层的决心。在当前改革背景下，本书的意旨并不在于探索更新更全面更系统的政策方案，而在于为理解当前呈现出来的土地改革实践提供一种尽可能符合历史真实脉络的解释及逻辑。

当代中国如何实现现代化发展的赶超，是本书的宏大叙事背景和核心议题关切。为了回答这个重大问题，本书选择土地这把"钥匙"，通过关注土地开发权的发展权性质及其在制度层面上的配置管理机制，认为它在中国的国家主导型发展体制中被作为其中一项非常重要的制度工具来推动当代中国的现代化发展。20世纪八九十年代以来，中国就进入了一个快速城镇化的发展进程中。这种社会结构的巨大变迁，就其空间意义来说，必然意味着大量农村与农业土地用于非农开发建设从而转变为城市建设用地，并且使得土地具有长期增值的趋势。在这个以快速城镇化带动现代化发展的历史进程中，土地作为最重要的生产资料之一的价值实现就取决于土地空间及其用途的"土地开发权"的处分与配置。那么，谁来享有和分配这一决定土地非农开发建设的土地开发权及其相应的土地发展增益权呢？

发展是中国现代化国家建设的中心议题，而土地开发权则是城市化社会快速转型阶段下最具发展性意义的土地权利。土地开发权的配置管理过程本质上就是发展权利和发展利益在国家、农民（集体）、资本、市民等各个权利主体之间的分配过程。那么，各权利主体之间的权利与利益关系的协调机制就构成了国家在运用土地开发权这一制度性工具推动经济发展时必须要处理的核心问题。在现实制度运行中，人们看到的是一套在土地一级市场中以建设用地计划管理、国有土地有偿使用和土地用途管制为主要框架的土地开发权政府垄断制度。在这种制度之下，国家垄断城市建设用地一级市场，放开土地使用权的二级市场，即农村集体土地非经国家征收法定程序不得进入土地一级市场进行非农开发建设。国家按被征收土地原有用途（2004年后探索使用区片综合地价标准）给予农民补偿；除了行政划拨土地供应之外，被征收的土地按城市建设用地市场价值向市场供地，农地非农使用形成的增值收益归国家所有。这套制度是后来被学术界概括的"土地财政"的基础，也一直被认为是国家对农民土地利益的"剥削"，引发了很多社会利益矛盾。如何看待这套土地开发权政府垄断制度的构建与运行逻辑，也自然而然在学界引发了不同理论视角下的激烈争论。

关于中国的土地权利研究，传统法学理论一直重视静态权利，尤其是用益物权。由于权利行使是在动态的过程中实现经济利益，而在法律层面上所指涉的"动态"即指"交易"，因而当前学术界主流的一派意见试图将土地开发权纳入"用益物权"（或私权利性质的"财产权"）的理论框架，并通过构建"交易"制度来实现土地开发权的市场化配置。另一派主流意见则出于外部性问题考虑，试图将土地开发权纳入"国家管制权"的理论框架，主张实施限制"交易"的政府管制性配置方式以达到保障公共利益的目的。与从静态权利的交易角度来定义土地开发权的权利性质不同，本书尝试从政府积极运营的角度来阐释土地开发权的发展权性质及其实现经济利益的非市场交易性方式。由于发展权主体具有集体主体与个人主体的双重性，因而通过土地开发权的发展权视角，可以把土地开发权的权利主体非"公"即"私"的对立问题转化为双重主体间关系的协调问题。对此，本书认为，这种双重主体间关系的协调机制是通过一种等级制结构来实现的：在国家主导发展体制蕴涵的国家发展权优先性的观念统领下，作为国家代表的政府对于土地开发权的控制与分配居于垄断地位，保障国家在现代化经济发展中的自主性和主导权，从而使得国家能够超越社会力量的约束，快速调动土地资源并通过垄断土地发展性收益来推动基础设施建设，促进工业化和城市化发展。

毫无疑问，这种权利分配的等级制必然带来国家与社会之间、经济与生态之间的紧张关系。20世纪90年代以后,国家发展权利的绝对性就不断遭遇来自新自由主义私有财产观念、征地农民土地抗争行为以及生态环境保护压力等方面的严重挑战。由此,包括《土地管理法》在内的法律法规和国家政策通过不断修订,从而推动着土地开发权分配从完全等级制结构向有限等级制结构演化。这一方面促使原来单一的经济发展逻辑向可持续发展逻辑转型,建立了国家用途管制权;另一方面,通过对中央与地方政府之间、政府与农民之间、政府与农村集体之间以及经济发展与生态发展之间等利益关系的重大调整,实现各主体间发展权利关系在一定程度上的平衡。与此同时,地方政府的征地权不断被削弱,而农民的利益补偿权则不断加强。在一定程度上,当前国家关于建立健全城乡统一的建设用地市场,允许农村集体经营性建设用地入市,以及探索建立全国性的建设用地、补充耕地指标跨区域交易机制等改革举措都是上述制度逻辑的结果。

简言之,本书构建了基于中国政治经济制度情境下发展权及其国内分配的一般理论分析框架,对土地开发权的权利性质、归属主体与分配机制进行了全新解读,希望能为读者理解当代中国的土地开发权政府垄断制度的创设与运行逻辑提供一种富有启发性的视角。

曾志敏
2020年4月于广州

目录

第 1 章 绪论

1.1 研究问题 / 2

1.2 研究背景 / 6
    1.2.1 集体土地所有制存续性的理论争论 / 6
    1.2.2 城镇化转型中的土地开发权分配难题 / 8
    1.2.3 当前农村土地制度改革的政策思路 / 9

1.3 文献回顾与评论 / 12
    1.3.1 土地开发权的内涵 / 12
    1.3.2 土地开发权研究兴起的实践背景 / 14
    1.3.3 土地开发权研究的现状及其评价 / 18
    1.3.4 当前理论争论焦点问题及其评析 / 21
    1.3.5 特殊国情要求下的理论发展需求 / 24

1.4 研究思路与结构安排 / 26

第 2 章 国家发展权的优先性：国家主导发展体制的逻辑

2.1 发展权概论：内涵、主体、性质及构成 / 30
    2.1.1 发展权的形成背景及其内涵 / 30
    2.1.2 主权双重性及国家主体的地位 / 38
    2.1.3 发展权性质的政治理论解释 / 39
    2.1.4 发展观的演化与发展权的构成 / 42

2.2 国家发展权的优先性：集体主义、历史经验与政治控制 / 47
    2.2.1 国内层面发展权分配的国家问题 / 47

2.2.2 集体主义道德原则与国家发展权的优先性 / 50

2.2.3 国际竞争历史经验与国家发展权的优先性 / 53

2.2.4 政治控制需求与国家发展权的优先性 / 54

2.3 国家发展权优先性的有限性：国际体系与公民权利 / 55

2.3.1 全球化时代下的国际体系制约 / 55

2.3.2 市场经济条件下的公民权利制衡 / 58

2.3.3 发展权分配的有限等级制结构 / 60

第3章 土地开发权的分配机制：等级制结构及其演化

3.1 土地开发权的发展权性质及其权利主体 / 61

3.1.1 土地开发权的发展权性质 / 61

3.1.2 主体双重性与国家主体的权利形式 / 66

3.1.3 农村集体作为权利主体的现实困境 / 67

3.1.4 股份合作制农村集体的主体违宪性 / 68

3.2 土地开发权政府垄断制度的构建逻辑 / 70

3.2.1 土地的社会主义改造与社会主义产业理论实践 / 71

3.2.2 国家征地权：国家发展权优先性及其宪法解释 / 75

3.2.3 有偿出让权：政府主导型发展体制的融资机制 / 79

3.2.4 政府垄断制度构建逻辑的总结 / 82

3.3 土地开发权分配的等级制结构及其演化 / 83

3.3.1 完全等级制结构：1953—1997年 / 84

3.3.2 结构演化的动因：征地权的制约 / 86

3.3.3 有限等级制结构：1998年至今 / 87

第4章 等级制分配机制的影响：地方发展及其困境

4.1 等级制分配的管理机制：新增建设用地指标管理 / 91

4.1.1 新增建设用地指标管理的形成背景 / 91

4.1.2 新增建设用地指标管理的制度框架 / 92

4.1.3 新增建设用地指标的计划分配机制 / 96

4.2 等级制分配与地方经济发展：土地融资与公地悲剧 / 101
    4.2.1 中央集权体制下的地方政府自主性 / 101
    4.2.2 地区间经济竞争下的土地融资发展模式 / 102
    4.2.3 土地开发权地方政府间分配的公地悲剧 / 106

4.3 等级制分配与地方社会发展：阶层分化与反公地悲剧 / 109
    4.3.1 城镇化过程中的农民阶层分化 / 109
    4.3.2 土地开发过程中的反公地悲剧 / 112
    4.3.3 地利共享缺席者：农民工群体 / 116

第5章 完全等级制结构下的地方发展：案例研究（一）

5.1 案例情况说明及其选择依据 / 119

5.2 浙江龙港镇：人地相融的城镇化发展模式 / 120
    5.2.1 龙港镇的诞生及其发展资本困境 / 120
    5.2.2 土地资本化与人口城镇化联动发展机制 / 122
    5.2.3 城镇体量扩张与土地开发权收敛的矛盾 / 125

5.3 广东南海区：土地股份制改革的"南海模式" / 129
    5.3.1 土地股份制改革的"南海模式"诞生 / 129
    5.3.2 农村土地股份制困局与新探索 / 132

5.4 案例比较的分析性结论 / 133
    5.4.1 土地开发权的政府垄断是推动地方发展的政策工具 / 133
    5.4.2 人地关系的平衡性是影响地方发展结果的重要因素 / 134
    5.4.3 土地开发权的公平分配是化解地方发展困境的关键 / 136

第6章 有限等级制结构下的地方发展：案例研究（二）

6.1 案例情况说明及其选择依据 / 137

6.2 河南信阳市：工业化与城镇化导向的发展模式 / 138
    6.2.1 处于早期工业化和城镇化阶段的农业大市 / 138
    6.2.2 农业剩余人口转移与土地融资的发展机制 / 142
    6.2.3 土地融资发展机制的限度及其当前的困境 / 145

6.3 浙江安吉县：生态经济与保护导向的发展模式 / 149
    6.3.1 长三角经济圈的"生态后花园" / 149
    6.3.2 生态立县及生态经济建设成就 / 151
    6.3.3 土地开发权管制及发展权补偿 / 155

6.4 案例比较的分析性结论 / 157
    6.4.1 地方发展的路径选择受到特定发展阶段的约束 / 157
    6.4.2 土地开发权的政府垄断制度仍具有现实有效性 / 157
    6.4.3 发展权的公平补偿是社会发展政策的重要内涵 / 158

第7章 土地开发权分配机制改革：方案探索与经验借鉴

7.1 主要改革方案探索 / 160
    7.1.1 方案一：城乡建设用地增减挂钩 / 160
    7.1.2 方案二：浙江的政府间跨区域交易 / 164
    7.1.3 方案三：重庆的地票交易制度 / 167
    7.1.4 方案四：河南的人地挂钩政策 / 169

7.2 先行地区经验借鉴 / 172
    7.2.1 政府管制权不断强化 / 172
    7.2.2 征地权的受限程度低 / 174
    7.2.3 土地增值社会化共享 / 175

7.3 分析性结论 / 178
    7.3.1 当前增益改革方案仍需不断深化探索核心机制 / 178
    7.3.2 强化政府管制权与土地增值社会化是主流趋势 / 179

第8章 结论与建议

8.1 研究结论 / 181

    8.1.1 主要理论认识 / 182

    8.1.2 主要实证发现 / 182

8.2 政策建议 / 183

    8.2.1 改革现行建设用地指标无偿计划分配体制 / 183

    8.2.2 严格规范现行征地拆迁的利益补偿标准 / 183

    8.2.3 强化政府的土地规划权和用途管制权 / 184

8.3 未竟问题 / 184

参考文献 / 186

第 1 章
绪论

本书主要关注土地开发权（land development rights，LDR）[①]的发展权性质及其在制度层面上的配置管理机制，并试图解释它在中国的国家主导型发展体制中是如何被作为其中一项制度性工具来推动当代中国的现代化发展的。关于中国的土地权利研究，传统法学理论一直重视静态权利，尤其用益物权。由于权利行使是在动态的过程中实现经济利益，而在法律层面上所指涉的"动态"即指"交易"，因而当前学术界主流的一派意见试图将土地开发权纳入"用益物权"（或私权利性质的"财产权"）的理论框架，并通过构建"交易"制度来实现土地开发权的市场化配置。另一派主流意见则出于外部性问题考虑，试图将土地开发权纳入"国家管制权"的理论框架，主张实施限制"交易"的政府管制性配置方式以达到保障公共利益的目的。与这两派的理论视角有所不同，本书并不是从静态权利的交易角度来定义土地开发权的权利性质，而是尝试从政府积极运营的角度来阐释土地开发权的发展权性质及其实现经济利益的非市场交易性方式，并以此揭示土地开发权的政府配置管理制度如何构成了中国现代国家发展体制的一部分。

就理论与现实意义而言，关于土地开发权的研究需求在中国的城镇化社会快速转型时期得到了极大凸显，尤其表现在当代中国所面临的土地开发权分配难题。该难题直接牵动政府、农民（集体）、资本、市民多方的土地利益分配关系并深度关涉中国地方发展机制的可持续性问题，因而备受学术界和政策界关注。在理论上，土地开发权分配难题所涉及的核心问题在于如何认识土地开发权的权利性质及其归属主体，以及在土地开发权的配置管理中如何协调国家、农村集体与农民个体三者之间的发展权利和土地利益关系。随着中国的市场经济体制全面改革，市场机制在资源配置中起决定性作用的政治经济学"信

[①] LDR 在国内文献中普遍译为"土地发展权"。后文将会指出，在我国的土地法律制度语境中，"土地开发权"的译法相较于"土地发展权"的译法更为准确，故本书在引述相关文献时也统称为"土地开发权"。LDR 的核心内涵是指土地变更为不同性质使用之权，主要表现为土地用于非农开发建设的权利。

条"已经被政策决策层广泛接受并被视为指导政策行动的合理性来源。这种经济意识形态的重大调整，使得土地一级市场中以建设用地计划管理、国有土地有偿使用和土地用途管制为主要框架的土地开发权政府垄断制度①正在遭受市场化改革的巨大冲击②，从而可能引发利益相关者之间更为复杂的利益关系。

  作为一项制度与政策性研究，土地开发权及其分配是本书的具体研究对象，但与现有研究较为普遍的财产权和管制权等两个分析视角不同，本书基于中国的土地的社会主义公有制制度条件，着眼于土地开发权的发展权性质，试图从国家发展权优先性和国家主导型发展体制的角度来解释现行土地开发权政府垄断制度的构建与运行逻辑，从而就关于在土地开发权的配置管理中如何协调国家、集体、个人等主体发展权利关系的问题，提出一个在理论上可概括为"有限等级制结构"的解释框架。

1.1 研究问题

  中国正处于快速城镇化的大潮之中，在不久的将来总体上完成现代城市社会的转型，已经是一个确定性的前景。这种社会结构的巨大变迁，就其空间意义来说，必然意味着大量农村与农业土地用于非农开发建设从而转变为城市建设用地，并且使得土地具有长期增值的趋势。由此而引发的问题是，谁来享有和分配这份决定土地非农开发建设的土地开发权及其相应的土地发展增益权？在土地的社会主义公有制下，这个问题在理论上其实并不会构成一个棘手的政策难题。然而，现行的土地制度条文却远远不能规范或者描述中国当前复杂的现实状况。从政治经济意识形态层面论，新自由主义的全球扩张力量已经长时期地对土地的社会主义公有制概念造成巨大冲击，并且极为广泛地塑造着当代中国农民对土地私有财产权利的绝对观念。这种权利观念的重大转变，加剧了城镇化快速转型背景下由于土地开发权归属与分配问题而引起的政府与农

---

  ① 其基本含义是：在国家所有和集体所有的二元土地所有制之下，政府长期垄断非农业用地的征收与规划，并严格控制农用地乃至非利用地（即既非农用地又非建设用地的坡地、滩涂地、荒地等）的非农使用，严格控制农村集体建设用地特别是农民宅基地的扩大，禁止以农村集体土地建设"小产权房"（此非法律概念，而是人们在社会实践中形成的一种约定俗成的称谓。它是指在农村集体土地上建设的房屋，未缴纳土地出让金等费用，其产权证不是由国家房管部门颁发。由于这类房屋没有国家发放的土地使用证和预售许可证，购房合同在国土房管部门不会给予备案，所以它的所谓产权证不是真正合法有效的产权证）和严格限制农民宅基地的转让。
  ② 根据中国共产党十八届三中全会《关于全面深化改革若干重大问题的决定》所明确的农村土地制度改革的方向和任务，2015年1月，中共中央办公厅、国务院办公厅联合印发了《关于农村土地征收、集体经营性建设用地入市、宅基地制度改革试点工作的意见》，意味着我国农村土地制度改革已经进入试点阶段。

民之间的土地利益矛盾以及政府与社会之间的紧张关系。尽管中央已经采取了多种改革性政策来约束地方政府的征地权力、赋予农民更多的土地财产权利以及保障农民的土地增值收益分配权利，但在具体实践中，这些改革性政策至少短期来看大都陷入了逻辑难以自洽的困境，并在一定程度上加剧了当前土地一级市场管理的乱象。

可以说，当前农村土地制度改革陷入了成本与风险的恶性循环。一方面，在巨大的土地利益面前，农民主观上的土地补偿要求越来越高，不断突破现行征地补偿政策的规范①，从而导致全国范围内整体土地征收补偿成本不断急速上升；②另一方面，地方政府的财政压力和债务负担则在日益加重。地方政府依靠土地融资的发展模式所遭遇的阻力已经越来越大，与此同时，其所孕育的地方债务风险也日益增大。此外，国家目前关于集体经营性建设用地入市、农村承包土地的经营权和农民住房财产权抵押贷款等土地市场化改革举措，在一定程度上打破了土地开发权的政府垄断格局，并进一步增强了土地私有产权属性。显然，这些问题都是超越于土地资源配置的经济效率层面的。

当前，土地一级市场确实存在大量理论与实践问题值得深入讨论，其中的一个核心问题亟待厘清，即如何认识土地开发权的权利性质及其归属主体，以及在土地开发权的配置管理中如何协调国家、农村集体与农民个体三者之间的发展权利和土地利益关系。由于中国现行的土地制度是新民主主义革命和社会主义革命的重要成果，因而中国的土地问题不可避免地具有了政治属性。然而，目前主流舆论在讨论土地制度改革问题时，大都是从土地资源配置的经济效率角度，来讨论政府与市场的关系以及各自在土地资源配置中的作用问题。根据现代西方经济学的逻辑，基于理性经济人假设而推演出来的私人产权制度，是实现经济效率最优的制度前提，这就意味着，任何着眼于土地资源配置效率的经济学理论讨论，大都导向了在土地一级市场中破除政府垄断以及对农民"还权赋能"的结论。如果着眼于中国现代国家发展与地权之间关系的深层

---

① 客观上，社会上渲染的各种保护农民权益的呼声以及中央近年来不断出台的赋予并保障农民更多土地财产权利的政策，也使得农民的各种提高征地补偿要求更加理直气壮。

② 现行《土地管理法》关于30倍产值的补偿上限以及按原农业用途补偿的规定，事实上在征地实践中早已被搁置甚至废弃了。如今在大中城市的城中村和城郊村的征地拆迁补偿已经较以往达到相当高的水平。在全国农民家庭平均资产仍然处于较低水平的国情下，早在十余年前深圳被称为城中村改造典范的罗湖区渔民村33户原住民分了6.5万平方米，1300多套住房，平均每户约2000平方米，家家都是几千万乃至上亿资产（参见宋毅、陈骁鹏：《渔民村成城中村改造"样本"》，载2008年4月8日《羊城晚报》）。而那些很多土地尚未改造、自己就在农地上盖起高楼坐享地利的原住民的补偿要求就更高了。可以说，在维稳需要以及政府接受"补砖头"（即按农民建筑面积计算价格补偿）的情况下，城中村和城郊农民以抢建索要高额补偿已经是一个极为普遍的现象。

次考虑，经济学的效率逻辑则可能过于简单化了国家对土地的开发利用行使控制权的制度意义，也可能无法准确理解当前运行的土地开发权政府垄断制度的创设逻辑及其分配机制的症结所在。

现有研究关于土地开发权的"独立性"（表现为与土地所有权相分离）与"社会性"（表现为国家管制权）的权利性质已有较为充分的认识，但对它的"发展性"却关注不足，换言之，土地开发权的发展问题在理论研究上极少得到应有的关注。发展是中国现代国家建设的中心议题，而土地开发权则是城镇化社会快速转型阶段最具发展性意义的土地权利。可以说，土地开发权的配置管理过程本质上就是发展权利和发展利益在各个权利主体之间的分配过程。那么，各权利主体之间的权利与利益关系的协调机制就成了土地开发权分配机制研究的核心问题。

本书基于发展权的理论视角，试图解释如下问题：在中国现行的土地开发权配置管理制度下，土地开发权及其发展性利益在国家、农村集体与农民个体等主体之间是如何分配的？从而论证土地开发权在中国的国家主导型发展体制中，是如何被作为其中一项制度性工具来推动当代中国的现代化发展。该研究问题可分解为以下三个子问题进行探讨：

（1）现行土地开发权的政府垄断制度的构建逻辑是什么？

（2）这种制度逻辑如何影响土地开发权以及相应的土地利益在国家、农村集体与农民个体等主体之间的分配？

（3）这种分配机制又是如何影响当代中国的地方经济社会发展的？

在变量关系的逻辑框架上（见图1.1），本书主要探讨国家主导发展体制与土地开发权分配之间的关系，基本理论命题是：在国家主导发展体制中的国家发展权优先性制度逻辑下，土地开发权是在一种等级制结构下进行权利主体间分配的。该理论命题提出的依据如下：第一，土地开发权是一项具有发展权性质的独立性土地权利（详见3.1节的论述），它服从于发展权分配国内机制的一般理论原则。第二，发展权分配国内机制涉及国家主体与个人主体之间关系的协调结构，主要取决于特定制度与文化环境约束条件下的国家发展自主性程度。就中国而言，中国社会的集体主义道德原则、近代以来国际霸权竞争的历史经验教训以及现代国家建构中的政治控制需求，这三方面因素塑造了当代中国的国家发展权优先性的观念，即国家主体与个人主体的发展权利关系处于一种"等级制结构"中，这也是中国国家主导发展体制的制度逻辑（详见2.2节的论述）。第三，作为一项发展权，土地开发权的权利主体间关系的等级制结构，不仅能够得到相应的宪法解释，而且也能够得到中华人民共和国成立以来土地法律管理制度的历史实践支撑（详见3.2节的论述）。需要指出的是，这种权利主体间关系的等级制结构，在中国的现代化发展实践过程中，并不是一成不变的，而是一直处于演化当中（详见3.3节的论述）。

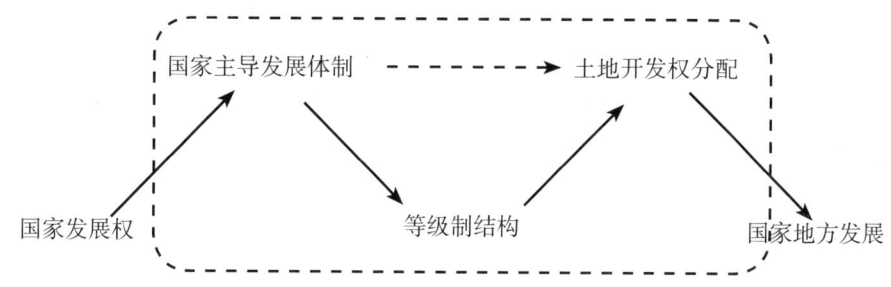

图1.1 变量关系的逻辑框架

作为对上述基本理论命题的论证逻辑，本书先以发展权为理论切入点来讨论当代中国国家主导发展体制的国家发展权优先性的制度逻辑（第2章）；进而依据这种制度逻辑，论述等级制分配结构的构建逻辑、运行机制和演化过程（第3章）；并扩展到土地开发权等级制分配机制与当代中国地方发展的关系的讨论（第4章）。简言之，笔者认为，现行土地开发权的政府垄断制度及其相应的配置管理机制是当代中国国家主导发展体制的制度逻辑产物，从发展权的角度来探讨土地开发权的分配机制及其制度改革问题，具有重要的理论与现实意义。

需要进一步明确的是，本书论题所指的"分配机制"是指土地开发权各权利主体间关系协调的运行结构。之所以存在权利主体间关系的协调问题，是因为作为一项具有发展权性质的独立性土地权利，土地开发权具有国家主体与农民主体的双重性。当前国内研究在沿用西方理论框架时主要从静态权利的角度，关注到土地开发权性质的"独立性"（从土地所有权中分离出来的一项独立权利）和"社会性"（为增进公共利益的国家管制权利），而忽视了其权利性质的"发展性"，这主要是由于忽视了国外理论所产生的历史与现实背景所导致的。在城镇化快速发展的特定历史阶段，与步入后城市化阶段的西方国家通过限制土地开发权的行使来达到保护耕地的目的不同，当代中国在过去相当长的时期内通过积极行使土地开发权的方式来达到发展的目的。由于土地开发权体现了发展权的四个方面特征——发展进程的参与性、社会连带性、权利客体的综合性、发展利益的共享性，因而它是一项具有发展权性质的土地权利；或言之，土地开发权本身可以视为一项发展权。发展权的理论视角，可以化解当前学术界关于土地开发权的权利主体"公""私"二元对立的争论局面，从而把权利主体非"公"即"私"的对立问题转化为双重主体间关系的协调问题。

基于这种权利性质认识，本书论证的结构框架主要分为三个部分：首先是理论构建，即构建一个关于发展权国内分配机制以及解释国家主导发展体制逻辑的一般理论分析框架（第2章）；其次是理论解释，运用这个分析框架对当代中国土地开发权配置管理制度的构建逻辑、运行机制和制度影响进行解释（第3章和第4章）；最后是理论验证，运用处于当代中国不同历史发展阶段的四个地方发展案例，以及国外发展经验对上述解释逻辑进行证明（第5章、第6章和第7章）。

1.2 研究背景

1.2.1 集体土地所有制存续性的理论争论

在20世纪80年代以来的经济改革时代，以新自由主义哲学理论为基础的"新制度经济学"一度在中国是占据了较为主流地位的经济学理论。[①]该理论可以自我表述为"硬"性科学的、几乎占有数学公理强势的核心前提是：唯有基于清晰私有产权的自由市场竞争才可能做到资源配置最优化（Coase，1988，1990；North，1981；Williamson，1985）。历史地看，"新自由主义"和"新制度经济学"霸权话语的形成，与最近三十多年国际格局所发生的重大变化有密切关系。

受到哈耶克（Friedrich Hayek）等人强烈捍卫的新古典经济学以及科斯（Ronald Coase）等人推崇的新制度经济学，在20世纪70年代末首先获得了英美保守主义意识形态的强有力支持，尤为明显地体现在美国"里根主义"和英国"撒切尔主义"的经济政策实践上。而后随着中国改革开放，冷战结束和苏联解体，国际格局发生重大变化，一时拥有绝对霸权地位的美国及其控制的世界银行、国际货币基金组织等国际经济组织自20世纪80年代开始大力推动新自由主义发展模式的普遍化，即所谓的"华盛顿共识"（Washington Consensus）。在美国看来，这个新自由主义发展范式就是"一个经济全球化世界所需要的统一的政治经济运行标准"，它可以促进发达的、中等发达的、欠发达的，社会主义的、资本主义的世界各地区的现代化发展。由于美国不遗

[①] "新制度经济学"的开创者和继承者成就了诸多诺贝尔经济学奖得主——1991年获奖的科斯（Ronald H. Coase）、1993年获奖的诺斯（Douglass North）和2009年获奖的威廉姆森（Oliver Williamson）。作为新制度经济学代表人物之一，张五常是将新制度经济学分析系统地运用到中国经济问题研究的第一人。自20世纪80年代以来，张五常不遗余力地向中国介绍以科斯为代表的新制度经济学思想，并就中国经济改革问题形成了一系列产权制度分析、政策建议。参见张五常的著作《卖橘者言》《中国的前途》《再论中国的前途》《中国的经济革命》《中国的经济制度》等。

余力地在全球推动华盛顿共识,很大程度上成就了新自由主义市场万能的神话(Crouch,2011)。

就中国而言,在推动改革开放以及融入世界自由贸易和全球经济体系的过程中,经济意识形态总体上受到新古典经济学和新制度经济学较为深刻的影响。尤其在1992年,党的十四大正式提出"建设社会主义市场经济"以后,市场自由竞争理念逐渐取代了计划经济的平均分配原则,私有产权理念也越来越深入人心,而后市场原则逐渐无节制地从经济领域侵入政治和社会领域,从而导致中国革命传统的社会公正理念在较大程度上被私人逐利观念所取代。在这种新自由主义政治经济思想主导的背景下,继20世纪80年代兴起的乡镇企业后来相当广泛地被私有化之后,国家在20世纪90年代末期开始对国有企业进行大规模改革。①这个以产权改革为核心的国企改革潮流,在逻辑上自然而然地引发了对社会主义公有制的另外一项基础性经济制度——"土地公有制的私有化"改革。

运用与分析国企私有化改革方案基本相同的新自由主义经济学和新制度经济学理论框架,一些较为坚持市场自由竞争和私有产权信念的政治经济学家,自20世纪90年代后期开始对土地的社会主义公有制的劳动群众集体所有制(即农村土地集体所有制)的合理性提出质疑,并倡导中国应实行农村土地私有化的观点,从而引发了集体土地所有制存废的理论争论。他们从自由市场私有产权理论的基本假设出发,认为当前中国农地的所有权和使用权分离的产权结构,是一种"残缺的产权",其特征是"共有私用",这大大制约了农村土地的市场化和利用效率,并严重损害了农民的土地经济利益。这种产权结构面临着一个非常重要的问题,就是如何解决地权的稳定性(Land Tenure Security)问题,即要解决长期性的预期问题,否则会导致制度内生的交易费用比较高(Williamson,1983)。因此,随着市场化的深入,目前以村委会作为集体产权代理人的正规制度安排开始不适应生产者对土地利用的需求(陈剑波,2006)。基于这样的理论逻辑,他们主张中国农地推行私有化乃至彻底的私有化改革,认为解决农村问题的核心在于土地私有化(杨小凯,2001;文贯中,2006,2008),农地私有化是农村土地产权改革不可避免的一步(蔡继明,2003,2004,2005),也是建立市场经济和实现"现代化"的必要条件(李再杨,1999;周其仁,2004)。尽管农村土地私有化的理论主张在法律制度上自始至终并没有动摇土地的社会主义公有制,但它在一些媒体的推波助澜

---

① 在"抓大放小"政策下,把大的国营企业改制为在市场上盈利的国有公司;小的则要么私有化,要么由其破产。

之下，较为广泛地瓦解了农民原有的土地公有制的概念，从而深刻重塑了农民对土地的私有财产自然权利的观念。

1.2.2 城镇化转型中的土地开发权分配难题

在经济利益层面上，农村土地私有化方案的核心内涵在于主张将土地用途的处分权从国家（政府）手上转移至农民个体所有，即认为土地归农是最彻底保护农民权益和尊重农民意愿的制度安排，农民自然会以最符合自己利益的方式去使用和处置他们的土地，根本不用政府或其他主体干预。土地用途的处分权是所有权的权利约束中极为重要的一项权能，尤其在中国现代转型社会中，工业化和城市化的快速发展必然导致越来越多的城郊农村土地被改变用途进行非农开发，成为城市建设用地。受益于土地在空间上的经济集聚，土地非农开发建设后往往会导致比之前农业产出价值高得多的经济价值提升。因此，工业化和城市化进程推进得越快，被非农开发使用的农村土地就越多，土地经济利益就越大，涉及征地农民的利益矛盾就越多。

当前中国正处于城镇化快速发展的大时代当中。从全球来看，人类社会到21世纪末完成现代城市社会的根本转变，已经是一个充满确定性的前景（Department of Economic and Social Affairs of United Nations，2012）。在这个全球性的快速城市化的大潮之中[①]，中国也在潮流之中。1978年，中国只有不到20%的城镇人口，而2014年的城镇化率已达54.77%（国家统计局，2015），城镇人口增长5亿多（1978年为1.7亿人）。在国民人均收入增长相类似的发展阶段上，中国的城镇化率慢于日本和韩国，但快于美国和英国。考虑到目前的人均收入（2016年，我国城镇居民人均可支配收入33 616元），中国城镇化率仍低于应有水平。根据人均收入的增长趋势，中国的城镇化率到2030年预计达到70%左右，大约有10亿人生活在城市里（世界银行和国务院发展研究中心，2014）。这就意味着，已经在统计意义上从农业型社会步入城市型社会的中国，当前仍处于一个快速城镇化的发展阶段。

作为经济社会现代化过程中的一个关键环节，城镇化的主要作用是通过集聚于城市的制造业和服务业的发展，将人口逐渐从农村转移到城市，从以农村为主要基地的农业部门转移到以城市为主的制造业和服务业部门（Chenery and Syrquin，1975），这就意味着城镇化过程不可避免地带来原有农业、农村

[①] 在20世纪的100年中，世界总人口增长了4倍，城市人口则增长了13倍。2011年全世界人口为69.7亿，其中52.1%为城市人口，而全球经济活动的80%以上都集中在城市，预计到2050年世界总人口达93.1亿人，其中67.2%将为城市人口。

用地转化为城市制造业、服务业、公共基础设施以及居民生活用地。尽管城镇化会引起城乡之间环境、制度、技术、观念和文化的大变迁，但总体来看，任何一个国家的城镇化都主要包含着人口城镇化和空间城镇化两个维度。人口城镇化是指农业人口逐渐从农村中转移出来，加入城市的制造业和服务业劳动者行列，并同时享有城市所提供的各种市民公共服务；而空间城镇化则意味着城市实体规模的扩大和城市建设空间的扩张。显然，在空间城镇化过程中，不仅存在一个城市土地规模变化和利用性质调整如何适应农村迁移人口生产、生活用地需要以及城市工商业经济扩张用地需要的问题，也会出现因城市扩展本身而带来的失地农民如何转换就业并逐渐融入城市生活的问题。

在一个城镇化快速发展的社会，意味着会有越来越多的农村土地用于非农开发建设，并且土地具有长期增值的趋势，那么随之而来的问题是，谁来界定、享有和分配这份土地开发权及其相应的土地发展增益权？根据现行土地管理法律制度，"城市的土地属于国家所有"（《中华人民共和国宪法》第十条第1款），农村集体所有的土地的使用权不得出让、转让或者出租用于非农建设，其转为城市建设用地必须经过唯一的法定土地征收程序完成国有化，建设单位再以行政划拨或有偿出让等方式取得国有土地使用权方可使用土地（参见《中华人民共和国土地管理法》第四十三条、第四十七条、第五十五条、第六十三条）。简言之，现行中国土地制度的基本法律秩序是：国家垄断城市建设用地一级市场，放开土地使用权的二级市场。国家按被征收土地原有用途给农民补偿，除了行政划拨土地供应之外，按城市建设用地市场价值向市场供地，农地非农使用形成的增值收益归国家所有（贺雪峰，2013）。然而，这种土地开发权和土地发展增益权的国有化制度，自20世纪90年代末期以来，在学术界被普遍认为是农民土地抗争群体性事件层出不穷以及地方政府形成所谓的"土地财政"牟利机制的根源所在，也在相当程度上被认为是导致地方政商腐败的重要原因，其相应的解决方法就是打破政府的土地垄断，开放土地一级市场。在事实层面上，现行土地征收与出让体制已经成为社会矛盾和官民冲突的一个焦点而亟待解决，其在理论上所反映的核心问题就是如何廓清土地开发权与土地发展增益权在国家与农民（集体）之间的归属与分配问题，以及如何协调土地权利主体之间的发展权利关系。

1.2.3 当前农村土地制度改革的政策思路

针对当前征地与出让体制所引发的激烈的社会矛盾以及舆论的改革呼声，应当说，党中央一直秉持重视的态度，多年来也在积极探索土地制度改革的路径。2008年，党的十七届三中全会通过的《中共中央关于推进农村改革发展若干重大问题的决定》，首次提出要改革征地制度，逐步建立城乡统一的建设用地市场。党的十八大报告以及党的十八届三中全会通过的《中共中央关于全面深化改革若干重大问题的决定》，在土地制度改革问题上，沿着党的十七届三中全会决定所确定的框架，进一步提出赋予农民更多财产权利，提高农民在土地增值收益中的分配比例。华生（2013）较为全面地总结了当时所形成的三种改革思路，并评析了这些思路在实践中所面临的政策困境。

第一种思路是按照区分公益性和经营性原则征地。通过逐步缩小征地范围，严格界定公益性和经营性建设用地以改革征地制度，这个改革思路应当说是相当大胆和具有突破性的。它在理论上似乎很明了，但却经不起任何可行性论证。在城镇化快速发展期，公益性用地占比一般要在三分之一左右，而且是纵横交错、星罗棋布在开发用地之中，用条征法、点征法去征收公益用地，让挖去这些条横和点块的剩余土地去市场谈判只是书生意气之见，根本不可能实践和操作，因为这样不仅会带来公益用地征收对象因深感不公平而进行的抗争行为，而且会严重削弱地方政府对开发区域的统筹能力以及造成沉重的财政负担。由于政府对现行土地有偿出让的财政收入制度没有任何放弃的意向或者寻找其他替代办法的考虑，因此，按照区分公益性和经营性原则征地的改革思路既与现行政策实践相矛盾，而且也不具备可行性。

第二种思路是按照同地同价原则征地。其含义是征收同一块地按统一价格进行补偿[①]。同地同价[②]，是针对现行《土地管理法》规定的征地补偿产值倍数法而提出来的[③]，其改革思路使征地补偿有了统一参照物，应当说，这是解决原来征地补偿问题的求实之举。然而，同地同价征地标准在全国施行以后，非但没有减少反而加剧了因补偿问题引起的土地纠纷。其中原因有三个方面：第一，区片综合地价标准无论在形式上如何公示听证，实际上还是政府单

[①] 即在同一区片内，不同宗地的征地标准相同，不因征地目的及土地用途而有差异。
[②] "同地同价"的提法最初来自《国务院关于深化改革严格土地管理的决定》（国发〔2004〕28号），该决定提出"省、自治区、直辖市人民政府要制订并公布各市县征地统一年产值标准或区片综合地价，征地补偿做到同地同价"。在实际操作中，地方各级政府在考虑人均耕地数量、土地区位、土地供求关系、当地经济发展水平和城镇居民最低生活保障水平等因素时，对农用地级别进行修正和调整、划分区片，按区片分别制订统一的征地补偿价格标准。同时，国土资源部要求在一个市（县）的范围内征地区片价要求原则上控制在4~6个级别，每3~5年更新一次。
[③] 国土资源部先后发布2004年238号文《关于完善征地补偿安置制度的指导意见》、2005年144号文《关于开展制订征地统一年产值标准和征地区片综合地价工作的通知》以及2008年135号文《国土资源部关于切实做好征地统一年产值标准和区片综合地价公布实施工作的通知》，各省、自治区、直辖市相继在国土资源部网站上刊登了辖区内各市县征地的统一分区片补偿价格标准。这项工作经过几年的测算和准备，国土资源部要求于2009年1月1日在全国实施。

方面的行政定价，显然满足不了征地农民的高地价期望，也招致了市场改革派人士的不满与批评。第二，区片综合地价每3~5年更新一次的制度设计，具有激励更多征地农民成为"钉子户"的内在机制。因为在中央严禁地方政府强征强拆以后，征地项目的征收与拆迁工作周期就变得越来越长，区片综合地价的定期更新机制，就给征地农民暗含了一个地价不断上涨的许诺，坚定了他们拖延与抗拒征收的决心，以博取更多的土地补偿利益，同时也导致了区片综合地价更新前后不同征地农民群体之间的不公平，加剧了征地农民与地方政府之间的利益矛盾。第三，划分区片不分用途统一定价，与严格区分公益性和经营性建设用地的原则正好是相反和直接矛盾的。区分公益性与经营性，就无法实现同区块土地的同地同价，并且同一区块的土地不同价补偿，又过于不公平而无法实施。这两者之间的矛盾性，直接导致了区片综合地价的认知混乱性。

第三种思路是按照同地同权原则流转。这是一种形成城乡统一的建设用地市场[①]的突破性改革思路，虽然在理论上看似合理，但"同地同权"在实践中仍然面临诸多难以解决的困境（华生，2013）。因为，在现行土地用途分类管制的制度框架下，建设用地本身可细分为商服用地、住宅用地、公共建筑用地、公用设施用地、工矿仓储用地、交通运输用地等等，因而农村经营性建设用地（主要是乡镇企业用地）并不能与城镇国有商住用地简单等同；从法律性质上看，农民宅基地[②]也不能与城市居民商品房相等同，这就意味着它们彼此之间均不能"同权"。除了乡镇企业用地和农民宅基地之外，农村的非农建设用地就只剩下道路、桥梁、公共设施等公益用地，这些用地显然只能服务于公共利益，不能改为经营性用地使用。[③]此外，农村土地利用，必须要考虑保

---

① 在符合规划和用途管制前提下，允许农村集体经营性建设用地规范转让（出让、租赁、入股），实行与国有土地同等入市、同权同价，从而形成城乡统一的建设用地市场。
② 农民宅基地按现行法规定义不是经营性建设用地，而是无偿分给18周岁以上农民建住宅永久自用的福利性用地，类似于城市中改革前大量无偿使用的划拨地，它和城市居民的商品房要花钱购买70年使用权的国有住宅用地的权益是不同等的。如果现在将农民宅基地改为经营性建设用地，或者将宅基地住房等同于城市居民商品房，可以上市交易，那么首先就是要先修改现行法律法规关于宅基地及其住房不能对村以外的人流转和转让的规定。
③ 根据发达国家的经验，随着城市化和乡村现代化的发展，农村公益用地相对于农村人口反倒会急剧增加，需要用于服务乡村居民点的各种现代化基础设施。农村随着人口减少节省下来的建设用地要优先考虑这方面的需要。不过，城市公益用地的性质就是为公共利益服务，没有市场交易价值，也不能改为经营性使用，农村公益用地和城市公益用地同权虽然没有任何问题，但也并没有什么意义。

护生态环境的公共利益以及不同地区之间的社会公平问题[①]，否则不仅耕地保护面临很大问题，也会导致该地区农民之间、城乡居民之间的权利更加不平等。[②]可见，按照同地同权同价原则来建立城乡统一的建设用地市场远非一句充满理想主义的口号，而是一个非常复杂的现实问题，必须经过充分的理论论证，来回应或解决很多制度上与操作上的障碍。

1.3 文献回顾与评论

1.3.1 土地开发权的内涵

"土地开发权"一词近年来逐渐成为国内热门的权利概念，但它大多数时候是以"土地发展权"的名义来进行讨论的。其中缘由在于学者们对英文"Land Development Rights"（LDR）一词的内涵存在不同理解而导致中文语境的术语难以统一，但这两个词在英文里的指向对象都是一样的。从历史溯源来看，LDR最早是由英国在1947年通过的《城乡规划法》所创设的一种土地权利。该法规定，一切私有土地将来的开发建设权（development rights）转移归国家所有，任何私有土地只能保持原有类别的占有、使用、收益和处分之权，私有土地所有人或者其他任何人若想变更土地的原使用类别，在实行建筑开发之前，必须先向政府"购买发展权"（柴强，1993）。可见，LDR的本意就是指土地变更为不同使用性质的权利。由于英国当时创设该项权利的主要目的在

---

① 比如，农村土地包括耕地可转用为乡镇企业用地在过去并没有法律规范和政策标准，也没有可转用的比例限制。结果当年率先发展乡镇企业的长三角、珠三角不少地区捷足先登，将辖区内大片农地转变为乡镇企业用地。后来国家实行严格的耕地保护制度，使得其他地区想占用农田搞建设已经不可能了。如若不加区分地实行城乡建设用地同地同权，则会进一步加剧区域差距和社会不公，也可能极大地刺激农民突破耕地保护禁令去开发建设用地。

② 现在农村宅基地管理乱象重重，亟待科学制定和严格实施农村的建筑规划管理。在很多农村地区，出现了相当多的农民废弃原来位置不好的宅基地，自行在交通便利的道路两侧的承包农田里新辟宅基地盖房的现象，也没有得到当地政府部门的有力约束。此外，中央正在加快宅基地管理市场化改革的步伐，于2015年8月10日下发《国务院关于开展农村承包土地的经营权和农民住房财产权抵押贷款试点的指导意见》（国发〔2015〕45号）。但是，农民宅基地自有住房的商品化和货币化，将会给农民的经济社会利益以及农村的经济社会发展带来怎样的影响，短期之内还是一个非常难以定论的问题。

于保护农地[1]，主要内涵就是指土地进行非农开发建设的权利。那么，在中文语境下，LDR究竟应译为"土地开发权"还是"土地发展权"，这在语义学上是一个可以讨论的问题。[2]笔者认为，LDR译为"土地开发权"较"土地发展权"更为恰当，其理由有二：首先，"发展权"（The Right to Development）是20世纪70年代初兴起的一个人权新概念，在理论上被认为是继以"自由权"为核心的第一代和以"社会权"为核心的第二代之后的第三代人权的核心。显然，LDR权利内涵的外延要远远小于"发展权"。因而，从语义具象的准确性考虑，"土地开发权"相比"土地发展权"更能对应"Land Development Rights"中的"Development Rights"的实质含义，即这里的"development"尽管有"发展"的涵义，但理解为"开发建设"之意更为准确。其次，从语言习惯以及现行法规制度概念协调性的角度考虑，由于可以用于非农开发建设的土地在我国法律及政府文件中，一般都称为建设用地或开发用地，因而，"土地开发权"相较于"土地发展权"更能与中文语境相契合。

关于土地开发权内涵的界定，国内外研究在理解上各有差异。Pruetz和Rick（1997）认为，土地包含若干个层面，每个层面对应着相应的权利。最底层的是矿产层，相应的是矿产权；其次是地表层，包括土壤、植物和岩石，相应的是土地使用权；最表层的是水流，相应的是水权。每一土地层面是相对独立的，其权利也是如此。土地开发权与水权相似，可以从土地所有权中分离出来，并且可以单独买卖。而在Pizor（1997）看来，土地开发权是土地的一种额外权利，体现了土地的发展潜力，即现有使用用途和将来使用用途的土地收益差异。国内关于土地开发权的研究始于20世纪90年代。原国家土地管理局1992年编写的《各国土地制度研究》引入了土地开发权（土地发展权）的概

---

[1] 20世纪上半叶，特别是第二次世界大战之后，西方国家城市化速度加快，土地所有权问题发生剧烈变化，比较突出的问题是由于城市扩展引发的农地保护问题、由于城市建筑密度提高而产生的利益保护问题、由于土地分配和土地市场建设引发的土地产权问题，等等。这就意味着土地所有权的绝对性、独占性和完全性与土地利用的社会性之间的矛盾被激发出来。同时，由于城市化、工业化和人口（家庭）数量增加，使不同土地之间的土地利用行为产生竞争甚至对立。一方面，土地所有权的绝对性、独占性和完全性要求土地所有权享有至高无上的地位；另一方面，土地的社会化在相应强化，这种矛盾对土地所有与利用制度变革产生了深刻影响，如果仅仅依赖土地所有权制度已无法解决现实问题。在这种背景下，英国、美国等国家先后创设了Land Development Rights(LDR)制度，从而在很大程度上解决了传统土地权利制度不能解决的现实问题。

[2] 有学者认为，将土地发展权解释为土地开发权有两点值得商榷：一是"开发"与"发展"相比较，"开发"仅仅指对资源的利用或者进一步利用，并没有显明的方向性，而"发展"则表明了一事物向好的方面飞跃，因此用"发展"一词来表达能够产生土地增值利益的土地利用更为贴切；二是将土地开发权仅仅包括农业用地转变为非农用地的权利，而没有包括因生态用地转变为农业用地或者建设用地增加建筑容积率而产生的土地发展权，有失全面性。此外，我国台湾地区的学者大都将"Land Development Rights"称为土地发展权，为便于两岸法规文化的交流，更应该称为土地发展权（刘明明，2008）。

念,"所谓土地发展权,就是土地变更为不同性质使用之权,如农地变为城市建设用地,或对土地原有使用的集约度升高,创设土地发展权后,其他一切土地的财产权或所有权是以目前已经确定的正常使用的价值为限,也即土地所有权的范围,是以现在已经依法取得的既有权利为限。至于此后变更土地使用类别的决定权则属于发展权"(原国家土地管理局国外土地制度课题研究组,1992)。该定义在国内学者后续研究中基本得到沿用(沈守愚,2002;周建春,2005;刘国臻,2011)。简言之,土地开发权的核心内涵是指土地变更为不同性质使用之权,主要表现为土地用于非农开发建设的权利。

1.3.2 土地开发权研究兴起的实践背景

虽然西方国家建立土地开发权制度已经有大半个世纪,但土地开发权的理论研究在中国却是2000年以后才逐渐被重视。土地开发权研究在中国的兴起,主要有四个方面的实践背景因素:第一,由于城镇化快速发展而引起的耕地保护以及土地用途管制的迫切需求;第二,为解决愈演愈烈的征地冲突而创设一种新的土地增值收益分配机制的迫切需求;第三,为约束地方政府征地权力滥用而保障农民土地权益以及提高土地资源利用效率的迫切需求;第四,出于农村土地集体所有制私有化争论式微以后在理论上寻找土地改革突破点的迫切需求。对于这四个方面背景因素的深入理解,有助于从整体上把握中国"三农"问题研究的意识变迁,以及中华人民共和国成立以来农村土地问题的历史演变脉络。

农民、农业、农村长期以来被称为"三农"问题,但在不同历史发展阶段,中国"三农"问题的主要矛盾是不一样的。[①]中国共产党取得新民主主义革命胜利以后,在20世纪50年代初期实行了农民的土地所有制改革,并带来了随后几年农业生产的恢复与发展。在后来的社会主义革命中,经过土地私有制的初级合作社,再到土地集体所有的高级合作社和人民公社等一系列集体化改造以后,逐渐形成了形式上多层集体所有、生产队占有和个人使用少量自留地、宅基地,实质上由国家控制的农村土地产权结构。依托农村公有土地制度的计划经济,国家通过户籍制度严格限制农民离开农村并规定农民的种植类别,实行对农产品全面的统购统销。这样,计划经济时代的"三农"问题就集中表现在国家对农产品的收购价格上。通过工农业产品剪刀差来为国家的工业和经济发展提供原始积累,从而导致了农民贫困和农村落后。

---

① 关于中华人民共和国成立以来中国"三农"问题及农村土地问题历史演变脉络的梳理,参考了《城市化转型与土地陷阱》(华生,2013)一书第1章的部分内容。

历史地看，改革开放以后，中国经济改革最初是从提高农产品收购价格和逐步松动农产品市场开始，进而逐步松动种植计划和土地制度。后来作为农村最大改革政策的家庭联产承包责任制，就是把原来形式上三级集体所有和实际上生产队经营土地的使用权和收益权，重新直接分到每个农户。①这个种植养殖自由、在缴纳税赋之后剩余权归己的制度安排，表明了这种承包权的经济本质其实就是一种租佃权。随着农村改革的深入，出于稳定土地承包、激发农民生产积极性、减少重分土地交易成本以及杜绝村干部营私舞弊机会的考量，中央推广了1987年由贵州湄潭县首创的"增人不增地、减人不减地"的地方经验，农村重分承包田开始受到政策和法律的严格限制。2002年颁布实施的《农村土地承包法》明确规定，在30年的土地承包期内，作为发包方的集体不得收回或不得调整承包地。②2008年党的十七届三中全会通过《中共中央关于推进农村改革发展若干重大问题的决定》，首次以党的政治决议的方式明确农民的土地承包经营权永久不变，并依此原则修改了相关配套法律。近年来，国家大力推行的对农民宅基地使用权和农地承包经营权进行确权颁证，则进一步强化了已分得土地的农民的财产权利。因此，从经济本质来看，土地承包经营权已经在事实上变为当年参加了初分土地农民的一种永佃权，而在物权法上则已被明确定性为用益物权。这就意味着，其后出生和迁徙而来的农民已经丧失了对土地的再分配权利，只有物权法意义上的继承权。在法律性质上说，由于承包经营权已经成为当年参加分配的那部分农民可以继承的私人财产权利，承包土地的集体所有制已经名存实亡，村庄共同体内每个农民都享有的集体成员权利事实上已经瓦解。

由于土地均分以及事实上的永佃权已经是小农经济条件下农民能够期待的最好土地制度安排，因此，在农村改革从20世纪80年代土地家庭承包责任制普遍推行并且实施"增人不增地、减人不减地"政策以后，中国农村经济的主要矛盾开始发生转移，从土地问题转到税赋问题，即所谓的传统农业社会的

---

① 家庭联产承包责任制其实是一种"大包干"制，农民对这种大包干最真切的通俗理解就是"交了国家的，留了集体的，剩下全是自己的"。

② 《农村土地承包法》第二十六条规定：承包期内，发包方不得收回承包地。承包期内，承包方全家迁入小城镇落户的，应当按照承包方的意愿，保留其土地承包经营权或者允许其依法进行土地承包经营权流转。第二十七条规定：承包期内，发包方不得调整承包地。承包期内，因自然灾害严重毁损承包地等特殊情形对个别农户之间承包的耕地和草地需要适当调整的，必须经本集体经济组织成员的村民会议三分之二以上成员或者三分之二以上村民代表的同意，并报乡（镇）人民政府和县级人民政府农业农村等行政主管部门批准。承包合同中约定不得调整的，按照其约定。

"黄宗羲定律"①。从20世纪90年代初起，农村税费改革成了"三农"问题的中心。这项改革前后历经十多年和两任政府的持续努力，最终在2006年以全国免征农业税和免去农民的一切税费为标志，画上了最后的句号。这意味着当时的9亿中国农民依法彻底告别延续了2600年的"皇粮国税"。②此外，国家还在历史上首次真正开始反哺农业，对农民实行从种子到种粮等一系列直接补贴到田到户的措施。可以说，"黄宗羲定律"的终结，是中国从传统社会转变为现代社会的重要经济标志。

土地承包经营权的物权化以及农业税赋的全面免除，意味着中国传统农业社会所能企望的最高理想，即"无税赋的耕者有其田"已经成为现实，标志着中国传统农业社会农民问题的基本解决，而现在人们仍在讨论的"三农"和土地问题，其实都已不是传统农业社会意义上的，而是从传统农业社会向现代工业和城市化社会转型中的新问题，并主要体现为农用地流转与规模经营、农村土地非农化开发使用以及农民工市民化等三个新焦点（华生，2013）。我国农村土地承包后土地流转的必要性，是源于在农业和养殖业中产生了规模经济和专业化生产的条件和需求；而其可能性则由于大量农村和农业劳动力因工业化和城市化发展而转移到城镇和非农产业就业，从而为承包土地闲置、流转和规模经营提供了空间和可能。基于承包权和经营权分离的思路，国家允许农用地经营权流转，从而解决了从保护农民土地权利角度考虑农用地要不要流转的理论争论问题。当前关于农用地使用仍然存在重大理论争论的问题主要有两个：一是农用承包地以及农民宅基地的抵押权问题；二是规模经营的农业经营体系，即究竟应该鼓励资本下乡、公司化经营还是保护家庭经营的问题。然而，在理论争论尚未定论的情况下，国务院就已经对这两个问题做了较为明确的判断，从而在一定程度上也终结了这些问题的实践争论。③

至于农民工问题，则是工业化和城市化对中国农村带来的最大和最普遍

---

①历史上的税费改革不止一次，但每次税费改革后，由于当时社会政治环境的局限性，农民负担在下降一段时间后又涨到一个比改革前更高的水平。明清之际的思想家黄宗羲称之为"积累莫返之害"。这种历代税费改革始终未能跳出农民负担越减越重的现象在史学界概括为"黄宗羲定律"（秦晖，2002）。

②据考证，公元前594年，即鲁宣公十五年实施的"初税亩"，是中国历史上记载的最早按地亩征收的农业税，也是中国最早的税种，而到2006年彻底废止农业税，经历了整整2600年。2005年12月29日，十届全国人大常委会第十九次会议通过决定，自2006年1月1日起废止《农业税条例》，同时取消四项税收，包括农业税、农业特产税、牧业税、畜禽屠宰税。

③2014年10月15日，国务院总理李克强为纪念世界第三十四个粮食日在联合国粮农组织总部发表了题为《依托家庭经营推进农业现代化》的演讲，代表中国政府表示推进中国农业现代化应坚持家庭经营体系的主体性。2015年8月10日，下发了《国务院关于开展农村承包土地的经营权和农民住房财产权抵押贷款试点的指导意见》（国发〔2015〕45号）。

的冲击。若以居住地作为统计城乡人口依据,截至2014年底的公开数据,我国城镇人口为7.4916亿人,占全国总人口比重为54.77%;而全国人户分离的人口①为2.98亿人,其中流动人口②为2.53亿人(国家统计局,2015)。换言之,若以城镇户籍作为统计城乡人口依据,那么中国实有城镇户籍的人口不到5亿人,即真实的城镇化率为37%左右。可见,目前已经有超过2.5亿的中青年农民转到非农产业就业,成为中国工人阶级的主体,这是中国社会在现代化转型中非常深刻的变化。伴随着这种社会结构变化,农民工市民化的诸多问题(如工薪、就业、户籍、住房、教育、医疗、社保、社区服务,等等)已经长时期引起了普遍的社会关注和学术关注。对于这些问题,理论上并没有多大争论,主要还是实践上的困难,即地方政府财力与农民市民化待遇的匹配性难题。"以目前中国城市经济之体量,要把已经进城的2.5亿农民工市民化,绝不是换一个城市户籍本那么简单的事情。要让农民工在城市留得住,跟市民一样有稳定的就业、住所、收入来源,要享受当地市民的同等社会保障待遇,由此而产生的巨额财政缺口非当前政府财力之所能及"(陈锡文、王国培,2013)。此外,大量农民进城以后,导致城镇人口数量剧增、人口密度过高,而相当多的城市基础设施承载能力及城市管理能力滞后,滋生了诸多不容忽视的"城镇化乱象",如就业困难、交通拥堵、环境污染、水资源紧缺、房价飙升、空气质量下降等社会问题。但这些本质上还是政府的财政可承受性问题。

目前"三农"和土地问题无论在理论上还是在实践中争论最大的就是农村土地的非农开发使用,主要指向现行征地与出让体制中政府对土地一级市场的垄断性问题,其他诸如征地社会冲突、失地农民上访、"土地财政"、"小产权房"、城市"高房价"、耕地保护红线等热点问题均可溯源于此。虽然农村土地转为城市建设用地的数量,相较于全部农村土地而言是一个很小的比例,而且仅涉及一部分主要是受到城镇郊区和水利交通工业占地影响的农民,但因其规模发展很快,经济利益巨大,直接牵动着政府、农民、资本、市民几方利益,成为现实争论和利益冲突的焦点。农地转为城市建设用地,是土地资本化的过程,也是地方政府加速经济发展最重要的载体和生财之道,因而地方政府具有比较强烈的征地动机。可以说,农村土地如何非农开发使用,既直接影响农民工移居城市的方式(即土地增值收益能否为农民工市民化提供资金),也间接制约了农地流转和规模化经营的步伐,因而成为当前中国城镇化社会转型

---

① 人户分离的人口是指居住地与户口登记地所在的乡镇街道不一致且离开户口登记地半年以上的人口。

② 流动人口是指人户分离人口中不包括市辖区内人户分离的人口。市辖区内人户分离的人口是指一个直辖市或地级市所辖区内和区与区之间,居住地和户口登记地不在同一乡镇街道的人口。

时期"三农"和土地问题的症结所在。

在土地资本化的过程中,出于对政府垄断征地权和土地发展增益权的不满和反抗,以及保障农民的土地资本权利,20世纪90年代末期,一些学者在绝对所有权的产权理论框架下,率先发动了支持废除农村集体所有制实行农民土地私有化的理论争论(李再杨,1999;杨小凯,2001;蔡继明,2003;周其仁,2004;文贯中,2006),支持农民的集体建设用地(包括宅基地)甚至承包农地直接进入一级土地市场,如当今"城中村"和城郊农村较为普遍存在的"小产权房""标准厂房"等等。由于土地私有化面临几乎不可逾越的意识形态障碍,也就意味着土地私有化的理论争论在实践中就没有多大现实意义了。因此,学者们继而转向将土地开发权作为一项独立性土地权利来进行单独研究,从而回避了土地所有权争论问题。这也是近年来学术界很少再讨论土地所有权问题,而专注于探讨土地开发权问题的理论背景。事实上,就理论研究而言,土地开发权问题确实比土地所有权问题更具有实质性意义。

1.3.3 土地开发权研究的现状及其评价

从采用的方法来看,目前国内关于土地开发权(土地发展权)的研究,可以大致归纳为三类。

第一类是法学尤其是法经济学①角度的研究。原国家土地管理国外土地制度课题研究组(1992)以及柴强(1993)最早对西方国家的土地开发权制度进行了初步介绍。进入21世纪以后,土地开发权的研究才逐渐引起国内学者较为广泛的关注。胡兰玲(2002)较早地向国内介绍了土地开发权是一种随着城市化社会发展而出现的新型土地权利形式,建议国内应借鉴国外相关理论及立法,建立起符合我国实际情况的土地开发权制度。随后,越来越多的学者主要依托法经济学理论对土地开发权的权利属性、权属主体、交易形式(贾海波,2005;万磊,2005;刘明明,2008),以及土地开发权的法律性质及其在我国土地权利体系中的法律地位(刘国臻,2005,2007,2011)进行了深入研究,其主要意旨在于论证在我国的土地管理法律制度中设置土地开发权制度不仅是必要的,也是可行的。

---

① 法经济学又叫"法律的经济分析""法律与经济学",发端于美国,目前已成为一种具有国际影响力的法学流派。该理论认为,所有法律活动,包括一切立法和司法以及整个法律制度,事实上是在发挥着分配稀缺资源的作用,因此所有法律活动都可以用经济的方法来分析和指导。对法经济学的研究一直以来存在着两种视角:一是法学视角,认为法经济学就是用经济学研究法律;另一个视角就是经济学视角,认为法经济学拓展了经济学的研究对象,把法律制度等非市场领域的问题纳入经济研究视野进行解释。后者视角为当今主流观点。

第二类是经济学方法的研究。这类研究主要意旨在于确定土地开发权的经济定价问题，从而改革现行的征地制度及其补偿机制，提高征地农民的土地增值收益比例。黄祖辉和汪晖（2002）较早提出了非公共利益性质征地的农民土地开发权补偿方案，他们基于农业用途的土地价值被足额补偿的假定条件下，分析了由于农民的土地开发权被限制且得不到相应补偿给土地配置效率、土地开发时机以及征地效率带来的负面经济影响。苏志强（2005）以农用土地年收益现金流为基础，加入利率的不确定性和土地开发权的影响，构造了以实际补偿和期望补偿为变量的效用函数作为确定征地的货币补偿金额的工具。李子明和周群力（2010）则从内生交易成本角度，基于效率与公正内洽的前提引入按土地使用对象和用途划分的土地开发权结构，借鉴新古典经济学超边际分析方法构建了市场条件下自给自足型、完全分工型和混合型的产权结构，以土地开发权的价值实现来评估假设的开发权交易市场产权结构与实际的差异。还有一些研究专门探讨了土地开发权交易的定价问题（汤芳，2005；万琪，2013），基于土地开发权框架改进征地区片综合地价的测量方法（吴宇哲、彭毅和鲍海君，2008）以及其他的征地补偿机制改善问题（郭熙保、王万珺，2006；张晓芳、陈龙乾、张晓冬，2010）。

第三类是国际比较研究以及基于外国经验指导下的本土案例研究，一方面通过介绍国外土地开发权的法律制度和交易模式，为构建中国的土地开发权制度提供借鉴（高洁、廖长林，2011），另一方面则基于外国经验模式对地方的具体改革实践开展本土案例研究，从而为构建适合中国制度环境的土地开发权交易机制提供可操作途径。国外关于土地开发权的制度设计主要有两种模式：一是基于社会公平考虑的土地开发权国有化模式，以英国为代表。该模式下私有土地所有人或其他任何人若想变更土地的使用类别，在实行开发建设之前，必须向政府购买开发权。二是基于土地利用效率考虑的土地开发权归属土地所有权人模式，以美国为代表。该模式下，土地开发权与地上权、抵押权等一样，归属于原土地所有权人。政府为保护农地不被开发建设，可事先向土地所有权人购买土地开发权，使得原土地所有人无变更土地使用用途之权。美国的土地开发权制度主要通过两种形式予以确立，即土地开发权征购[①]（purchase of

---

[①]PDR 模式：联邦和州政府依据土地规划中土地保护的范围，评估域内土地的质量及面临的开发转用压力（美国农业部《国家农地和选址评估手册》〔1983〕，以土地综合评分确定开发权购买顺序，土地开发压力和质量权重各为50%，倾向于使开发压力适中、质量最优的土地得分最高），确定开发权购买保护顺序；委托评估机构根据土地利用条件，评估最佳用途收益和现状收益差值（一般约为土地市场价格的1/2或2/3）作为开发权价格；之后，政府和土地信托机构与土地主协商，在不改变土地主土地所有权和利用权的前提下，收购控制土地进行再开发的权利。

development rights，PDR）和土地开发权转移①（transfer of development rights，TDR）。刘国臻（2008）较为详细地向国内介绍了英国土地开发权制度及其对中国土地权利体系法制建设的参考价值。但相较而言，学者们更青睐于向国内推介美国的土地开发权制度尤其是土地开发权转移（TDR）模式（张俊、陈汉云、杨志威，2008；靳相木、沈子龙，2010；柴铎、董藩，2014），这体现了当前学术界存在某种较为普遍的试图推动农村土地市场化改革的情感倾向。此外，基于TDR模式的框架，有学者认为中国实际上已经开展了TDR的地方试验，比较典型的例子是土地开发权转移与交易的"浙江模式"（张蔚文、李学文、吴宇哲，2008；汪晖、陶然，2009）和重庆的"地票"交易制度（张鹏、刘春鑫，2010；崔之元，2011）。在这些地方试验中，TDR的"浙江模式"不是建立在个人对土地开发权的市场交易机制之上，而是地方政府自20世纪90年代后期以来为突破土地指标管理模式对工业化、城市化中建设用地供应约束而采取的应对性方案。从操作模式上看，与美国土地开发权转移中主要通过市场机制进行补偿不同，它在本质上还是在行政区域内由地方政府主导进行的（汪晖、王兰兰、陶然，2011）。相比较而言，重庆的"地票"交易制度却是一个标准的土地开发权的剥离和转让，因而所引起的学术关注度更高，社会影响力也更大。

上述三类研究从数量上看都已经取得了较为丰硕的成果，但也存在诸多理论上值得商榷的问题。

（1）目前关于土地开发权的研究较为普遍地有个认知误区，即认为中国土地权利法制体系中没有土地开发权制度设计，由此而凸显出开展土地开发权研究以及借鉴甚至引入国外土地开发权制度的重要意义。然而，虽然《中华人民共和国土地管理法》（以下简称《土地管理法》）及其他法律文件没有"土地开发权"或"土地发展权"的明确概念，但从实质意义上说，中国早已制定了土地开发权及其分配的管理制度，突出表现在土地用途管制制度和城镇建设用地管理制度上（参见《土地管理法》第四条、第四十三条、第四十四条、第四十七条等条款规定），而每年按国家计划层层分解的建设用地指标就是土地开发权分配的真正主体（华生，2013）。可以说，法律虽未言明"土地开发权"之概念，但中国实质上采取了土地开发权国有和土地发展增益权国有模式

---

① TDR模式则将土地开发与保护结合起来，为不同土地赋予一定量可转移和转让的开发强度限额即开发权。处于土地规划用地保护区的土地产权人可将开发权转移至其他允许开发区域自有土地上以增加土地开发强度，也可借助政府建立的土地开发权交易市场，将开发权出让给其他需要增加土地开发强度却没有开发权的土地所有者，通过交易收益弥补土地用途受限区域土地产权人的开发权损失。

（陈柏峰，2012），它所没有的其实是美国的土地开发权征购和转移制度。

（2）第二类经济学方法的研究和第三类国际比较研究以及基于外国经验指导下的本土案例研究均有一个对农民享有土地开发权及其市场价值的隐含认可或假设前提，但是关于土地开发权和土地发展增益权的归属主体问题在第一类法学和法经济学视角的研究中却是至今仍在争论不休的问题。由于这两类研究都将在理论上富有争议的理论问题作为无须论证的假设前提，因此它们在政策层面上的观点在本质上大同小异，都主张将土地开发权落在农民身上，并以某种合理的测算方式得到的土地开发权市场价值作为改革政府征地补偿制度的重要依据。

（3）第一类法学和法经济学视角的研究较为普遍地存在着两种论证错位：一是理论与中国现行的具体制度实践之间的错位，即理论缺乏对现行制度实践逻辑的关注、回应及解释力，而是寻求外国制度实践作为支撑的实证依据；二是外国制度实践模式与现阶段中国特殊国情之间的错位，即除了政治经济制度和土地所有权制度有根本性差别之外，英美等国建立土地开发权制度之时已开始进入后城市化发展阶段，而中国当前却正处于城市化快速发展期，发展阶段不同，对土地开发权的制度运行要求也就会不同。因此，用英美等西方发达国家的制度实践作为讨论中国土地开发权制度问题的实证依据，存在逻辑上的巨大跳跃。

1.3.4 当前理论争论焦点问题及其评析

就理论问题而言，当前争论的焦点最为核心的其实只有一个，那就是土地开发权的权利性质问题，即土地开发权究竟是一项私权利性质的可以与土地所有权分割而单独处分的财产权（或用益物权），还是一项公权力性质的基于公共利益进行土地利用规划和土地用途管制的政府警察权（或国家管制权）？土地开发权的定性问题，同时也决定了土地开发权的归属主体以及土地发展增益权的归属主体。依据对土地开发权性质的不同认知，目前学者们的观点分为针锋相对的两派。一派立足于"绝对所有权"的观念，认为土地开发权是从土地所有权中派生而来并具有相对独立性的财产权利或物权（胡兰玲，2002；杨明洪、刘永湘，2004；刘俊，2006；陈志武，2008；周其仁，2013），因此主张农民（农村集体）拥有土地开发权，并应当获取全部土地发展增值收益。另一派则主张土地用途管制和规划管理的绝对正当性，认为在现代社会中土地开发权包括土地具体的开发密度和强度已经成为由社会进行管理的权利，并由政府代表社会行使，具有明显的警察权或管制权性质。因此，土地开发权与具有相当"自由性"的普通财产权不同，它的主体对客体土地开发使用具有明显的限制性（孙弘，2004；陈柏峰，2012；贺雪峰，2013；华生，2013）。

这两派近乎不可调和的理论认知继而又引发了关于土地发展增益分配的激烈争论，即究竟是"涨价归私"还是"涨价归公"？如果将土地开发权视为农民所有的土地财产权利，那么土地"涨价归私（农）"就是其必然的逻辑。中国新制度经济学产权学派代表人物周其仁多年来是土地"涨价归私"的坚定捍卫者，他近年来在《经济观察报》上开设《城乡中国》专栏，发表了一系列文章，具有非常大的社会影响力。比如《大白菜涨价要不要归公？》（周其仁，2006）、《土地落价又归谁？》（周其仁，2008）等评论文章旗帜鲜明地认为"'涨价归公'是一个影响深远的错误命题"[①]。此外，土地"涨价归私"的主张也得到了其他诸多学者的支持（张安录，1999，2000；黄祖辉、汪晖，2002；李长健、伍文辉，2006；杜丽霞，2011）。然而，"涨价归公"的主张似乎具有更为坚实的理论基础。孙中山先生的"平均地权"思想很早就论及了土地发展增益"归公"的分配原则，而"平均地权"思想在理论渊源上又可追溯至英国经济学家约翰·穆勒（1806—1873）的"增值地租课税"思想[②]，尤其对孙中山的民生主义思想影响很大的美国经济学家亨利·乔治（1839—1897）的"单一土地税"理论[③]。简言之，"涨价归公"的基本原理是，农用地转换用途后的土地增值，并不是来自于土地所有者的个人努力，而是由国家对土地利用的规划和国家公共服务设施、公共基础设施的建设而

[①] 周其仁的逻辑是，在市场形成的价格里，与某一商品或要素的供应者"无关"的因素实际上数之不尽，所有这些"无关的"涨价收益要不要归公？如"非典"时醋涨价、春运时火车票涨价、海南的酒店涨价，乃至下雪时大白菜涨价，如果拿土地涨价说事，"那么白菜涨价也要归公，一切涨价都归公"。"白菜涨价归公"与"土地涨价归公"是不同事件，但却是同一个逻辑。

[②] 约翰·穆勒是英国著名哲学家和经济学家，19世纪影响力很大的古典自由主义思想家。他支持边沁的功利主义。他很早就主张，"应对自然增加的地租课以特别税。……社会的进步和财富的增加，使地主的收入无时无刻不在增长；……他们不干活儿，不冒风险，不节省，就是睡大觉，也可以变得愈来愈富。依据社会正义的一般原则，他们究竟有什么权利获得这种自然增加的财富？如果国家从一开始就保留有权利，可以根据财政上的需要对地租的自然增长额课税，又有什么对不起地主的呢？"因此，穆勒主张把土地自然增长的价值收归社会所有，即凡不是由于土地改良而增加的价值一律归公。参见约翰·穆勒：《政治经济学原理及其在社会哲学上的若干应用》，商务印书馆1991年版。

[③] 亨利·乔治是美国19世纪末期的社会活动家和经济学家，他认为土地占有是不平等的主要根源，提出征收单一地价税的主张，即征收地价税归公共所有，废除一切其他税收，使社会财富趋于平均。乔治指出，"土地的价值（或者经济学上的地租），如我们所知，完全不是劳动或资本这种要素制造的，表示的仅仅是占有土地得来的好处。土地价值不表示生产的报酬……它在任何情况下都不是占有土地者个人创造的；而是社会发展创造的。因此社会可以把它全部拿过来，而无论如何不会降低改良土地的刺激，或对财富生产有丝毫的影响。"简言之，由于在最优规模的城市中，总地租等于公共物品的支出，因此实施地租社会化，私人永远不用纳别的税，这就是亨利·乔治"单一土地税"的核心思想。参见亨利·乔治：《进步与贫困》，商务印书馆1995年版。

产生的，增值收益应归社会所有。华生和以贺雪峰为首的"华中乡土派"①是国内坚定支持"涨价归公"的代表性力量，他们近年来就农村土地制度改革所涉及的土地开发建筑权、农房农地入市、小产权房、土地涨价归属、土地确权与流转等诸多问题通过公共舆论平台与周其仁和中国新自由主义经济学家群体展开了针锋相对甚至直接点名道姓的论战（华生，2014；贺雪峰，2010，2013）。但是，华生与贺雪峰的具体观点也存在分歧，尤其表现在对"土地财政"性质的认识上。华生（2013）对"土地财政"总体上持批判态度，认为这是一种地方政府"卖地牟利"的财政，不仅扭曲了政府在市场经济中的功能和作用，极大地推升了城市化的成本，而且也是激化官民矛盾和产生政商腐败的重要制度根源，他主张土地增值收益主要依靠城市土地和房产征税的方式来获取，且应主要用于两亿多农民工这一"城市化主体"身上。而贺雪峰（2013）则对"土地财政"总体上持肯定态度，认为土地财政是中国特色工业化、城市化发展道路的核心和基础，它的本质不是收入而是融资。②

从逻辑发展的角度，在上述两种针锋相对的观点之外必然存在第三种"协调论"。有学者就认为，土地开发权在权利属性上具有私权与公权的二重性，应当定性为经济法意义上的权利（栗庆斌，2005；刘国臻，2011）。而在

---

① "华中乡土派"从华中师范大学中国农村问题研究中心（CCRS）的农村社会学者、人类学者与政治学者当中产生。由于中国农村问题研究中心的学者之间发生了意见分歧，致使贺雪峰、吴毅等人离开了中国农村问题研究中心并在华中科技大学创立了中国乡村治理研究中心（CRRG），贺雪峰担任该研究中心的主任，如今华中乡土学派在很大程度上是以这个中心为据点的。该学派不仅在中国乡村社会的现状与农村政策这些方面引发了争论，而且还在农村研究本身的取向问题上引发了争论。出于对中国农村研究的反思，并受费孝通研究的影响，该学派致力于建构对当下农村社会及其转型过程的本土理解；他们相信，达到这一目标的唯一途径是通过深入的、人类学式的田野调查。他们关于乡村社会瓦解和社会关联的调查研究已经引领了本学派当中的许多人以一种批判的态度来对待西方的现代化理论。该学派的学者，尤其是贺雪峰，对中国改革时期的发展战略进行了详细、全面而彻底的批判。而该学派中的其他人，特别是吴毅，则不太愿意公开对政策或政治作出评论。以贺雪峰为首的一些学者对西方社会科学和政治科学的适用效果更多持批评态度，而原来的中国农村问题研究中心的学者，其中最重要的是政治学家徐勇，则视市场化和民主化为乡村现代化之关键。因此，虽然华中乡土学派很明显地根植于乡村社会学和人类学的研究，但它仍被卷入与新兴的中国"新左派"的会话。虽然与"新左派"似乎有些重叠，但华中乡土学派却尽量避免政治上或学术上的归类，而是公开地将自己界定为一个知识分子群体——他们的研究超出了纯粹的学术研究。尽管该学派中有的成员明确表示这种研究是"偏左"的，因为这些研究对越来越多源自市场的经济和文化对于乡村社会的支配持批评态度，但他们仍认为自己对农村社会采用了问题导向的研究方法，而不是泛意识形态的研究方法。关于"华中乡土派"的形成、演变、主张及其意识形态的详细介绍，可参见贺雪峰著作（2014）。

② 贺雪峰的论证逻辑是，土地财政通过出让城市土地使用权，对基础设施建设融资，开辟了一条以土地为信用基础，积累城市化原始资本的独特道路。土地财政的作用，就是通过拍卖土地的市场机制，将这笔隐匿的财富，转化为启动中国城市化的巨大资本，同时土地财政通过对工业用地的成本补贴和工业企业的税收补贴，大大增进了我国工业制造品的竞争力，是中国成为世界工厂的主要秘诀之一。

"涨价归公"和"涨价归私"之外,也出现了一种"利益共享"论,即主张由国家作为土地开发权的权利主体代表,同时农民通过建立社会保障机制的方式分享土地增值收益(季禾禾、周生路、冯昌中,2005)。高勇(2004)则按照马克思的地租分配理论,认为土地征用后的增值包括两种形式的级差地租,级差地租Ⅰ应归土地所有者所有,级差地租Ⅱ应当由土地所有者和征地者共同所有。因此,土地增值收益分配应考虑被征地者的利益,实现国家和农民的共同分享。显然,这种"协调论"与其说是一种"理论",不如说是一种政策"策略"或"原则",它既满足不了当前改革的理论需求,事实上也平息不了政策实践中的利益矛盾。至于土地开发权的"私权论",尽管它具有深厚的古典自由主义理论基础以及强大的社会舆论动员能力,但它一方面确实回避不了土地规划与用途管制的社会公益性理论的质疑,另一方面它也面临着不可逾越的现实障碍,因为它的政策实践将会整体性地颠覆中国现有的土地管理制度。至于土地开发权的"公权论",虽然它是现代化城市社会的必然发展方向,并得到了西方发达国家发展经验的充分支持,但是它无法对中国现有土地制度的存在与运行提供一个有解释力的理论框架(比如,该理论无法令人信服地解释农村建设用地被禁止入市交易以及地方政府大量非公益性征地等问题的制度原因,而只能将这些问题归入不合理的亟待改革的行列当中),同时无法回应在当前城市化快速发展的特定阶段下农民对于土地发展性利益的诉求,对于如何协调国家与农民的发展权利及土地利益关系更没有清晰的方案。

1.3.5 特殊国情要求下的理论发展需求

从理论发展的角度看,国内学者关于土地开发权的性质及其归属主体的争论实际上是国外学者争论的继续。Wiebe等人(1996)认为,土地开发权与土地所有权相分离,是一种地役权[①]。土地开发权的设定限定了土地的利用,实质上是一种农地保护的工具,尤其是涉及农地将来的开发时。而Machemer和Kaplowitz(2002)则认为,土地开发权是土地所有权的派生性财产权,它可以独立于土地所有权,可以独立存在、使用和买卖。当土地开发权被设立但不属于该地块的土地所有者时,才是一种地役权,是对土地利用的限制。关于土地开发权的归属,国外学者中的一种观点认为,土地开发权同地上权、抵押权一样,应自动归属于原土地所有者,政府要保护农地,须事先向所有者

[①] 地役权是用益物权的一种,是指利用他人土地以便有效地使用或经营自己的土地的权利。地役权的发生须有两个不同归属的土地存在,为他人土地利用提供便利的土地称为供役地,而享有地役权的土地称为需役地。

购买发展权（Kline and Wichelns，1994；Plantinga and Miller，2001；Micelli，2002）。另一些学者认为，土地开发权一开始就属于国家或政府，土地所有者或使用者若想改变用途或利用强度，必须向政府申请或购买土地开发权（Booth，2002）。可见，当前国内学者关于土地开发权的研究基本框定在了国外学者所讨论的理论框架里面。由此而导致的问题必然是"外来理论"与"本土实践"之间的严重错位。

与西方国家相比较，中国的土地开发权问题具有自己的特征，这种差别表现在历史背景与发展阶段两个方面（陈伟，2014）：一是历史背景不同。英美等西方发达国家在土地私有制的基础上建立土地开发权制度之时，土地的归属已经相当明确，产权关系稳定而清晰。在我国，情况则远非如此简单。中华人民共和国成立以后，国家通过先没收地主土地后均分的方式重新建立农民土地私有制，而后国家又逐步建立了"三级所有，队为基础"的集体所有制。因此，无论从历史归属的角度看，还是从集体所有制的现实特征看，我国的土地产权归属都是十分模糊的。从这个意义上说，尽管"还权赋能"的本意是保护农民、明晰产权和以市场机制优化土地资源配置，但它在现实条件下却很难达到其初衷。因为从历史角度看，土地产权主体已经无法追溯；而从现实角度看，集体土地产权又比较模糊。实际上，中华人民共和国成立之初，国家建立集体经济，完全是按照保障农民的基本生存方式划分土地归属的，是从全国角度来统筹、划定人均土地及公粮上缴比例，当时是国家"赋权"给农民，全国的农民所获得的生存权是基本均等的。然而，经过长时期施行"增人不增地，减人不减地"政策以及土地承包经营权物权化之后，当今中国农民的土地占有情况已经非常不均，若此时推行土地开发权的物权化（私有化），从社会结果上，必然造成城乡阶层之间以及农民群体内部之间的严重不平等。二是发展阶段不同。自英国在1947年建立土地开发权制度以后，西方发达国家也逐步建立了该项土地制度。而在"二战"以后，西方发达国家开始步入后城市化阶段，它们建立土地开发权制度的主要目的是保护耕地，即限制土地开发权的行使。与此不同，中国至今（2014年底）仍处于城镇化快速发展阶段（户籍人口城镇化率仅为37%左右），这就意味着中国建立土地开发权制度的目的就不仅限于保护耕地，更包括通过公平而有效率的土地开发权分配机制来实现大规模城乡人口发展权的整体性提升。可以说，中国当前特殊的发展阶段要求土地开发权的配置管理必须与人的发展权结合起来，而不仅仅局限于"初始产权"、按照某个比例"一刀切"来设定土地开发权的归属主体。

中国的特殊国情凸显出当前土地开发权国内研究的不足。在沿用国外理论框架时，国内研究主要关注土地开发权性质的"独立性"（从土地所有权中分离出来的一项独立权利）和"社会性"（为增进公共利益的国家管制权利），而忽视了其权利性质的"发展性"，这主要是由于忽视了国外理论所产生的历史与现实背景所导致的。换言之，当前国内研究侧重于将土地开发权视为一项静态权利来对待，忽视了其积极权利的一面。然而，正如后文所要详细论证的，理解土地开发权以发展性为主要内涵的积极权利性质，是理解当前土地开发权政府垄断制度逻辑，以及在城镇化快速转型阶段下构建符合公平与效率价值要求的土地开发权分配机制的一把钥匙，也是实现理论创新的重要突破口。本书认为，土地开发权在历史发展过程中从土地所有权分离出来之后，可以理解为是一项具有独立地位的、特殊的产权，这种特殊性不仅体现在其"社会性"上，更体现在其"发展性"上。与碳排放权相类似，土地开发权是一项发展权，或言之为一项具有发展权性质的独立权利。基于上述认识，本书并不是从静态权利的交易角度来定义土地开发权的权利性质，而是尝试从政府积极运营的角度来定义土地开发权的发展权性质及其实现经济利益的非市场交易性方式，试图对土地开发权的权利性质、归属主体与分配机制进行一种有别于财产权理论视角和管制权理论视角的全新解读，从而为理解当代中国的土地开发权政府垄断制度的创设逻辑、分配运行机制、经济社会影响以及制度改革方向提供一种整体性的、逻辑自洽的理论分析框架。

1.4 研究思路与结构安排

在西方的土地权利理论发展中，土地开发权问题只是土地财产权理论关注的问题之一，就"土地开发权理论"本身而言，并没有形成一个独立的学术领域，尤其在进入后城市化发展阶段以后，关于土地开发权的理论发展需求也不强烈。历史地看，西方国家的土地开发权制度实践先于抽象理论而出现，并且西方学术传统中已有的一般财产权理论和政府警察权理论已经可以对实践现象予以抽象性概括并能够满足实践需要。中国之所以需要专门的土地开发权及其分配理论，是因为土地开发权问题在中国有极大的特殊性，它不仅牵涉到城镇化快速发展阶段下普遍存在的外部性问题，而且深层次地牵涉到了当代中国现代化发展模式的核心要素。当代中国相较于西方发达国家有经济社会转型条件下的巨大国情差异，围绕着土地开发权归属及其分配存在着许多深层次问题迫切需要从理论上予以回答。因此，本书所开展的研究可以视为是对这一实践需求的响应。

本书在理论上采用了发展权的权利分析方法。发展权并不是一种抽象的法学理论概念，它具有深厚的发展经济学和政治经济学的理论基础，而且已经在较长时期内运用于指导联合国的人类发展政策制定以及包括"碳排放权"分配在内的具体政策实践当中。它在国内层面之所以能够运用于土地开发权及其分配问题的研究，一方面，土地开发权的发展权性质在法学与政治经济学上可以得到理论论证；另一方面，土地开发权的发展政策工具性在中国的土地法律制度演变以及国家主导的现代化进程中可以得到实践验证。这也是本书在理论方法上相较于财产权和管制权等已有研究最显著的不同之处。

根据实证研究需要，本书选择了四个具有代表性的地方发展案例，分别为浙江龙港镇、广东南海区、河南信阳市和浙江安吉县，相应案例资料全部来源于实地调研的一手资料。根据本书在理论研究中所提出的土地开发权分配机制可区分为"完全等级制结构"和"有限等级制结构"两种形式的分析框架，以及制度演变的时间维度，本书将上述四个地方发展案例分为两组并进行比较分析。本书的案例研究部分，有助于增进对中国现行土地开发权政府垄断制度的设计与运行逻辑，以及该制度对当代中国地方发展的经济社会影响结果的理解。

继绪论之后，本书剩余的研究内容安排如下：

第2章试图从集体主义道德原则以及国家发展权的优先性的角度，来理解当代中国国家主导型发展体制的制度逻辑，从而为后一章探讨土地开发权政府垄断制度的构建逻辑以及土地开发权的分配机制提供理论基础。在理论上，尽管迄今不被西方自然法哲学观念所承认，但是主权国家集体构成发展权权利主体的认知却与中国社会主义制度下的集体主义道德原则和意识形态极为契合。由此，在发展权的双重主体结构中也就自然而然能够推导出国家发展权的优先性，这也是中国国家主导型发展体制得以构建的法哲学基础。该章主要论述三部分内容：一是发展权概论；二是国家发展权优先性在中国国家主导型发展体制中的确立；三是国家发展权优先性在现代民主政治社会中的受制约性问题。

第3章根据第2章所讨论的中国国家主导型发展体制的制度逻辑来理解土地开发权政府垄断制度的构建逻辑以及土地开发权的分配机制。土地开发权从土地所有权分离出来之后构成了一项具有独立地位的、特殊的产权，它的特殊性不仅体现在其"社会性"上，更体现在其"发展性"上。土地开发权的发展权视角，可以化解当前学术界关于土地开发权的权利主体"公""私"二元对立的争议局面，从而把权利主体非"公"即"私"的对立问题转化为双重主体间关系的协调问题。这种问题意识的转换，有助于深入理解当前仍在有效运行的土地开发权政府垄断制度的构建逻辑，以及准确把握制度改革的真正症结所在。该章主要论述三部分内容：一是土地开发权的发展权性质；二是土地开发权政府垄断制度的构建逻辑；三是土地开发权分配机制的等级制结构。

第4章进一步探讨土地开发权的政府垄断制度及其等级制分配机制对当代中国地方发展的影响，主要从经济和社会两个层面展开讨论，其中经济层面上的讨论以地方政府为考察主体，而社会层面上的讨论则以农民为考察主体，并指出当前土地开发权政府垄断制度面临的两大难题是现行新增建设用地指标分配过程中的"公地悲剧"问题和城镇土地利用开发过程中的"反公地悲剧"问题。该章主要论述三部分内容：一是讨论建设用地指标管理尤其农用地转用管理制度的管理机制；二是以地方政府为考察主体讨论土地开发权等级制分配对地方经济发展的影响；三是以农民为考察主体讨论土地开发权等级制分配对地方社会发展的影响。

第5章通过两个20世纪80年代初至90年代末的地方发展案例，对土地开发权政府垄断制度在完全等级制分配机制之下的作用及影响进行说明，从而试图论证土地开发权的政府垄断制度在地方发展尤其是早期经济发展中的关键性作用，并讨论它与当前地方发展所面临的问题和困境之间的关系。该章的案例研究表明，历史地看，基于土地开发权合理配置的人地关系平衡性，即人口城镇化与土地城镇化之间的协同发展程度，构成了影响地方发展结果的重要因素。

第6章进一步通过两个在进入21世纪以后的地方发展案例，对土地开发权政府垄断制度在有限等级制分配机制之下的作用、影响及其限度进行说明，从而试图论证土地开发权的政府垄断制度在新的发展阶段时的制度有效性问题。该章的案例研究表明，在地方发展的不同阶段，土地开发权的政府垄断制度仍然可以为地方政府发挥积极作用提供一个有效的制度框架。

第7章介绍了近年来中央政府和地方政府推动土地开发权分配机制改革的四个方案：城乡建设用地增减挂钩、浙江的政府间跨区域交易、重庆的地票交易制度和河南的人地挂钩政策，并讨论它们的利弊得失以及对于完善或改革土地开发权政府垄断制度整体框架的意义。此外，该章介绍了东亚国家和地区在土地开发权管制、征地权适用、征地补偿标准以及土地增值收益分配等方面的制度与政策，并讨论它们对于当代中国土地制度改革的借鉴价值。

第8章是结论部分。该章总结了本书在理论研究和实证研究两个层面上的研究结论，然后就现行建设用地指标无偿计划分配体制、现行征地拆迁的利益补偿标准以及政府规划权和用途管制权等问题提出了具体的意见和建议。该章最后交代了本书的主要理论贡献以及需要进一步深入研究的问题。

第2章

国家发展权的优先性：国家主导发展体制的逻辑

本章试图从集体主义道德原则以及国家发展权的优先性的角度，来理解当代中国国家主导型发展体制的制度逻辑，从而为后一章探讨土地开发权政府垄断制度的构建逻辑以及土地开发权的分配机制提供理论基础。发展权是"二战"结束以后，发展中国家在争取建立国际政治经济新秩序斗争实践中提出的一项人权新概念，在理论上被认为是继以"自由权"为核心的第一代和以"社会权"为核心的第二代之后的第三代人权[①]的核心。与"自由权"和"社会权"相比，发展权的性质有两点显著不同：第一，它是一项社会连带权利；第二，它具有权利主体的双重性，它既是一项个人权利，也是一项集体权利。从初始意义上说，发展权是一项"穷人的权利"，是为了保护发展中国家、欠发达国家及其人民能够自由地选择发展模式，自主地行使参与、促进发展的行为权和享有发展利益的受益权。虽然发展权作为一项基本人权已经逐步为国际社会所认同，但迄今发达国家与发展中国家就发展权的权利主体、权利范畴和实现途径等问题仍然存在很大的分歧，其中的根本分歧就在于主权国家集体能否构成发展权的权利主体。这点在西方自然法哲学体系中是难以得到论证的，但却与中国社会主义制度下的集体主义道德原则和意识形态契合，由此在发展权的双重主体结构中也就自然而然能够推导出国家发展权的优先性，这也是中国国家主导型发展体制得以构建的法哲学基础。

本章围绕着"权利主体—国家主体的地位—国家主体地位的限度"三者

[①] "三代人权"（Three Generations of Human Rights）理论是由联合国教科文组织前法律顾问卡雷尔·瓦萨克（Karel Vasak）首先提出的。他认为，由于世界经历了三次大的革命运动，就相应地产生了三代人权：1789年的法国大革命，其革命口号"自由、平等、博爱"为第一代人权奠定了基础；第一代人权形成于美、法两国革命时期，主要指公民权利与政治权利，其目的在于保护公民自由免遭国家专横行为之害。第二代人权主要指经济、社会和文化权利，是在俄国十月革命后产生的。第三次革命是20世纪五六十年代殖民地和被压迫人民的解放运动，自决权、发展权等第三代人权即在这次运动中产生。第三代人权涉及人类生存条件面临的各种重大问题，如维护和平、保护环境和促进发展等，它们需要通过国际合作来加以解决，因而可称为"连带关系"的权利。瓦萨克教授把这三代人权分别叫做"自由权利"、"平等权利"和"社会连带权利"。参见姜素红：《发展权论》，2006年版。

之间的逻辑关系，构建了发展权国内分配的一般理论分析框架（见图2.1）。

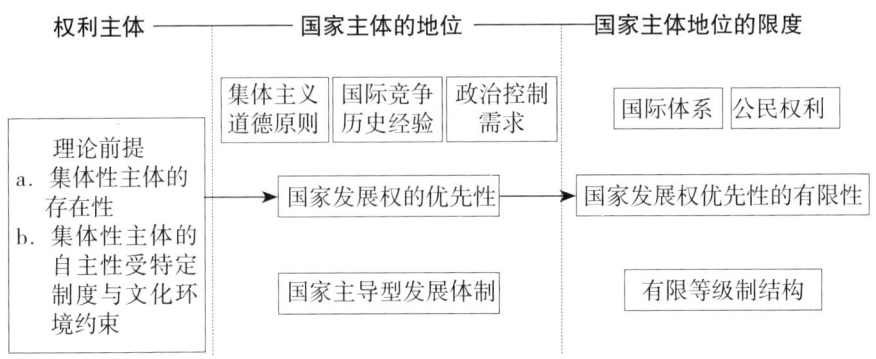

图2.1　发展权国内分配的一般理论分析框架

其理论演绎逻辑是：

第一，在理论前提上承认"存在具有外在独立性和内在自主性的集体性国家主体"，而且不同国家主体的自主性程度因不同的制度与文化环境约束而不同。

第二，中国社会的集体主义道德原则、近代以来国际霸权竞争的历史经验教训以及现代国家建构中的政治控制需求，这三方面因素塑造了当代中国的国家发展权优先性的观念，即国家与个人之间是一种严格的等级制关系，这种国家发展权优先性观念在政治实践上的演绎，就是形成了依靠高度国家自主性支撑的现代国家发展体制。

第三，由于受到经济全球化背景下国际体系以及市场经济条件下公民权利的制约，国家自主性是有限度的，因而国家发展权的优先性也是有限度的。国家发展权优先性的有限性，意味着国家主体与个人主体的发展权利关系处于一种"有限等级制结构"，即国家主体享有发展权分配的优先性不意味着独占性和绝对性，个人主体在发展结果上有权要求发展权利不能受到减损并获得实质性改善，否则会造成国家政治权力滥用从而危及政权合法性，也会否定发展的正当性。

对此，本章主要论述三部分内容：一是发展权的概论；二是国家发展权优先性在中国国家主导型发展体制中的确立；三是国家发展权优先性在现代民主政治社会中的受制约性问题。

2.1 发展权概论：内涵、主体、性质及构成

2.1.1 发展权的形成背景及其内涵

发展权的产生与两方面的深刻背景密切关联：一是国际社会历史背景，二是发展理论背景。"二战"结束以后，国际社会建立起联合国体制，并在《联合国宪章》中将"促成全球人民经济及社会之发展"作为联合国活动所追求的最终目标之一。①然而，发达国家在旧殖民体系瓦解后，大力推行新殖民主义政策以维持旧的国际经济秩序②，仍在继续对民族独立国家在经济、军事、政治、文化上加以控制和操纵，使得这些新兴国家普遍处于贫穷落后状态，并在不同程度上掌控不了本国的重要自然资源及经济命脉。因此，摆脱殖民控制、争取平等的发展机会和发展权利成为这些新兴民族独立国家的强烈愿

---

① 为实现这一目标，《联合国宪章》规定了联合国大会和经济及社会理事会在此方面可享有的一系列职权，并规定各成员国有义务采取共同的和个别的行动与联合国合作以谋求各国共同发展。

② 一方面，以不合理的国际分工为前提的资本主义生产体系依然存在，使落后国家无法改变畸形发展的单一经济结构，在资金、技术、工业制成品和消费品诸方面严重依附于发达国家，在世界范围内较长期保持着"发展中国家（原料产地）—发达国家（工业中心）"生产格局。另一方面，以垄断为基础的资本主义国际贸易体系和货币金融体系的继续存在，导致发展中国家始终得不到平等公正的贸易待遇，发达国家控制垄断价格、推行贸易保护；在货币金融体系中，1944年建立的"布雷顿森林体系"（Bretton Woods System）是一种通过确立美元的垄断地位来实现美国经济霸权的体制，它无视发达国家和发展中国家经济发展不平衡这一现实，以无条件的、互惠的最惠国待遇作为调整国际贸易关系的一般国际法原则，以"加权表决制"的方式来决定国际金融和货币领域内的重大问题。该体系后因美元危机以及制度本身不可解脱的矛盾性而于1973年宣告瓦解以后，美、日、德、法、英五大发达国家的货币居于支配地位，发展中国家在国际货币金融体系中仍处于无权地位，许多国家的货币仍同原宗主国货币发生联系，币值受到发达国家币值变化的严重影响，外汇储备损失惨重。而在最重要的国际金融组织中，其领导权及其组织原则和表决方式都不利于发展中国家。如国际货币基金组织中投票权的分配，发达国家占50%以上，而发展中国家作为整体才占30%，美国一国就占了近20%，几乎可以使任何合乎本国利益的重要国际金融提案获得通过。可见，以垄断资本为基础的国际经济旧秩序是以牺牲发展中国家利益来维护发达国家利益的，致使广大发展中国家发展缓慢，南北贫富差距持续扩大。参见汪习根：《法治社会的基本人权：发展权法律制度研究》，中国人民公安大学出版社2002年版。

望和正当权利。①另一方面,第三世界国家(现在被称为发展中国家或低收入国家和地区)纷纷独立之后强烈的现代化发展需求直接导致了"发展研究"(development studies)在西方的兴起,可以说,没有"发展理论"的研究成就,发展权利的理论与规范化就难以产生。发展理论为发展权的提出提供了重要的思想文化基础。

发展指代事物积极的变化,而且这种积极变化是被人们主观建构的,意味着这是人们想要的变化,这也是"积极"的含义所在。从政治哲学的角度,发展这一理念本身是一种现代意识形态,也就是说,人类社会作为一个整体或者其中的部分是可以积极变化的、可以发展的,这是西方率先进入现代社会之后才产生的一种社会意识,在西方的前现代社会和其他非西方社会,这种发展的理念其实是不存在的。发展理念在西方社会形成以后,以西方政治经济学为基础,在英文语境中逐渐形成了一套虽然经常变化,但却自成体系的发展理论,或者说一套完整的有关"发展"的话语。这套理论或这套话语总体而言可以被看作西方政治经济学的一个分支。如果说西方政治经济学的主流是讨论西欧和北美的政治经济运行,发展理论就是借用西方政治经济学的概念体系和理论框架来讨论原来被西方控制的殖民地、后来独立的欠发达国家的政治经济运行。因此,发展研究的对象是非常明确的,西方社会自身的变化并不在发展研

---

① 20世纪60年代以后,广大发展中国家为摆脱国际经济旧秩序的束缚以寻求自身的现代化发展,通过建立"亚非会议""不结盟国家首脑会议"等区域性国际组织的途径积极开展建立公正合理的新的国际经济秩序的斗争,并较为明确地提出了国际新秩序的基本内容:第一,各国主权平等,并享有平等地解决世界经济、金融和货币问题的不可剥夺的权利;第二,每个国家对其自然资源和一切经济活动行使永久主权,包括对经济和社会制度的自由选择权,对跨国公司在本国的经营活动有控制、监督和管理权,直至采取国有化措施;第三,根本改善国际贸易条件,改变长期存在的不平等的国际贸易关系,包括对发展中国家出口的原料和初级产品规定合理的价格,取消发达国家的贸易保护主义,对发展中国家实行特惠的待遇;第四,改革国际贸易制度,增加发达国家的官方发展援助,减、免、缓发展中国家的债务负担,为发展中国家吸收更多的资金创造条件;第五,改革国际经济结构,促进发展中国家的工业化,改善它们获得现代技术和工艺的条件,制止"智力外流";第六,加强发展中国家之间的经济技术合作,促进集体自力更生(姜素红:《发展权论》,湖南人民出版社2006年版)。然而,发展中国家建立国际经济新秩序的迫切而正当的主张遭到发达国家的强烈反对,双方在诸多基本问题上产生了严重分歧,20世纪70年代之后的相当长的一段时间内,南北双方的对话一度处于无结果状态。与此同时,这一时期发展中国家的经济形势进一步恶化,尤其非石油生产国的债务危机不断加深,一半以上的发展中国家的平均经济增长率低于其人口出生率,从而出现人均收入的负增长。在相互依存的世界经济中,发展中国家经济的恶化也导致发达国家的生产过剩,出口下降,人口失业率增高,经济发展也受到了严重影响。严峻的世界经济形势使南北国家都认识到,只有双方放弃对抗,开展对话与合作,才能解决各自的发展问题,从而最终促进全球的发展。20世纪80年代以后,在联合国的大力推动下,南北国家就逐渐发展有关国际经济新秩序的国际法原则以及全球发展问题,展开对话与合作。发展权概念就是在这一国际斗争过程中提出并得以确认的重要法律概念之一。参见朱炎生:《发展权的演变与实现途径——略论发展中国家争取发展的人权》,载《厦门大学学报》哲学社会科学版2001年第3期。

究的考察范围之内。当然,由于发展研究产生于西方社会,它深刻地受到西方自身发展经验的影响(张严冰,2013)。

早期的发展理论形成于20世纪40年代中期至60年代中期,主要以美国作为现代化的样板,并试图使之作为后发展国家的蓝本,把战后新兴独立国家和地区纳入西方发展体系,发展经济学和现代化理论是这一阶段发展理论的主要理论形态。由于战后资本主义世界面临的头等问题是经济恢复与发展问题,美国政府因而先后通过了"马歇尔计划"[①](The Marshall Plan)和"第四点建议"[②](Point Four Program),分别用于援助欧洲经济复兴和借经济技术援助之机实现对亚、非、拉美新兴独立国家和地区的渗透和控制。这段时期的历史背景促使发展研究聚焦于经济问题,从而促成了发展经济学和现代化理论的兴起。根据西欧、北美国家的现代化发展经验,在工业化导致的经济快速发展时期,国家能够使大部分人提高收入和生活水平,从而有效地消除贫困。因此,现代化理论家相信,这种由工业化推动的快速的经济发展在"二战"以后独立的发展中国家也能够起到同样的效果。关于这方面的文献最为著名的莫过于发展经济学中的"刘易斯-拉尼斯-费景汉"(Lewis-Ranis-Fei)二元经济结构模

---

① "马歇尔计划"官方名称为"欧洲复兴计划"(European Recovery Program),是第二次世界大战结束后美国对被战争破坏的西欧各国进行经济援助、协助重建的计划,对欧洲国家的发展和世界政治格局产生了深远的影响。该计划于1948年4月正式启动,并整整持续了4个财政年度之久,在这段时期内,西欧各国通过参加经济合作发展组织(OECD)总共接受了美国包括金融、技术、设备等各种形式的援助合计131.5亿美元,若考虑通货膨胀因素,那么这笔援助相当于2006年的1300多亿美元。需要强调的是,当马歇尔计划开始实施的时候,美苏的战时同盟关系还没有结束,冷战也没有真正开始,但是当时美国政府中的很多人士对苏联行动的怀疑情绪日渐加深。马歇尔计划的倡导者之一乔治·凯南(George Frost Kennan,1904年2月16日—2005年3月17日,美国外交家和历史学家,"遏制政策"创始人)在当时已预言了未来世界的两极格局,对他来说,马歇尔计划正是他的新理论——对苏联的遏制政策的核心内容。

② "第四点计划",也称"技术援助落后地区计划",因为是1949年1月20日美国总统杜鲁门就职演说中提出的美国四大全球战略行动计划中的第四点(前三点计划是:支持联合国、战后欧洲经济复兴计划即"马歇尔计划"和援助自由世界抵御侵略),故名之。该计划对非共产主义的亚、非、拉美不发达地区实行经济技术援助,以达到政治上控制这些地区的目的,是当时实施于西欧的"马歇尔计划"的补充。"第四点计划有着强烈的政治和意识形态色彩,它并非是'给每个霍屯督人一夸脱牛奶'的计划,而是'冷战的技术专家前线'。第四点计划所计划的技术援助同北约这样的军事条约组织一样,仅仅是一枚硬币的两面而已。这枚硬币就是坚信植根于美国个人主义和资本主义的价值观最终会扩展到全世界。虽然肯尼迪政府最终把对第三世界的开发援助确定为长期性国策,但显然杜鲁门政府尤其是艾森豪威尔政府并不是这样期许的。"参见谢华:《对美国第四点计划的历史考察与分析》,载《美国研究》2010年第2期。

型①。尽管存在理论上的诸多争论,但"刘易斯-拉尼斯-费景汉"模型是发展经济学中二元经济理论研究的基石却是毋庸置疑的,同时它也为新兴独立的发展中国家快速实现消除贫困和经济现代化的强烈愿望提供了清晰的行动指南——工业化。政策制定者的任务就是扩大现代工业部门,从而把劳动力从仅能维持生计的传统农业部门转向现代工业部门。要实现这个目标,对于政府而言,可以通过对工业企业的大规模投资来实现。在20世纪40年代至60年代,很多发展经济学家都持有这种信念,并深刻影响了发展中国家的经济发展政策。②

---

① 1954 年,刘易斯在其经典著作《劳动力无限供给下的经济发展》(*Economic Development with Unlimited Supply of Labor*)中把发展中国家的经济结构划分为性质不同的两个经济部门:现代工业部门和传统农业部门,并指出发展中国家经济发展的中心是传统农业向现代工业的结构转换。刘易斯认为,传统农业部门劳动力无限供给构成了发展中国家二元经济的内在特征,由于经济发展依赖于现代工业部门的扩张,而现代工业部门的扩张又需要传统农业部门提供丰富的廉价劳动力,因此,二元经济发展的核心问题是传统农业部门的剩余劳动力向现代工业部门转移。换言之,伴随着劳动力的转移,发展中国家的二元经济结构终将消除,这就是著名的"刘易斯模型"。但是刘易斯模型只强调现代工业部门的扩张,没有足够重视农业在促进工业增长中的作用,也没有注意到农业由于生产率的提高而出现剩余产品应该是农业中的劳动力向工业流动的先决条件。因此,后来的"拉尼斯-费景汉"模型则对刘易斯模型进行了改进和发展。1961 年,拉尼斯(Gustav Ranis)和费景汉(John C.H. Fei)发表《经济发展的一种理论》(*A Theory of Economic Development*)一文,他们仍以刘易斯模型对发展中国家经济部门的二元划分为基础,但从一种动态角度研究农业和工业的均衡增长,并认为因农业生产率提高而出现农业剩余是农业劳动力流入工业部门的先决条件。由此,"拉尼斯-费景汉"模型把二元经济结构的演变划分为三个阶段:第一阶段是劳动生产率等于零的那部分劳动力的流出,这部分劳动力是多余的;第二个阶段是边际生产率大于零但小于不变制度工资的劳动力的流出;第三个阶段是农业劳动的边际产品的价值大于不变制度工资的劳动流出,因此这部分的农业劳动力已经变成了竞争市场的产品(Ranis and Fei, 1961; Fei and Ranis, 1964)。刘易斯接受了拉尼斯-费景汉模型的观点,并在后来完整地提出了他的"拐点"理论。1972 年,刘易斯发表了题为《对无限劳动力供给的反思》(*Reflections on Unlimited Labour*)的论文,提出了两个"拐点"理论。刘易斯认为,当二元经济发展由第一阶段转至第二阶段时,劳动力供给将由无限变为短缺,此时由于传统农业部门的压力,现代工业部门中的工资开始上升,第一个转折点,即"刘易斯第一拐点"开始到来。此后随着农业的劳动生产率不断提高,农业剩余进一步增加,农村剩余劳动力得到进一步释放,现代工业部门的迅速发展足以超过人口的增长,该部门的工资最终将会上升。当传统农业部门与现代工业部门的边际产品相等时,也就是说传统农业部门与现代工业部门的工资水平大体相当时,意味着一个城乡一体化的劳动力市场已经形成,整个经济——包括劳动力的配置——完全商品化了,此时的经济发展将结束二元经济的劳动力剩余状态,开始转化为新古典学派所说的一元经济状态。此时,第二个转折点,即"刘易斯第二拐点"开始到来。

② 如努克斯(Nurkse, 1953)认为,只有通过工业发展才能打破贫困的怪圈;但同时,政府应加强对基础设施和辅助型工业的投资来确保均衡的发展。联合国的一项由刘易斯主导的重要报告,则敦促各发展中国家的政府优先为工业发展汲取资金(United Nations, 1951)。而发展经济学先驱之一的罗斯托(Walt W. Rostow, 1916—2003)在他那本被广泛引用的著作《经济成长阶段:一个非共产主义宣言》(*The Stages of Economic Growth: A Non-Communist Manifesto*)中,针对所谓的社会发展六个阶段(传统社会阶段、起飞准备阶段、起飞进入阶段、起飞进入自我持续增长的阶段、成熟阶段、高额大众消费阶段和追求生活质量阶段)提出了一系列明确的政策规定,尤其在经济起飞诸阶段,要积累资本来为经济发展创造条件,从而释放经济的活力,推动工业的持续发展(Rostow, 1960)。

第 2 章　国家发展权的优先性：国家主导发展体制的逻辑

传统发展经济学主导下的现代化理论的基本逻辑是，基于"传统社会"和"现代社会"的二元划分，现代化过程即是人类从传统社会向现代社会的转变，由于欧美是世界上最先进入现代社会的地区，其社会变迁过程中所表现出的"现代性"代表了现代社会的最一般特征，因此，非西方国家要获得"现代性"走出传统社会，唯一可能的选择就是模仿西方国家的现代化过程并接受西方现代化的历史经验（何中华、张晓华，1997）。这种发展观的实质就是现代化被等同于西方化，但它在渊源上"并不是在于所有人类社会的特征、潜能；反之，它们只不过是西方特有的质性与价值观的反映"，因此，"在'发达'及'发展中'世界之间所建立的连带关系，亦可视为一种文化支配的形式"（汤林森，1999）。出于文化觉醒以及发展哲学的反思，从20世纪60年代末开始，发展研究的视角和参照系发生了转变，即由发达国家转向了发展中国家。发生这种转变的主要原因是发展中国家对自身现代化发展过程及其后果的批判性反思。被纳入西方资本主义体系的发展中国家，在早期发展经济学和模仿战略的影响下，出现了"有增长而无发展"的现象[①]。这种发展危机促使发展中国家的学者开始对以西方中心论为特征的发展观进行批判和反思，并立足于本国的特殊性考察发展问题，从而出现了马克思主义的"依附理论"[②]和"世界体系理论"[③]。总体而言，自20世纪40年代中期以来，发展问题作为一个全球性难题引起了国际学术界的极大关注。"另一种类型的发展""新发展哲学"

---

① 表现为单一经济的扭曲发展和整个社会系统的功能失调，以及在经济增长过程中形成的粗放模式——片面追求数量增长而忽视内涵式发展，致使这些国家原有社会问题未能缓解，新的严重问题又层出不穷，如贫富两极分化、教育和社会服务投资很低、自然资源过度掠夺并导致环境永久性的破坏，甚至发生内部战乱，以致危及整个国家的生存与发展，与西方发达国家的差距不但没有缩小反而日益拉大。

② "依附论"是20世纪六七十年代一个富有影响力的较为激进的思想潮流，它是由拉美经济学家在对发展中国家不发达问题的探讨和辩论中形成的一种理论，并继承了阿根廷经济学家劳尔·普雷维什（Raúl Prebisch，1901—1986）的"中心—外围"结构主义发展理论（Prebisch，1962）的思想。"依附论"把西方发达国家视为"中心国家"，非西方不发达国家视为"边缘国家"，认为不是西方"发现"了不发达国家，而是西方"制造"了不发达国家。发达国家的"现代化"过程即是落后国家的"边缘化"过程。发达国家的社会发展是建立在对边缘国家的殖民统治和经济掠夺基础上的，并造成后者对前者的依赖性和从属性。因此，非西方国家已不可能在同样的初始条件下重复西方国家的现代化道路，而是必须脱离西方控制，实现自主发展（Schmitz，1984；Frank，1966；Dos Santos，1973）。

③ 沃勒斯坦（Wallerstein）的世界体系理论基于全球视野，认为现代世界体系是一个由政治、经济、文化三个基本维度构成的复合体，并都呈现出"中心—半边缘—边缘"的极端不平等层级结构。英、美等发达国家居于体系的"中心"，一些中等发达程度的国家属于体系的"半边缘"，某些东欧国家、大批落后的亚非拉发展中国家处于体系的"边缘"。"中心"拥有生产和交换的双重优势，对"半边缘"和"边缘"进行经济剥削，维持自己的优越地位；"半边缘"既受"中心"的剥削，又反过来剥削更落后的"边缘"，而"边缘"则受前两者的双重剥削（Wallerstein，1974—2011）。

"国际发展新环境""国际经济新秩序""发展国际法"等一系列概念和课题的出现,不但反映了解决第三世界发展问题的迫切性,而且也是对既存的不合理发展模式的否定。从人权理论上探讨发展问题并形成发展权观点,正是这一系列关于发展的新研究课题和国际政治实践的产物(汪习根,2002)。

随着国际社会对发展问题的关注程度不断加深,广大发展中国家对自身发展的权利诉求也愈加强烈。从1970年"发展权"概念的出现①到1986年联合国大会通过《发展权利宣言》之前的16年间,发展权概念形成经历了自下而上,自民间到"官方"的影响逐步扩大的发展过程②,而其内涵、权利主体、权利性质等实体内容也引起了国际社会的讨论热潮。1986年12月4日,联合国大会第41/128号决议通过《发展权利宣言》(Declaration on the Right to Development),这是发展权思想体系从萌芽走向成熟的标志。③发展权在国际

---

① 第一次明确提出"发展权"概念并尝试给发展权下一个定义的,是塞内加尔第一任最高法院院长、人权国际协会副主席、联大人权委员会委员凯巴·姆巴耶。1970年他在斯特拉斯堡人权国际协会开幕式上发表了一篇题为《作为一项人权的发展权》的演讲,并明确指出发展权是一项人权,因为人类没有发展就不能生存,所有的基本权利和自由必然与生存权、不断提高生活水平权相联系,也就是与发展权相联系。至此,发展权概念正式被提出。

② 为探讨发展权的性质和地位,联合国教科文组织展开了研究,并将发展权称为与自由、平等等权利相对称的第三代人权,其实质是赋予发展权以集体共享性和先进性。教科文组织关于发展权的讨论引起了联合国人权委员会的极大关注。1977年,人权委员会通过了第4(XXXII)号决议,第一次在联大人权委员会系统内承认发展权是一项人权。从此,发展权问题才正式被提上联合国大会的议事日程,列入了联大国际政治、经济和法律事务的讨论范围。联大就此开展了一系列活动,包括1977年12月16日通过《关于人权新概念的决议案》,根据发展权的精神扩充和完善了人权概念,决定把有关政治、经济及社会发展,促进人的充分尊严和社会发展作为人权的相互依存的不可分割的内容。1979年3月2日,联合国人权委员会以决议[第4(XXXV)号和第5(XXXV)号]形式重申发展权是一项人权,并指出"发展机会均等,既是国家的权利,也是国家内个人的权利",明确地把发展权的主体包含了国家及其组织成员个人两部分。然而,对该决议,美国投了反对票,6个西方发达国家(比利时、法国、联邦德国、以色列、英国、卢森堡)投了弃权票,表现出了对发展权的认识还存在着政治上的严重分歧。联合国大会为了使发展权的研究和保护工作更加全面系统地展开,在1979年11月23日,以第34/36号决议通过了《关于发展权的决议》,这是"发展权"概念首次出现在以联合国大会这一最大范围的国际组织的名义通过的决议之中。该决议的颁行,标志着国际社会已对发展权予以了确定和认可。此后,1980年联合国人权委员会在日内瓦举行关于目前不公正的国际经济秩序对于发展中国家经济的影响及其对人权和基本自由的实现所造成的障碍的专题研讨会。1981年,非洲统一组织通过了《非洲人权和民族权宪章》,这是最早将发展权规定为一项集体人权的区域性国际人权文件。1981年3月11日,联合国人权委员会在第37届会议上通过第36(XXVII)号决议,成立由15名政府专家组成的关于发展权的工作小组,具体研究发展权的范围和内容,以及在所有国家实现各种人权文件所规定的经济、社会和文化权利的最有效的途径,尤其应该关注发展中国家在保障人权的享有方面所遇到的障碍。同时,人权委员会还要求政府专家小组就发展权的实施和关于发展权文件草案的具体建议提交一份报告,并从1981年开始起草《发展权利宣言》。

③ 该宣言指出:"发展权利是一项不可剥夺的人权,由于这种权利,每个人和所有各国人民均有权参与、促进、享受经济、社会、文化和政治发展,在这种发展中,所有人权和基本自由都获得充分实现"(《发展权利宣言》第一条),并原则性阐释了发展权的主体、内涵、地位、保护方式和实现途径的基本内容。

一级主要体现着发展中国家的要求与主张。实际上,《发展权利宣言》是在发达国家和发展中国家纷争激烈基础上妥协的产物,是经过表决而不是协商一致通过的,①这意味着,在如何理解和保障发展权问题上的国际争议和斗争此后仍会继续,并至今没有得到根本解决。②

尽管发展权已被国际社会认可为一项具有法律性质的人权,但在实际上,不同的人权观和不同的国家,对发展权的内涵与外延往往根据自身的需要而进行取舍和选择。发达国家和发展中国家关于发展权问题的分歧焦点主要反映在三个方面(庞森,1997;汪习根,2002):一是关于发展权的主体。发达国家认为发展权只是一种个人的权利,而发展中国家则认为,发展权是一项集体权利,其主体应是国家和一个国家的公民。二是关于发展权的范畴。发达国家认为发展权是一种公民政治、经济、社会和文化权利的综合体,发展中国家认为发展权还包括国家在国际方面所享有的权利和义务。三是关于实现发展权的途径。发达国家认为,要实现发展权,最主要的是首先实现民主,保护人权,实行自由市场经济,消除社会腐败和非正义,发挥个人的积极性。发展中国家则认为,要实现发展权,最主要的是要创造一个符合共同发展宗旨的国际环境,发达国家必须履行其应尽的发展援助与合作责任,改变发展中国家在国际经济领域的不利地位,缩小南北差距。基于上述分歧,学术界对于发展权内涵便出现了不同的解释。③就发展权研究的中国学者而言,在法哲学抽象的意义上较为能够达成共识的发展权含义是:发展权是作为个体的人和作为人的集体的国家和民族自由地参与和增进经济、社会、文化和政治的全面发展并享受发展利益的一种资格或权能;这种资格或权能在外在特征上是一项广泛地存

---

① 对《发展权利宣言》的投票结果是:146个国家投了赞成票,美国投了反对票,丹麦、联邦德国、芬兰、爱尔兰、以色列、日本、瑞典、英国投了弃权票。投反对票和弃权票的全是发达国家。

② 根据1993年6月在维也纳召开的第二届世界人权大会通过的《维也纳宣言和行动纲领》要求,联合国人权委员会于1993年设立了一个由亚、非、拉、东欧和西方五个地区共15个国家的专家组成的研究发展权实现问题的专家组,这是继1981年第一个专家组后的第二个政府间专家工作组。1993—1995年,工作组召开了五次会议并向人权委员会提交了五次报告。在最后一次会议中,由于西方国家篡改发展权概念、刻意突出西方传统人权观念,致使工作组因分歧过大,无法完成人权委员会交付的使命而解散。为此,1996年第52届联合国人权委员会决定再设立一个政府间专家工作组,重点研究实现发展权的国际战略问题。可见,发展权虽在形式上已经成为国际社会认可为一项人权,但发展权理论与实践上的分歧与对立依然十分严重。

③ 汪习根总结了解释发展权含义的四种不同观点:一是主体定义法,即从发展权的权利主体归宿出发来说明发展权的内涵;二是代际定义法,认为发展权是不发达群体对国际社会所主张的保障自身发展的"第三代人权";三是结构分析法,认为发展权是集体主体所享有的通过消除实现人权的结构障碍和建立国际经济新秩序来满足全人类特别是发展中国家的发展的权利;四是内涵分析法,认为发展权是国家宏观经济发展和个人需要得以满足与发展的权利。参见汪习根:《发展权含义的法哲学分析》,载《现代法学》2004年第6期。

在于国内国际社会的旨在满足人的基本要求的基本人权（汪习根，2004；姜素红，2006）。简言之，发展权是主体自主地行使参与、促进发展的行为权和享有发展利益的受益权。

2.1.2 主权双重性及国家主体的地位

发展权的主体，即发展权的拥有者。对于何为发展权主体的问题，国际人权法学界存在着"个人主体论"、"集体主体论"以及"个人与集体双重主体论"三种观点的争论。[①]由于联合国人权委员会和联合国大会关于发展权的诸项决议都明确表达了发展权的主体包含了国家及其组成成员个人两部分的观点，因此目前发展中国家包括中国的人权法学界都比较一致地秉持发展权主体具有双重性的主张，即认为发展权既是一项个人人权，又是一项集体人权，国家的进步和发展能促进个人的发展，而个人的发展反过来又能促进社会的发展，因而二者是不可分割的，不能认为是互不相容的（朱炎生，2001）。其中，集体主体是指具有不依附于其他主体、具有外在的独立性和能够依自身意志行动的并以特有的形式表达自身特有的利益主张的社会集合体。它既能凭借固有的传统、习惯、文化和发展程度形成个性特征和共同利益，又能以统一而独立的名义享受权利并承担义务。因而，并非一切独立的政治或社会组织，如法人、政党等均可成为人权主体，构成人权主体的集体是在相当大范围集合某一共同历史传统和现实习性的人群的全体而形成的，其形式主要是民族和国家（汪习根，2002），也包括某些特定团体[②]和特定区域[③]等。由于国家发展权

[①] 汪习根 2002 年对几种不同的发展权主体论的观点、依据及其争论作了详尽的综述。

[②] 所谓特定团体是指在肤色、宗教、语言、种族、文化等方面具有不同于其他人的特点，由于受到偏见、歧视或压制，在政治、社会和文化生活中长期居于从属地位，国家应予积极援助的群体。如残疾人、妇女、儿童、土著人，处于弱势的种族、民族等。在人权史上，人权法对集体人权的确认，是基于 20 世纪初国家社会某些弱势团体成为践踏人权的受害者，从而引起受害集体中人们集体权利意识萌生和发展的产物。国际人权法已经把团体作为人权的重要主体。如《消除一切形式种族歧视国际公约》《儿童权利公约》《消除对妇女一切形式歧视公约》《联合国少年司法最低限度标准规则》等国际公约中均将少数人团体列为人权主体。

[③] 在国际一级和国家一级立法中，特定区域尚未成为发展权的主体。在我国，随着西部大开发战略的实施，西部发展权引起了学术界的重视（汪习根，2002）。当今发展权理论既然承认作为地域性的国家、特定种族和民族是发展权的主体，那么在一国法域内，指涉特定地区与特定群体（如少数民族、土著人）的区域亦可成为发展权的主体。这既可从《发展权利宣言》所指出的发展权利平等的原则中获得根据，也可从国内立法中找到证明。我国宪法第一百二十二条明确规定"国家从财政、物资、技术等方面帮助各少数民族加速发展经济建设和文化建设事业"。1984年颁布的《中华人民共和国民族区域自治法》第五十五条更明确规定："上级国家机关从财政、金融、物资、技术和人才方面，帮助各民族自治地方加速发展经济、教育、科学技术、文化、卫生、体育事业。"这些立法都是与发展权思想契合相通的。

在人权实践上是一个具有特定性的概念（表现在它往往是由发展中国家所主张而有赖于发达国家才能实现的一种权利），因此这里讨论发展权的集体主体时主要讨论它的国家主体属性。

从发展权的渊源及其倡导者的初衷来看，国家在发展权的双重主体结构中居于中心地位。首先，在国际层面上，国家是国际法主体，个人在国际发展权法律规范中一般不能成为发展权利义务关系的承受者，不具备权利主体或义务主体的资格。因此，一国之人民是以其主权国家的名义向国际社会主张他们的发展权的，如主张享有对本国自然资源的永久主权，要求创设一种新的公正的国际经济秩序，获得发达国家或国际组织的发展援助和国际发展政策支持，等等。其次，在国内层面上，个人发展权作为参与发展进程的权利是指在发展进程中扩展能力或个人自由，提高福祉以及实现其价值的权利，本质上这是一个不断被"赋权"的过程，尤其依赖于国家的积极作用。因此，国家在享有发展权的同时，也承担着实现发展权的责任和义务。[①] 再者，从发展的实现条件来看，发展的过程需要一个社会中个体之间的普遍合作，即需要一个具有自主性和权威性的组织来实施特定的集体任务，从而实现社会整体的发展。而承担这种角色的最佳组织形式毫无疑问是代表国家的政府。总而言之，尽管发展权的主体具有双重性质，但是国家享有权利和承担义务的统一是发展权的重要内涵，国家成为发展权的主体使得发展权在政策实践中具有了有效的意义和实质性内容。

2.1.3 发展权性质的政治理论解释

虽然目前国际法学界将发展权纳入人权的范畴来进行理论考察，但是它的权利性质有待进一步的政治理论解释。

首先，发展权是生存权的必然延伸。生存权[②]是人类最基本的权利，是享受其他人权的前提（中国人权研究会，2005）。马克思、恩格斯在《德意志意识形态》中指出："我们首先应该确立一切人类生存的第一个前提也就是一切

[①] 国家有权利和义务制定适当的国内发展政策，创设个人享有经济、政治、社会和文化权利的条件和保障这些权利的实现，采取一切有效措施保证人民有均等的机会获得基本资源、教育、医疗保健、食品、住房、就业和公平分配收入，消除社会非正义，等等。

[②] 它是指在一定社会关系中和历史条件下，人们应当享有的维持正常生活所必需的基本条件的权利。它不仅指个人的生命在生理意义上得到延续的权利，而且指一个国家、民族及其人民在社会意义上的生存得到保障的权利；不仅包含人们的生命安全和基本自由不受侵犯、人格尊严不受凌辱，还包括人们赖以生存的财产不遭掠夺、人们的基本生活水平和健康水平得到保障和不断提高。

历史的第一个前提,这个前提就是:人们为了能够'创造历史',必须能够生活,但是为了生活,首先就需要衣、食、住以及其他东西"(马克思、恩格斯,1979: 31)。唯物史观认为,人的需要首先是吃、喝、住、穿,然后才能从事政治、科学、艺术、宗教等活动。因此,生存权就成了首要的人权。但是,人的需要是向纵深发展的,"发展"构成了人的一种普遍的需要,发展权因而成了生存权的必然延伸。发展权与生存权的内在联系表现在:一方面,生存权是发展权的前提,因为没有生存就无所谓发展;另一方面,发展权是生存权的必然要求,因为只有实施发展权,生存权的实现才能获得持续的、可靠的保障,并进一步改善和提高生存权的质量。所以生存权与发展权是互相包含的。生存权和发展权是首要人权,没有生存权、发展权,其他一切人权均无从谈起。这也是中国政府在人权问题上始终坚持的基本观点。

其次,发展权是民族自决权的必然延伸。民族自决权是当代国际社会公认的一项基本国际法原则①,即国际法的"宪法性"原则,不可被其他任何国际法原则所排除,如果其他国际法原则与其相冲突,自决权原则将优先适用,它属于国际法上的强行法范畴(米兰·布拉伊奇,1989)。自决权意味着一切国家和民族独立决定其命运,选择其政治、社会和经济制度的权利,也意味着各国可以为了它们自己的目的自由地处置其自然资源和财富的权利(朱炎生,2001)。民族权是最早的集体人权形式,从发展权的产生根源上看,发展权就是从民族自决权这种最早的集体人权观中衍生出来的。②穆罕默德·贝德乔伊说:"发展权来自民族自决权,与民族自决权有着同样的性质。如果我们在承认民族自决权是一项上位的和神圣不可侵犯的原则的同时,却不承认已取得自决权的民族有发展的权利,那么这种承认就没有多大意义。发展权是各民族固有的内在的一种权利"(国际人权法教程项目组,2002)。可以说,发展权理念是从民族主义、民族自决权等概念中分流出来的,是民族自决权的必然延

---

① 第二次世界大战期间,民族自决作为 项国际法原则得到了确认,在《大西洋宪章》(The Atlantic Charter)中规定"凡未经有关民族自由意志所同意的领土变更,两国不愿其实现"(第二条);"尊重各民族自由选择其赖以生存的政府形式的权利;各民族的主权和自治权有横遭剥夺者,两国均设法予以恢复"(第三条)。在《联合国宪章》中规定"发展国际间以尊重人民平等权及自决原则为根据之友好关系"(第一条第 2 款)。1952 年联合国大会通过了《关于人民和民族自决权的决议》,要求联合国各成员国"支持一切人民和民族的自决原则"。

② 最早的集体人权起源于种族权、民族权。例如《保护少数民族公约》《废奴公约》是最早期的集体人权法,它们都是以民族的利益为出发点而制定的。近代以来,发展中国家一直遭到来自西方列强的侵略,这些因素导致发展中国家无一例外地强调民族作为一个集体独立和存在的必要性。在非洲,殖民者的残酷剥削和压迫持续了 400 多年,奴隶贸易使得非洲损失的总人口达到 2.1 亿,发展中国家摆脱殖民者的压迫和奴役,不得不以一种集体人权的形式来获得,这种集体人权的最初形式就是蕴含民族主义精神的民族自决权。

伸，是为非殖民化、民族解放、经济独立和发展而斗争所取得的成果。

再者，发展权是一项具有社会连带性质的权利。社会连带权思想可追溯至狄骥（Leon Duguit，1859—1928）的"社会连带主义法学"理论①，该理论的核心思想则是"社会连带关系"学说（social solidarity theory）。在狄骥看来，社会连带关系是一切人类社会的事实：人们为了生存，就必然要建立一种关系，因为他们有共同的需要加以满足；同时由于人们有不同的需要和才能，因而只有通过相互的帮助才能实现。与此相应的社会连带关系分为两种：第一种是同求的，第二种是分工的，它们在社会的不同阶段所占的比例不同，它间接地成为人们行为规则的基础（狄骥，1999）。社会连带权利思想实际上是通过把个人带回到他所从属的社会，而使个人权利社会化，并强调权利的实现需要包括国际社会、国家和个人等全社会范围内所有成员的共同努力，这也是国际人权法学界将发展权、和平权与环境权并称为与自由权和社会权有别的第三代人权的主要理论依据。在理论上，支持发展权是一项社会连带权的最基本论据就是基于这样一个显而易见的事实：发展的过程需要一个社会中个体之间的普遍合作。联合国的《发展权利宣言》宣称，"每一个人和所有人都有权参与经济、社会、文化和政治发展并做出自己的贡献""各国有权利和责任确定适合本国的发展政策……"。可见，发展权的集体权利部分，尤其是各族人民的权利，预示了群体权利享有者的社会连带性。

最后，发展权与主权之间存在同源性及本质重叠性。主权的出现比发展权要早很多，两者的形成背景不同，而且不是属于同一范畴的权利概念。主权在国内表现为"权力"（power），而且是一种排他性的最高权力，在国际表现为"权利"（right），而且是各国均享有的平等权利（孙建中，2001）。由联合国《发展权利宣言》确立的发展权则是一项普遍的和不可剥夺的人权，是基本人权不可分割的一部分。无论在国际还是国内，发展权所表现的形式始终是一项"权利"而非"权力"。然而，从主权和发展权的历史演变来看，二者都来源于一种民族主义和民族自决的思想（汪习根，2008），它们在权利本质上具有重叠性，具体表现在三个方面：第一，发展权具有集体人权性，而主权则体现了集体人权的价值观。主权是一个国家的根本属性，代表着组成国家的

---

① 狄骥的社会主义连带主义法学理论继承了法国著名社会学家涂尔干（Durkheim E.）的社会连带思想。涂尔干在《社会分工论》中指出，人类社会有两种连带关系：机械连带和有机连带。机械连带是建立在相同的价值判断、共同的社会约束、对共同传统的尊重之上的；它就像分子构成结晶体一样，个人被并入一个大的单位；它主要存在于只有简单劳动分工的社会中。有机连带是建立在专业和劳动分工的高度发展、各个社会成员和社会群体的相互依赖之上的；它就像有机体一样，个人、群体是有机整体的一部分；它主要存在于现代文明社会中。

民族或人民集体的共同利益。国家的独立和领土的完整保障了各项国内的集体人权的实现。只有主权的独立，人民才能自由地选择国家的政治制度并参与经济、文化、社会的发展，才能自由地处置自己的自然资源和财富。第二，主权和发展权都具有不可剥夺性。主权是绝对的、不可分割的，它是国家的最高统治权，主权行为不受任何其他权力的限制，也不从属于其他任何人的意志（格劳秀斯，2005）。主权的不可剥夺性及其对每一个国家与人民的基础性地位由此可见一斑。发展权的不可剥夺性是通过联合国一系列具有国际法性质的文件予以确认的[①]，它已经逐步超越国际法领域而获得普遍的意义，并已经被提升为一项基本人权。第三，主权和发展权都具有国内国际双重性。在当代政治学及国际法概念中，主权具有"对内的"（internal）和"对外的"（external）两个表征。对内主权是关于内政处理不受外界支配，即主权的对内性（国内性）表现在一个国家对内政治、经济领域的最高权威性；对外主权是关于对外关系不受外界支配或干涉，即主权的对外性（国际性）表现为一个国家在与他国政治、经济交往中享有平等独立之地位。虽然就发展权存在的范围来看，发展权从概念的诞生到普遍地适用，都是以一种国际人权的形式出现的，各国国内法律中似乎很少在人权实践中直接使用"发展权"这一概念，但发展权同样具有国际和国内双重属性。"世界上有一半以上的国家的宪法中或明或暗地对发展权理念或原则进行了规定"（汪习根，2001）。可以说，主权与发展权二者对于整个国家与人民的全面发展的作用而言是相辅相成、相互促进的，主权的保障与发展权的目标是一致的。经济主权、政治主权、文化主权等主权形式的完善与巩固是实现发展权的基础与必要手段，而发展权是主权维持生命的内在动力（汪习根，2008）。

2.1.4 发展观的演化与发展权的构成

发展权的构成（即法学意义上的权利客体）是指发展权利所指的对象，或言之，"它指向的是一类发展利益要素，即基于主体的发展所可以和应该获得的利益，是主体之间形成的自由发展主张及对该主张的承诺与满足关系所指称的利益"（汪习根，2002）。从抽象层面上说，"发展"就是发展权的客体。因此，对于何谓"发展"的理解，就决定了对于发展权利实质内容的理

[①] 1986年联合国通过的《发展权利宣言》明确宣示，"发展权是一项不可剥夺的人权，发展机会均等是国家和组成国家的个人一项特有权利"。1993年世界人权大会通过的《维也纳宣言和行动纲领》重申了这些内容。在1997年联合国大会上，七十七国集团甚至提议将《发展权利宣言》纳入"国际人权宪章"，使之具备与《世界人权宣言》和两个国际人权公约同等重要的地位。

解。然而，"'发展'是一个经常提起但很少为之下定义的词。它有时指个人发展，有时指社会的发展。它有时意味着经济发展，有时也意味着政治与社会发展。有时它等于现代化与工业化。恰当地说，发展不是一种观念，至少不是一个单一的观念，而是当代一系列价值观……因此，对于发展的性质，并没有普遍或无可争议的看法。"（L.亨金，1997）。这意味着"发展"是一个动态的概念，事实上，自20世纪40年代发展理论兴起以来的大半个世纪当中，发展观念就一直处于一种革命性的变化当中。迄今为止，发展观的演化大致来说有以下五个渐进、深化的过程：

（1）经济发展观。第二次世界大战结束以后兴起的发展经济学和现代化理论，非常成功地将原来哲学抽象层面上的"发展"概念塑造成为一个经济学概念，从而使"发展"具有了可操作性的政策内涵。基于强烈的西方中心主义立场，发展经济学和现代化理论试图回答"为什么有的国家富而有的国家穷"以及"富裕国家的财富为什么会增长"之类的问题，其坚持的基本观点是：发展中国家的发展问题就是经济增长问题，解决发展问题的核心途径在于实现经济增长。"发展＝经济增长"的经济发展观在20世纪五六十年代发展中国家的现代化发展实践中产生了深刻影响。①在经济发展观下，实现工业化构成了一个国家或地区现代化发展的中心内容。

（2）经济与社会协调发展观。经历了20世纪五六十年代，许多国家都实现了经济增长，然而，大多数人的生活水平却并没有改善。发展中国家出现了被称为"无发展的增长"或"有增长而无发展"的现象。20世纪60年代末期以后，"发展"与"增长"这两个概念被明确地区分开来。"发展不纯粹是一个经济现象。从最终意义上说，发展不仅包括人民生活的物质和经济方面，还包括其他更广泛的方面，应该把发展理解为包括整个经济和社会体制的重组和重整在内的多维过程"（托达罗，1992）。经济与社会协调发展观，意味着除了经济增长之外，衡量发展还必须包括各项社会指标，实现社会的全面发展与进步，调整社会经济结构、改善收入分配状态、增加就业和消除贫困都应成为发展目标。

（3）以人为中心的综合发展观。进入20世纪80年代以后，西方学者出于对工业文明所造成的人的异化的深刻反思以及对人类生存环境进行批判性反省，提出了一种以人为中心的综合发展观。法国著名经济学家、社会学家弗朗索瓦·佩鲁（Francois Perroux，1903—1987）受联合国教科文组织委托而作的《新发展观》（*A New Concept of Development*）是阐释这种发展观念的经典之

---

① 该时期，"发展"意味着"国民经济的增长"，衡量的指标通常采用国民生产总值（GNP）或者国内生产总值（GDP）。为排除人口数量的影响，通常还用人均收入和人均GDP来衡量。这时，推动发展的力量就是"二元经济模型"中的工业部门。

作。佩鲁试图从经济学与哲学的结合上重新审视社会发展问题,提出以人为中心确立研究视野,从人的活动及其发展的角度考察发展的动力和规律。佩鲁强调发展应该是"整体的"、"综合的"和"内生的"[①],发展应以人的价值、人的需要和人的潜力的发挥为中心,旨在满足人的基本需要,促进生活质量的提高和共同体每位成员的全面发展(弗朗索瓦·佩鲁,1987)。佩鲁所提出的新发展观开启了一个新的时代,它把人的发展作为核心,凸显了原来隐藏在物质文明背后的精神文化价值在发展中的重要性,并对后来国际社会的发展理念和发展政策的变革产生重大影响,比如1990年联合国开发署提出了"人类发展观"并从此每年都发表一份不同主题的《人类发展报告》对世界各国的人类发展状况进行评估和比较。[②]而后来在理论上具有重大影响力的亚马蒂亚·森关于主张以实现和扩展人的实质自由及其能力作为发展目标与手段的发展观(亚马蒂亚·森,2002),也可溯源于此。

(4)可持续发展观。可持续发展观念的产生直接来源于人类极限意识的重大觉醒。1972年,罗马俱乐部发表了第一个研究报告《增长的极限》,在西方世界陶醉于高增长、高消费的"黄金时代"时,清醒地提出了"全球性问题",并认为"只要人口增长和经济增长的正反馈回路继续产生更多的人和更高的人均资源需求,这个系统就被推向它的极限——耗尽地球上不可再生的资源"(丹尼斯·米都斯,1997)。虽然增长极限论忽视了科技进步的作用、人类主观能动性及其对发展界限突破的可能性,但是它极大地激发了人类社会对发展可持续性问题的关注。在国际社会的长期努力推动之下,一种在代际平衡视角下实现"人—自然—社会"协同发展的可持续发展观在20世纪90年代以后成为国际社会的普遍共识。[③]可持续发展观认为,经济、社会的发展必须同资源开发利用和环境保护相协调,在满足当代人需要的同时,又不对后代人满足其需要的能力构成威胁和危害。它在发展问题上体现了现在与未来、整体与局

---

① 关于佩鲁所提出的整体的、综合的、内生的新发展观,整体的发展是指发展战略和发展模式必须有一个整体的观点,既要考量作为整体的社会与人的各个方面,又应注意人们相互依存关系中出现的多样性;综合的发展是指各个部门、地区和国家在发展进程中应协调一致;内生的发展则是指通过对本国的内部力量和人力资源的合理开发和充分利用促进发展。

② 联合国开发署发布的《人类发展报告》特别注重人类发展指数的演变。人类发展指数包括三个基本因素:寿命、知识和生活水平。它大大地超越了经济方面,在效率与公平、手段与目的、经济与道德、经济与文化、眼前与长远、部分与整体的关系上,力图沟通、平衡与和谐。它追求和倡导现代人文精神并以此作为社会发展问题的轴心,把突出社会发展的主体因素和关注人的终极目标作为文化转型和社会发展的恒常价值。

③ 1980年,联合国大会首次使用了"可持续发展"概念。1987年世界环境与发展委员会(WCED)发布《我们共同的未来》,系统提出了"可持续发展"战略,使新发展观初具雏形。1992年在巴西里约热内卢召开的"联合国环境与发展大会"上通过了《21世纪议程》,阐述了有关发展的40个领域的问题和120个实施项目。至此,可持续发展观正式诞生。

部、理性与价值的多重统一。

（5）科学发展观。1994年中国政府编制发布的《中国21世纪议程》标志着中国正式提出了可持续发展战略——沿着促进经济、社会、资源、环境以及人口、教育相互协调的可持续发展思路，并着眼于从根本上解决中国经济社会长期形成的城乡之间、区域之间、经济与社会之间的结构性矛盾以及粗放型增长方式所带来的生态环境严重破坏问题。2003年10月，在中国共产党十六届三中全会上，中共中央总书记胡锦涛正式系统地提出了"科学发展观"思想，其内涵被表述为"第一要务是发展，核心是以人为本，基本要求是全面协调可持续发展，根本方法是统筹兼顾"（胡锦涛，2007）。科学发展观与其说是一种学术理论，不如说是一项政治指导思想或政策战略思想。[①]可以说，科学发展观是中国共产党通过自身的执政实践为发展哲学理论所做出的重大贡献，并将"发展"在内涵上逐渐构建了一个融合经济建设、政治建设、文化建设、社会建设和生态文明建设"五位一体"的结构。

从发展观的历史演化过程来看，随着人类的时空观念和社会历史视野的拓展，人们逐渐意识到发展的多元性和综合性，且已覆盖了政治、经济、社会、文化、科技、教育各个方面及其内部诸环节，是全方位的立体型发展。因此，以"发展"为核心内容的发展权，就成了上述各种意义发展权利的有机统一。强调发展权内涵诸方面在宏观上的不可分性，并不妨碍从理论上对其构成内容的具体分解和剖析。基于《发展权利宣言》关于"对实施、增进和保护公民、政治、经济、社会和文化权利应予以同等重视和紧急考虑"的明确主张，中国国际人权法学者汪习根认为发展权包括经济发展权、政治发展权、文化发展权、社会发展权以及由此而分化出的生存发展权五方面的内容[②]（汪习根，

[①] 它要求一切政策实践要"坚持以人为本，树立全面、协调、可持续的发展观，促进经济社会和人的全面发展"，并按照"统筹城乡发展、统筹区域发展、统筹经济社会发展、统筹人与自然和谐发展、统筹国内发展和对外开放"的要求推进各项事业的改革和发展。

[②] 展开而言，在发展权系统中，政治发展权是基础和前提，其中尤其是以民族自决权为前提条件，但民族自决权本身并非发展权，民族自决权的充分实现才是发展权的内容之一。如若没有国家的独立、民族的解放及各国自由决定其政治制度和政治发展方向的权利，就谈不上制定社会全面发展战略以推动发展权的实施，很难设想一个主权惨遭践踏、内政横遭干涉的国家会有社会的进步和人民的发展。经济发展权是发展权的核心，是推动国家繁荣、人民生活水平不断提高以至在获得物质生存资料的前提下，求得更高的生存质量和发展的强大物质保障。而社会、文化发展权利则是经济发展权得以实现的必然延伸和标志，从某种意义上讲，社会、文化发展权实现与否是最终衡量一个国家发展权进展状况的标准。离开了人们在发展方面的社会保障和精神生活的丰富完善，经济政治发展就只能是单纯的为发展而发展，是一种从形式到形式的、从手段到手段而最后不能完全达到目的的虚无的做法。生存发展权则是指有生命的自然人，都有生存下去并不断发展自己的肉体组织和精神健康的权利，以及各国和各民族拥有在本生存时空范围内，发展本国和本民族的生存能力并提高生存质量的发展权利。发展权的各项权利内容并非孤立存在的，而是一个有机统一的整体。参见汪习根：《法治社会的基本人权：发展权法律制度研究》，中国人民公安大学出版社2002年版。

2002）。在理论上说，虽然发展权是生存权的必然延伸，但两者是相对独立的人权形式，而且经济、政治、社会和文化发展权的广泛实现本身就包含了促进生存的内容，因而将生存发展权作为发展权内容构成中具有相对独立性权利形式的必要性是值得讨论的。此外，若从科学发展观的应有内涵来看，增加发展权的生态内涵也是应有之义。实际上，人们实现包括经济、政治、社会、文化等一切权利，都必须以有一个良好的生态环境为自然前提。生态发展权是一种普遍的权利要求，它不仅意味着个体有权要求享有或获得一个清洁的、适宜的生态环境来保障其生存与发展，而且也意味着国家（集体）有权采取必要措施保护生态环境的完整性和可持续性，防止环境受到污染或破坏，以及对生态环境进行优化改造，从而促进经济社会的可持续发展。事实上，由经济粗放型发展方式所导致的生态环境问题已经构成了当代社会亟待解决的发展问题。在科学发展观的框架之下，中国政府将生态文明建设提高到了前所未有的高度，并采取了一系列政治行动来保障生态文明的实现。① 因此，主张发展权的权利内容由经济发展权、政治发展权、社会发展权、文化发展权和生态发展权五个方面构成在理论上应是适宜的（图2.2）。

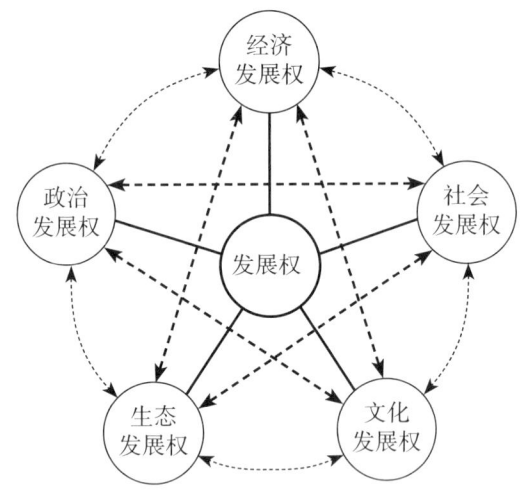

图2.2　发展权的内涵构成

---

① 2015年9月11日，中共中央政治局召开会议，审议通过了《生态文明体制改革总体方案》。会议认为，生态文明体制改革是全面深化改革的应有之义。《生态文明体制改革总体方案》是生态文明领域改革的顶层设计，要求要树立尊重自然、顺应自然、保护自然的理念，发展和保护相统一的理念，绿水青山就是金山银山的理念，自然价值和自然资本的理念，空间均衡的理念，山水林田湖是一个生命共同体的理念。这意味着解决生态环境问题已经进入了中国最高决策层的政策议程并有了具体的政策行动。

需要强调的是,虽然发展权是一个集经济、政治、社会、文化和生态方面的综合发展的权利,但应当注意到经济发展权是其他方面发展的前提条件,没有经济的充分发展,要从根本上保障人类提高生活质量的权利就会空洞化。因此,经济发展是发展权的核心,若抽去经济发展这一精髓,发展权就失去了其本身的存在意义(庞森,1997;朱炎生,2001)。

2.2 国家发展权的优先性:集体主义、历史经验与政治控制

2.2.1 国内层面发展权分配的国家问题

发展权分配的国际机制与国内机制存在显著差异。发展权以联合国大会表决通过《发展权利宣言》的方式被国际社会较为普遍地接受为一项不可剥夺的人权,然而,30多年过去了,发展权在国际法领域仍然只停留在伦理或口号的"应然权利"层面,而没有真正进入发展规划和落实发展权的实践领域。《发展权利宣言》以及其他有关发展权的联合国大会决议性文件既非公约,更非条约,它们对于权利享有者和义务承担者无任何法律拘束力。这种令人沮丧的状况,深刻地反映了发展中国家和发达国家在发展权实施与保护问题上基于不同立场所产生观念分歧的严重性。发展尤其是发展早期是需要大量资源要素投入来驱动的,并不是自然而然就会发生。[①]这就意味着,若把发展权理解为一种发展进程权,那么从"应然权利"走向"实然权利"的过程中,就必然会涉及有限的发展性资源在国际或国内层面的各主体之间所进行的再分配问题。然而,基于何种原则以及在何种程度上对发展性资源进行分配的机制,不仅是一个理论难题,也是一个现实难题。比如,如果认为发展权是一项集体主体与个人主体普遍性享有的人权,那么在确定资源分配和政策框架的优先事项是否需要对弱势主体施以特殊保护?再比如,由于发展权本身涵盖了政治、经济、社会、文化和生态等各个方面的权利,那么是否存在一个逐步实现和优先选择的问题?可以说,当今关于发展权理论研究之所以难以取得突破性进展,就在

[①] 在经济发展的层面上尤为如此。1990年西方著名发展经济学家迈克尔·波特(Michael Porter)提出了经济发展四阶段论:在低收入水平,属于"要素驱动"(factors-driven)阶段,增长主要依赖于土地、非熟练劳动力、初级产品;在从低收入向中等收入水平过渡时,开始进入"投资驱动"(investment-driven)阶段,增长主要依赖于资本投资,包括对基础设施的大量投资和吸引外资;在从中等收入向高收入水平过渡时,开始进入"技术驱动"(technology-driven)阶段,增长主要依赖于技术投入,开始从技术进口经济(technology-importing economy)向技术生产经济(technology-generating economy)转变;在高收入水平,属于"创新驱动"(innovation-driven)阶段,增长主要依赖于知识创新和技术创新,包括很高的社会教育水平(特别是基于科学的学习体系)以及迅速向新技术转移的能力。参见迈克尔·波特:《国家竞争优势》,华夏出版社2002年版,尤其是该书的第十章。

于权利分配机制在理论与现实上的重大障碍。

在国际层面上,发展权作为一项人权表现为每个国家、民族的集体权利。尽管当今世界各国的发展水平以及综合实力各不相同甚至差异很大,但在以联合国为核心、以联合国宪章宗旨和原则为基础的国际秩序和国际体系中,国家主权平等原则使得各个国家主体仍然取得了平等的国际法地位。基于主权平等的国际法框架,发展权在国际层面上的分配机制主要体现为三种形式:一是促成国际合作①,制定各国互利共赢的国际发展政策;二是平等参与国际决策,使得国家主体的意见和利益在国际社会制定有关国际发展政策和国际制度时能够得到充分有效的尊重和考虑;三是开展国际斗争,建立更为公正合理的国际政治经济新秩序,并让发达国家主体承担更多的促成欠发达国家主体实现现代化发展的义务。事实上,发展权在国际社会的提出,在一定程度上就是欠发达国家群体为争取发展而开展国际斗争运动的结果。从当前现实环境来看,发展中国家若想在国际社会的发展权分配中获得有利地位,仍将是一个相当艰巨的长期过程。

在国内层面上,发展权在理论上既被国民个体所享有,也被国家集体所享有。但在现实中,绝大部分国家仅仅是在国际会议上口头承认发展权,而并未载入到各国的法律中,而为实现发展权建立相应的机制则更是罕见。虽然在发展的最终目标上,个体与国家主体的整体利益是一致的,但在发展过程中,如何协调国家与个体在发展权分配中的权利关系仍是一个不可避免的现实难题。这是因为国家并不是所有国民个体的简单组合,它不依附于其他主体、具备外在的独立性和能够依自身意志行动,并以特有的形式表达自身特有的利益主张。简言之,国家主体具有高度自主性。由于国家本身既是发展权的享有主

---

① 根据《联合国宪章》规定,联合国的宗旨之一是促成国际合作,以解决国际间属于经济、社会、文化及人类福利性质之国际问题,且不分种族、性别、语言或宗教,增进并激励对于全体人类之人权及基本自由之尊重;该宪章第9章则具体规定了各会员国之间进行国际经济和社会合作的目标和义务,并要求各会员国为达此目的而应采取共同或个别的行动与联合国合作。《关于各国依联合国宪章建立友好关系及合作之国际法原则之宣言》重申了各国间依《联合国宪章》彼此合作的义务。该宣言规定,各国不问在政治、经济及社会制度上有任何差异,均有义务在国际关系之各方面彼此合作,以维护国际和平与安全,增进国际经济安定与进步;各国应在经济、社会及文化方面以及在科学与技术方面为促进国际文化及教育进步彼此合作;各国应在促进全世界尤其发展中国家之经济增长方面彼此合作。20世纪70年代以来,联合国大会关于建立新的国际经济秩序的一系列决议,不断重申各国彼此进行国际合作以促进发展的义务。如《建立新的国际经济秩序宣言》指出,发达国家的利益和发展中国家的利益不能分割开,发达国家的繁荣和发展中国家的增长是紧密地相互关联的,整个国际大家庭的繁荣取决于其组成部分的繁荣。在发展方面的国际合作是所有国家都应具有的目标和共同责任。《各国经济权利和义务宪章》则进一步规定,所有国家有责任在经济、社会、文化、科学和技术领域进行国际合作,以促进全世界尤其是发展中国家的经济发展和社会进步;国际合作以谋发展是所有国家的一致目标和共同义务。

体,又是承担实现国民个体发展权的义务主体,这就导致了国家与个体在发展权分配中不能简单地被认为是平等主体地位。但是,发展权的国内分配机制在理论抽象层面上又比较难以得出一般化原则,其原因在于:(1)在西方国家的自然法思想体系中,发展权的人权概念是否能够成立以及发展权是否具有集体人权属性等基本问题至今仍然存在显著争议,更遑论发展权的分配问题了。(2)在发展中国家群体当中,由于各国内部的政治、经济、社会和文化制度均存在较大差异,而且每个国家的自主性程度也不尽相同,从而导致它们对于个人人权与集体发展之间的关系存在着不同的理解。[①]

可以说,发展权的国内分配机制难以进行普遍化的理论概括,主要原因在于不同国家因各自所处的制度与文化环境约束不同而导致的发展自主性程度不同。一个国家推动发展的自主性越强,意味着国家主体在发展性资源的分配权和政策框架优先事项的决定权方面具有优势地位。但反之,却不一定意味着个体主体在发展权分配中具有优势地位,而是意味着个体主体与国家主体两者的发展权空洞化。这是因为:一方面,个体发展权的实现很大程度上依赖于集体的合作与协调,或言之,需要国家承担义务;另一方面,发展中国家的经济社会发展本身需要发挥政府的积极作用,从而以比发达国家短得多的时间完成现代国家建构(Wade,1990;Haggard,1990;Zhao and Hall,1994;Evans,1995),而拥有高度的自主性则是政府能够在发展中发挥作用的重要前提。[②]然而,国家自主性的程度又是受什么因素影响的呢?从政治哲学层面上论,这在很大程度上取决于一个社会共同体所秉承的集体主义道德观念的强度。

[①] 比如,率先提出发展权的非洲国家对人权主体的理解,侧重强调集体主体的价值和功能,对经济状况的关注迫使政府优先考虑集体权利而不是个人权利,特别是经济发展的权利。非洲人权宪章在人权主体上显现出了两个明显特征:一是对民族权的规定,该文件的全称就是《人权和民族权宪章》,将民族权作为一项集体人权,以与"公民权"之类的个人权利相对称;二是对发展权的确认,旨在强调对集体主体而非个人权利的特别关注。而对发展权给予重点关注的东南亚地区的人权观,在个人人权与集体发展之间的关系上,往往以个人与社会的平衡为基点,非常强调社会整体的发展权利(汪习根:《法治社会的基本人权:发展权法律制度研究》,中国人民公安大学出版社2002年版)。这种人权理论在东盟的人权宣言中得到明确肯定,该宣言第一章规定"自由、进步和国家稳定是通过平衡个人与社会的权利而得到促进的"。

[②] 虽然政府能够在发展中发挥作用的假设在理论上一直遭受新古典自由主义的质疑和批判,但这种质疑和批判本身存在两人问题:一是在意识形态层面塑造了自由市场万能的神话;二是忽视了自由市场本身具有政治理论前提,即受宪政制约的有限政府以及由被确认拥有生命、财产、自由权利的人,也就是公民组成的市民社会。可以说,市场经济作为一种经济制度是政治自由主义在经济领域的延伸,因此问题就转化成要想实现新古典的完美市场,就要有英美的制度,要想有英美的制度,就要全面接受英美的政治哲学或盎格鲁-撒克逊文化,但文化的转变谈何容易(张严冰,2013)。从这个意义上说,新古典自由主义对于发展的国家作用的质疑或否定并不能适用于缺乏盎格鲁-撒克逊文化改造的国家的具体实践。

2.2.2 集体主义道德原则与国家发展权的优先性

集体主义经过中国千年来"大一统"政治实践的驯化和传统儒家"群己观"的浸润，以及近代马克思列宁主义革命思潮洗礼之后，至今仍是中国社会的主导价值观。[①]中国共产党建立社会主义政权以后，集体主义不仅是道德原则，更被视为一种主导的意识形态（刘书林，2010）。基于生产资料公有制的根本经济制度，"集体主义不仅是社会主义、共产主义的道德原则，它同时也是社会主义的政治原则、经济原则和组织原则。集体主义在一定意义上说就是社会主义，否定集体主义就是否定社会主义"（魏英敏，2001）。作为社会主义道德规范体系的核心，集体主义也自然而然构成了社会主义国家调节利益冲突的道德原则。

集体主义道德原则隐含了一个认知前提，那就是承认存在一个超越于个体之上的、具有外在独立性与内在自主性的集体性主体，它代表了一个社会共同体的公共的善与公共的利益。在这种认知下，国家就不再仅仅是居住在一定地域范围内众多个体的集合，而是成了一个凌驾于个体之上的具有自主性的实体。从发展的意义上来说，自主性的存在，国家就获得了推动发展的行动能力；自主性越强，国家推动发展的行动能力就越强。这也是在政治经济学层面上论断政府能够在发展中发挥作用的哲学基础。

何谓"国家自主性"（state autonomy）？要理解国家自主性，首先要理解人类的自我主体性问题。在古希腊"自然哲学"的视域中，人及其生活的世界始终是自然的构成部分，而非超然于自然之外甚至是与自然分立对峙的另一个完全异质的世界。及至近代，西方哲学借助于天文学、物理学、生物学、医学等近代科学日益强盛的力量，开始扭转哲学致思的方式和方向，从自然本体论转向知识论或认识论，即将世界分为作为认识主体的人的主观世界和作为认识对象的客观世界，并确信作为认识主体的人具有洞察客观世界、把握客观世界及其运动的本质和规律的能力，亦即人类认知和把握真理的能力。这种认识论的真理观所延伸出来的实践价值观就是人类自我主体性的"凯旋"，即人类可以能动地运用真理知识、遵循客观规律来改造和利用客观世界，按照人类自身的目的创造出"合目的性"的价值与意义。进入20世纪以后，连续发生的两次世界大战及其前后的各种现代性危机（如经济危机、政治危机、文化道德危机和环境危机等），都给近代理性主义认识论哲学所秉持的主体性信念以沉重打击。严酷的事实表明，人类对自我主体性的能力及其限度——理性科学、

[①] 关于中国传统儒家"群己观"以及马克思主义中的集体主义思想。参见陈书纪：《意识形态下集体主义的历史演进》，湖北人民出版社2015年版。

真理认知和自由创造等等——估价过高，缺乏必要的有限性意识和主体性行为约束，"主体性的凯旋"反而带来反主体性的非理性狂乱与毁灭（万俊人，2013）。

人类的自我主体性在政治实践上则演绎为国家自主性。"当今对国家自主性的研究兴趣可以追溯到那些源自卡尔·马克思尤其是马克斯·韦伯的观点"（杰克曼，2005）。以国家和社会的关系为基本分析框架，马克思和恩格斯在对私人利益和公共利益之间矛盾分析的基础上提出了国家的自主性：

> "各个人所追求的仅仅是自己的特殊的、对他们说来是同他们的共同利益不相符合的利益，所以他们认为这种共同利益是'异己的'和'不依赖'于他们的，即仍旧是一种特殊的'普遍'利益，或者说，他们本身必须在这种不一致的状况下活动，就像在民主制中一样。另外，这些始终真正地同共同利益和虚幻的共同利益相对抗的特殊利益所进行的实际斗争，使得通过国家这种虚幻的'普遍'利益来进行实际的干涉和约束成为必要。"

在马克思和恩格斯看来，尽管采取的是虚化的共同体形式，但是国家还是以公共利益的形式实现了对个体利益的超越，以国家权力独立性的形式保证了国家自主性。韦伯则以国家的政治制度为基本分析框架，认为作为国家的政治共同体存在着"对合法暴力的垄断化"，从而使其"理性地社会化为一种强制机构的制度"，即作为国家制度体现者的政治和官僚组织具有独立于外界社会和经济力量的自主性。因此，马克思主义和源于韦伯的制度主义论者均承认国家本身作为一个相对独立的利益主体和一个相对独立的政治行动者有一种"对社会的超越"的自主性，而国家自主性的程度可以理解为"国家或政府超越于各种社会势力集团的程度"（孙立平，1996）。国家之所以超越于社会而获得自主性，首先来自其一些独特的、其他组织无法担当的功能；同时，国家也从构成国家组织的诸多要素中获取自主性，这些要素包括强大的官僚集团、巨大的财力、对军队与警察的控制，及对许多信息和知识的垄断。国家自主性的强弱是一个国家能否超越集团利益政策的关键（杨宏星、赵鼎新，2013）。简言之，国家自主性可以理解为国家独立于社会力量（尤其是经济力量）自我决策的能力，它是在政策制定层面讨论国家独立于社会的自由度（朱天飚，2006）。

可以说，一个国家对集体主义道德原则越是尊崇，它在发展进程中的国家自主性就越强，从而越是强调国家发展权的优先性。就中国共产党执政以后的发展实践而言，中国的现代化发展事业就是依靠一个由高度国家自主性支撑的发展体制来推动的，因而中国在国际社会中也是发展权理论的坚定支持者

（中国人权研究会，2005）。历史地看，自晚清以降，以西方资本主义的现代国家为参照系，中国就一直处于由国家力量推动的经济现代化以及政治和社会制度现代化的进程中。尤其在中国共产党执政以后，中国的现代化进程大大加快，并在执政的七十余年里，就让一个贫穷落后的农业国转变成为一个跻身世界第二大经济体的现代工业大国。与西方以自由市场为主导力量的现代化道路不同，中国则是通过国家力量的干预来推进经济和社会现代化的快速发展，并且这种干预本身蕴含了威权主义执政党的政治目标优先的观念。这起源于工业后发展中国家由国际霸权环境造成的民族主义，而且政治目标很大程度上来源于对外部参照性经济体制改革的对比（曾志敏，2014）。从毛泽东时代提出的"四个现代化"①到邓小平时代提出的"三步走战略"②，再到当前中央领导集体不断重申的"两个一百年"和"中国梦"③，都充分反映了中国共产党及其领导下的政府体制所具有的发展内涵。可见，中国的现代发展体制蕴含了一种强烈的国家主导性的理念，以至于能够理性地推动中国社会主义现代化事业的整体性实现，而每

---

① 四个现代化即是"工业现代化、农业现代化、国防现代化、科学技术现代化"，是中国共产党20世纪五六十年代提出的国家战略目标。从1949年中华人民共和国成立到1954年，毛泽东等党和国家领导人逐步提出实现"现代化的工业、现代化的农业、现代化的交通运输和现代化的国防"的设想。1957年2月27日，毛泽东在《关于正确处理人民内部矛盾的问题》的讲话中说，"将我国建设成为一个具有现代工业、现代农业、现代科学文化的社会主义国家"。1959年12月到1960年2月，毛泽东在读苏联《政治经济学教科书》时说，"建设社会主义，原来要求要工业现代化，农业现代化，科学文化现代化，现在要加上国防现代化。"由此，毛泽东首次较完整提出了"四个现代化"的内容。1960年2月中旬，周恩来在读苏联《政治经济学教科书》时，将"科学文化现代化"改称"科学技术现代化"。1964年12月第三届全国人民代表大会第一次会议上，周恩来根据毛泽东的建议，在政府工作报告中首次对外公布，在20世纪内，把中国建设成为一个具有现代农业、现代工业、现代国防和现代科学技术的社会主义强国。为实现"四个现代化"目标，周恩来提出了"两步走"的设想：第一步，用15年时间，建立一个独立的、比较完整的工业体系和国民经济体系，使中国工业大体接近世界先进水平；第二步，力争在20世纪末，使中国工业走在世界前列，全面实现农业、工业、国防和科学技术的现代化。

② "三步走战略"实质上是对"四个现代化"的量化目标。1979年12月6日，邓小平在会见日本首相大平正芳时，提出了著名的"小康"概念。邓小平把四个现代化量化为，到20世纪末，争取国民生产总值达到人均1000美元，实现小康水平。邓小平把这个目标称为"中国式的四个现代化"，即"小康之家"。随后邓小平逐步提出了中国经济发展"三步走"的战略构想，并且在中国共产党第十三次全国代表大会上得到更加明确的确认和阐述：党的十一届三中全会以后，我国经济建设的战略部署大体分三步走。第一步，实现国民生产总值比1980年翻一番，解决人民的温饱问题。这个任务已经基本实现。第二步，到20世纪末，使国民生产总值再增长一倍，人民生活达到小康水平。第三步，到21世纪中叶，人均国民生产总值达到中等发达国家水平，人民生活比较富裕，基本实现现代化。然后，在这个基础上继续前进。

③ 继1997年中国共产党第十五次全国代表大会首次提出"两个一百年"奋斗目标之后，2012年中国共产党第十八次全国代表大会再次重申：在中国共产党成立一百年时全面建成小康社会，在中华人民共和国成立一百年时建成富强民主文明和谐的社会主义现代化国家。当前中央领导集体将这个"两个一百年"奋斗目标注入了"中国梦"的内涵，即实现中华民族伟大复兴是中华民族近代以来最伟大的梦想。

个个体的全面自由与发展就被涵盖在了这种整体性实现的目标当中。

2.2.3 国际竞争历史经验与国家发展权的优先性

自清朝中后期以降，在东亚地区存在的以中国为中心的朝贡体系国际格局开始瓦解，随着资本主义和帝国主义在全球范围内的扩张，中国被迫卷入以西欧资本主义国家主导下的主权国家间的竞争体系。1840年鸦片战争之后，中华民族经历了长达一个多世纪的社会动荡、外族侵略以及战争磨难，并在残酷的外部竞争压力之下始终不折不挠地推进国家现代化发展。从全球来看，中国近现代以来的发展与国际格局的大势息息相关，但是它始终处于被动之地位，难以触及国际格局中权力金字塔的顶端。国际格局的变化直接导致国家间的势力范围和利益关系的变化，由于每个国家所面对的国际格局都不相同，而且国际格局和各国在其中的地位也经常处于变化之中，所以大多数国家经常无法左右自己的发展道路。当一国的外部国际安全环境非常恶劣时，一国的发展必然受到严重阻碍、干扰甚至倒退。

从中国的情况来看，1949年以后中国共产党掌握了一个国家独立的主权，并以顽强的意志和伟大的理想试图将饱受列强欺辱和战争摧残的残破江山建设成为一个世界大国。然而，在当时美苏争霸的冷战格局中，中国不得不寻求与苏联的结盟关系[①]，在苏联帮助下，建立了现代工业体系。而后因发展原子弹以及竞争社会主义意识形态领导权等复杂问题，中国在20世纪50年代末至60年代末这段时期同时与两个超级大国对抗[②]，同时面对着美国与苏联两个世界霸权的威胁，结果导致这段时期中国的发展最为曲折，不但有"大跃进"和"文革"这样的严重失误，也有"三线建设"那样耗资巨大的备战工程。20世纪70年代初，中国恢复联合国合法席位和尼克松访华后，中国的国际环境开始逐渐变好，1979年中美建交后使得中国对外开放成为可能，而20世纪90年代初苏联解体后，来自北部对于中国的威胁消失。可以说，改革开放30年来中国迅速发展的一个重要原因，就是这30年来良好的国际安全环境是自1840年鸦片战争以来中国从来没有享受过的（张严冰、楚树龙，2008）。

[①] 1950年2月14日签订的《中苏友好同盟互助条约》宣布："缔约国双方保证共同尽力采取一切必要的措施，以期制止日本或其他直接间接在侵略行为上与日本相勾结的任何国家之重新侵略与破坏和平。……缔约国双方保证以友好合作的精神，并遵照平等、互利、互相尊重国家主权与领土完整及互不干涉对方内政的原则，发展与巩固中苏两国间的经济与文化联系，彼此给予一切可能的经济援助，并进行必要的经济合作"。

[②] 关于这段时期的历史，具有权威性的描述可参见基辛格：《论中国》，尤其第六章。中信出版社2012年版。

由此可见，在近代以后逐渐形成的主权国家竞争的国际体系当中，由于大国之间的竞争和国际格局的变迁，像中国这样的大国很多时候都无法左右自己的命运，其他国家更可想而知。可以说，在近现代国际霸权竞争的历史潮流中，那段曾经面临亡国灭种之危难的百年历史，高度强化了中国以国家主体争取和享有发展权的观念。

2.2.4 政治控制需求与国家发展权的优先性

国际霸权竞争的历史经验在政治实践中的演绎，塑造了这样一个根深蒂固的认知：一个强大的中央政府对于中国发展的重要性。即如果没有一个强大的中央政府，中国很容易就被国际势力干扰和蚕食。这种认知是有深刻历史教训作为基本依据的。近现代中国最黑暗的时期是从1895年中日甲午战争中国战败到1945年中国抗日战争胜利这段时间。甲午战争的战败导致了清王朝的最终灭亡和中国中央权威的衰弱，中央权威的衰弱导致中国分裂、军阀混战。由于其自身殖民扩张的野心作祟，日本在这一过程中一直扮演的都是推波助澜的角色，支持中国分裂而力图分而治之，并最终在"西安事变"国共实现和解后进一步扩大侵华战争（张严冰，2013）。

一个强大的中央政府对于中国发展的重要性，从根本上说，是由中国特殊的社会结构所决定的。西方的社会结构是以市场和公民社会为基础，国家处于其上，也就是马克思所说的经济基础的上层建筑。而中国却与此存在着根本不同，中国的社会结构则如费孝通先生所描述的"差序格局"，首先有一个核心，并以这个核心为中心一圈一圈地往外扩散，它实际上也是一种对社会中的稀缺资源进行配置的模式和格局。这种社会结构的基本特征反映在国家政治治理结构上，就是一个政府主导的社会，以政府为核心，社会在外围。如果中央政府权威衰弱甚至瓦解，也就必然导致中国社会的整个结构坍塌。从这个意义上说，中国现代国家的建构及其发展，很大程度上依赖于政府尤其是中央政府的核心作用，这也是政府需要代表国家享有发展权并成为国内层面发展权分配绝对主体的原因所在。从本质上说，这是一种政治控制的强烈需求。

中国现代国家建构及其发展中的政治控制的重要意义，在美国当代著名中国史学家孔飞力（Philip A. Kuhn）的著作《中国现代国家的起源》（*Origins of the Modern Chinese State*）一书中得到了深刻的阐释。诚如孔飞力所言，"年复一年，20世纪中国政治发展的故事似乎是杂乱无章的，也是具有多重发展方向的。但如果将20世纪当作整体来看待，这便成了一个关于中央集权的国家不屈不挠地向前迈进的故事"（孔飞力，2013）。这个故事在中华人民共和国成立以后所写就的最新篇章，就是统购统销政策的推行以及农业集体化运动的推进。中国共产党的革命纲领所设想的是建设一个强大的工业化的国家。为了实现这个现代国家的发展目标，新政权通过实行农业集体化从根本上摧毁了长期以来处于国家与乡村基层社会及作为纳税人的农民之间的"中介力量"，在完成了中央集权国家对于农村基层社会全面控制的同时，至少从当时来看也解决了国家从农村的财政汲取问题，从而使得国家宏大的工业化计划得以全面推行。这是一个在中国历史上从未有过的"强势国家"。农业集体化所体现的政治控制，也在中国历史上首次实现了征税单位、土地所有权和政权结构的完全统合。最终，政治控制以"革命"的名义成为政治及社会生活的主旋律，并伴随着革命所创立的新政权的诞生而成为中国现代国家的一个主要特质（孔飞力，2013）。可以说，中国现代国家发展体制中的政治控制需求，极大地凸显了国家发展权的优先性。

2.3 国家发展权优先性的有限性：国际体系与公民权利

2.3.1 全球化时代下的国际体系制约

虽然国际霸权竞争的历史经验强化了中国的国家发展权优先性的观念，但是当今国际竞争体系本身也对中国的国家自主性构成了制约，尤其在全球化时代中更是如此。发展权的核心理念就是发展主体的自决权及自主性，但是在国际竞争体系中，主权国家的主权本质上是有限的，并非想发展就可以发展。尤其在当今全球化时代，主权国家日益受到跨国、亚国（sub-national）和国际这三个层次上种种力量的限制、侵蚀和冲击，其中跨国行为体（主要指跨国公司，也包括跨国非政府组织）是当今特别广泛、深刻和有力地侵蚀主权国家的权势和权威的一大类角色（时殷弘，2002）。在全球化系统中，国家的自主行为受到资本流动和国际经济秩序的限制，国家还必须对基于经济体系的社会权力的结构的变动作出及时的反应，并且随着市场的"软权力"不断扩展其空间，国家权威、政府权力越来越受市场这只"看不见的手"所制约（郁建兴、周俊，2003）。虽然发展中国家在全球化时代因为跨国资本的投资以及国际经济组织的援助而可能参与分享发展利益和发展机会，然而，由于全球化时代的游戏规则主要是由发达国家来确定的，因此发展中国家在全球化的国际体系中往往只是屈从于体现经济全球化的自由主义秩序。这也是在新马克思主义者眼中，全球化具有一种新殖民主义性质的原因所在。

尽管如此，全球化仍是不可阻挡的世界大势。那么，如何在全球化的国际社会中获得发展权利并转化为国内发展权的资源，同时仍然保持着发展自主性，就成了发展中国家在发展过程中需要解决的重要问题。改革开放以后，中国逐渐融入全球化时代下的国际体系，如今中国已经是国际社会的内在部分，加入了包括联合国、世界银行、国际货币基金组织等几乎所有以西方为主导的国际组织，并在里面发挥着积极的作用。在这个过程中，中国一直在国际社会中争取自身的发展权利，同时坚决主张在发展中的自主性。例如，中国政府对外国资本的引进与投资的控制性管理就是其中的一个重要例子。①然而，随着中国经济实力和大国地位的持续提升，来自以美国霸权为主导的国际体系的制约就愈加明显。近年来，针对中国筹建成立亚洲基础设施投资银行、推行"新丝绸之路经济带"和"21世纪海上丝绸之路"（"一带一路"）的构想、推动军备实力的快速成长以及建立中美"新型大国关系"的构想等等一系列发展举措，美国极大地加深了对中国要挑战它所主导的现行国际秩序的战略疑虑，并在国内掀起了一轮关于对华政策的激烈辩论，美国政策精英的重要组成部分日益倾向于把中国看成是美国在全球领导权的一个自苏联解体以后从未有过的威胁。因此，连一向乐观的美国知华派著名学者、曾任美中关系全国委员会主席的兰普顿（David M. Lampton）也发出了"中美关系处于临界点"的警告。②

自冷战结束以后，美国获得了完全的世界领导权，形成了一极世界格局，并凭借其强大的世界霸权地位，要在全世界推行其政治制度、价值观和发展模式（在美国看来，这个全球化世界所需要的统一的政治经济运行标准总体上被概括为"华盛顿共识"），甚至不惜发动"人权战争"。在中国看来，中国是现行国际秩序的主要参与者、利益攸关方，加入的国际组织、批准的国际条约比美国还多，因此它并不是要挑战现行国际秩序，而是要进一步完善它，需要联合其他新兴国家推动国际秩序朝向更加公正、合理、包容、有序的方向发展（王义桅，2015）。尽管如此，美国为什么还是认为中国挑战美国主导的现行国际秩序呢？究其原因，主要是由于中美两国对于现行主要以联合国为载

---

① 中国自党的十一届三中全会决定改革开放以后，1979年7月就颁布施行了《中外合资经营企业法》，对外国资本进入中国举办合营企业的诸多问题进行了规范性管理。进入20世纪90年代以后，中国对外开放经济的持续扩大，而以跨国公司为主要载体的经济全球化趋势愈加明显，为了达到掌控国内的经济主权与吸引外资推动经济发展的双重目的，中国政府在1995年出台了《指导外商投资方向暂行规定》与《外商投资产业指导目录》，将外商投资项目分为鼓励、允许、限制和禁止四类。其中鼓励类、限制类和禁止类的外商投资项目，列入《外商投资产业指导目录》，允许类外商投资项目不列入《外商投资产业指导目录》，从而通过行政管理手段将外国资本的投资方向纳入到中国国民经济和社会发展规划的整体框架里面。虽然《指导外商投资方向暂行规定》与《外商投资产业指导目录》此后根据国民经济发展情况而进行适时修订，并逐步放宽了外资的投资空间，但该项管控制度自诞生以来就一直遭受西方发达国家的质疑和反对，并通过各种国际政治经济途径对中国施加压力促使其全面开放国内市场。

② 关于兰普顿对当前中美关系的忧虑，可参见纪双城等：《美国知华派学者兰普顿：中美关系处于临界点》，载2015年5月13日《环球时报》。

体的国际体系的性质认识存在本质上的差异。中国所认同的国际体系是联合国体系，各主权国家一律平等，不论一个国家内部实行的是什么样的政治制度。然而，近代以来，尽管随着帝国体系的瓦解，主权国家间确立了形式上的平等原则，但实际上还是不平等的，联合国体系就是在平等原则掩饰下的不平等体系（郑永年，2015）：首先，联合国是以美国（西方力量）为基础的，没有美国（西方力量）也就没有联合国，美国是联合国的核心。对美国来说，联合国只是美国（西方力量）的外在制度表达，在这一体系内部，所有国家都要帮助美国巩固这一能力基础，而不是去削弱它。当美国感觉到不能通过联合国体系来强化美国能力基础之上的世界秩序的时候，联合国对美国就变得不太相关了。在联合国之外，美国还建立了各式各样的同盟体系，同盟就是美国自己主导的为了强化美国自身力量的"小联合国"体系。可见，联合国只是美国的工具。其次，在意识形态的价值体系方面，在美国等西方国家看来，联合国之内的所有国家不可能是平等的。美国建立在"一神教"基础之上的文化概念，决定了其国际关系的一个目标就是要改变其他国家的价值体系。对美国来说，一个国家如果是民主的，那就是"我类"；如果不是民主的，那就是"异类"。民主与否本来是一个主权国家的内政，但美国人把民主推广作为国际关系的一个主要概念。冷战结束后，美国等西方国家竭力推广"民主同盟"的概念，这已经使得国际秩序高度意识形态化。迄今为止，美国同盟体系成员有60多个，其GDP总和占全球的近80%，军事开支总和占全球的80%多（O'Hanlon，2010）。

从现实主义的角度来看，在美国同盟体系主导的国际体系当中，基于主权平等的世界各国能够在国际社会公平地分享发展权利、发展机会和发展利益，不啻为一种天真的幻想。换言之，国际层面上的发展权分配在本质上仍然是一个不平等的结构，其中居于国际体系中权力金字塔顶端的大国在很大程度上掌控了分配权。这种来自国际体系的制约力量，意味着中国的国家自主性是有限度的，即国家发展权的优先性并不是绝对的。

2.3.2 市场经济条件下的公民权利制衡

改革开放以后，以个人主义为根基和承认个人合法权利正当性的市场经济体制转型，必然导致集体主义道德原则在社会生活中的动摇，同时也必然促使公民权利意识的觉醒。虽然计划经济下政治经济实践（如农业集体化）对于中国现代国家的构建及其发展具有不可忽视的重要意义（孔飞力，2013），但整个社会及民众尤其农民为此付出的代价却是巨大的。这也说明国家发展权的优先性走向绝对化和极端化的结果，必然会损害发展本身的合法性。

支持国家发展权优先性的主要理论依据，就是假定国家作为社会共同体公共利益的实体性代表，能够更好地促成社会中个体之间的普遍合作从而更好地实现社会整体的发展。但这种社会整体的发展最终必然归宿于个体发展之中，让个体成为国家发展权的最终获益人。为了达到这种结果，国家在发展权分配中必然要受到来自于市场经济条件下的公民权利制衡，从而防止扭曲发展现象的出现。

在现代市场经济条件下，公民权利对国家权力的有效制衡通常是通过社会利益代表的制度化形式来得以实现的。就中国而言，自20世纪90年代后期以来，国家通过加强社会建设和创新社会管理对市场经济体制转型过程中的公民权利诉求进行回应，从而在一定程度上终结了原来坚持的"经济至上主义"的发展模式，并促成了"科学发展观"以及"和谐社会"等重大理念的诞生。促使国家扩大社会政策供给的原因，主要有两个：一是市场过度地、无节制地扩张。根据卡尔·波兰尼（Karl Polanyi）的"双向运动"理论，人类经济一直都是"嵌入"（embedded）在社会之中的，"市场经济力量的扩张或早或晚都会引发旨在保护人、自然和生产组织的反向运动……保护性立法与其他干预手段是这种反向运动的特征"（波兰尼，2007）。对于中国来说，改革开放以后，在以追求效率或整体经济增长速度最大化为目标的发展政策的长期主导下，经济试图"脱嵌"于社会，并进而支配社会，由此而启动了中国社会力图抵制经济"脱嵌"的保护性反向运动（王绍光，2008）。二是国家再分配政策的缺失或失灵。从物质收入的绝对意义上说，经济发展能够促进经济民主，提高百姓普遍的生活水平，但从社会阶层的相对意义上看，正如法国经济学家托马斯·皮凯蒂在其《21世纪资本论》一书中所指出的，即使在成熟的市场经济体当中，市场经济发展的结果也是增加而非减少了社会阶层的贫富差距（Piketty，2014）。虽然中国社会具有革命传统，而且社会主义的公平价值也是共产党执政所始终坚持的理念，但是，当市场原则无节制地从经济领域侵入政治和社会领域的时候，中国革命传统的社会公正理念曾在很大程度上被私人逐利所取代，并在很大程度上影响了国家在公共服务和公民福利问题上所应当扮演的正确的再分配角色，从而在一定程度上纵容了社会不公问题的泛滥。[①]

[①] 关于社会不平等的原因，无论是新古典经济学还是马克思主义都同意市场造成了不平等，只是前者倾向于强调，为了提供足够的经济激励这种不平等是必须的，而后者则把不平等归咎于资本主义制度的剥削。从理论上说，当市场成为支配机制并造成了大量的不平等时，国家就应该通过再分配措施去救治市场的弊端。然而，当今中国严重的社会不公平问题正是中国发展经验最令人担忧的一面。根据世界银行的测量，中国是世界上最不均衡的国家之一。以人数计算，全国13.5亿人中有11.6亿是在非正规经济中生活和工作的，而且，总人口有15.9%，亦即2.15亿人处于世界银行采用的日用1.25美元的贫困线以下（Huang，2012）。

事实上，邓小平晚年就已经非常忧虑地提出了警告：

> "少部分人获得那么多财富，大多数人没有，这样发展下去总有一天会出问题。分配不公，会导致两极分化，到一定时候问题就会出来。这个问题要解决。过去我们讲先发展起来。现在看，发展起来以后的问题不比不发展时少"①；"如果搞两极分化……民族矛盾、区域间矛盾、阶级矛盾都会发展，相应地中央和地方的矛盾也会发展，就可能出乱子"②。

由于社会主义政权性质本身包含了发展成果公平正义分配的价值，因此，公民权利诉求不仅在理论上具有正义依据，而且它的实现程度本身也构成了中国政府施行发展政策的合法性基础。基于对公民权利诉求的政治回应，中国政府在国内发展性政策制定过程中，越来越强调决策的"科学化"和"民主化"要求；而在发展性利益分配的结果上，也通过社会建设不断为民众"赋权"，强调国家对于保障个人享有和实现经济、政治、社会和文化权利的所必须承担的责任与义务。由此可见，就中国的发展实践而言，国家发展权优先性的发展体制逻辑必然需要走向国家（社会）与个人发展权利的平衡。

2.3.3 发展权分配的有限等级制结构

在理论上说，国家发展权的优先性在市场经济和现代民主社会中必定要求是有限度的，这是由国家自主性的"受约束性"所决定的。正如人类自我自主性必须受到有限性意识约束一样，国家自主性也必须要受到国家以外力量的有效约束，否则会给经济社会造成严重后果，例如中国在改革开放之前所发生的"大跃进"运动和"文化大革命"。国家自主性的约束性，不仅强调行之有效的国家权力，而且更加强调只有当高效的国家权力得到来自社会或其他方面力量的有力制约时，一个国家的政策才不会出现大的偏差，经济社会才有可能持续发展（Zhao and Hall，1994）。基于对改革开放之前近30年发展实践及其经济社会后果的深刻反思，改革开放以后，中国政府在国家权力运行过程中不断祛除强人政治色彩而不断加强制度规范约束，尤其表现在公共政策议程设置日益"科学化"和"民主化"（王绍光，2006）。总体来看，中国共产党本身具有"调适"与"收缩"机制，从而使其整个体制具有很强的适应性（沈大伟，2011）。除此之外，随着中国不断融入全球性的国际政治经济体系以及伴

---

① 中共中央文献研究室：《邓小平年谱（1975—1997）》，中央文献出版社2004年版。
② 邓小平：《邓小平文选》（第3卷），人民出版社1993年版。

随着市场经济体制深化演进而不断崛起的社会力量，全球化时代下国际体系的制约以及社会主义理念支撑下的公民权利制衡，都构成了对中国的国家自主性的约束性力量。因此，内在支撑中国发展体制的是一种"受约束的国家自主性"（bounded state autonomy）以及有限的国家发展权优先性，使得国家在扩张经济社会权力时，必须要考虑相应的社会后果。

国家发展权优先性的有限性，意味着国家主体与个人主体的发展权利关系的协调机制，定然呈现出一种"有限等级制结构"（bounded-hierarchical structure），即：在涉及发展性资源、发展性利益以及发展性政策等内容的发展权分配过程中，国家主体与个人主体并不是同处在平等地位，国家主体享有发展权利分配的优先性，从而使得发展权的分配结构呈现等级性；但是国家主体的优先性不意味着独占性和绝对性，个人主体在发展结果上不仅有权要求发展权利不能受到减损或侵犯，而且有权要求发展权利获得实质性增进。换言之，国家主体的优先性受到个人权利的限制，因而是有限度的，否则会造成国家政治权力的滥用从而危及政治统治合法性，也在根本上否定了其发展的正当性。

第3章

土地开发权的分配机制：等级制结构及其演化

本章将根据上一章所讨论的中国国家主导发展体制的制度逻辑来理解土地开发权政府垄断制度的构建逻辑以及土地开发权分配机制的等级制结构。土地开发权在历史发展过程中从土地所有权分离出来之后，已经构成了一项具有独立地位的、特殊的产权，其特殊性不仅体现在"社会性"上，更体现在"发展性"上。目前国内研究主要侧重于土地开发权性质的"独立性"和"社会性"，而对其权利性质的"发展性"则关注不足，因而本章将主要论述土地开发权以发展性为主要内涵的积极权利性质。由于发展权主体具有双重性，因而土地开发权的发展权视角，可以化解当前学术界关于土地开发权权利主体"公""私"二元对立的争论局面，从而把权利主体非"公"即"私"的对立问题转化为双重主体间关系的协调问题。这种问题意识的转换，有助于深入理解当前仍在有效运行的土地开发权政府垄断制度的构建与运行逻辑，以及准确把握制度改革的真正症结所在。本章主要论述三部分内容：一是土地开发权的发展权性质；二是土地开发权政府垄断制度的构建逻辑；三是土地开发权分配机制的等级制结构。

3.1 土地开发权的发展权性质及其权利主体

3.1.1 土地开发权的发展权性质

土地开发权的发展权性质，尤为体现在城镇化快速发展的特定历史阶段，主要体现了发展权的四个方面特征：发展进程的参与性、社会连带性、权利客体的综合性以及发展利益的共享性。

3.1.1.1 发展进程的参与性

土地开发权主要是指土地进行非农开发建设的权利[①]。在传统农业社会中，土地开发权并没有独立存在的权利价值，只是作为土地所有权的一项处分权能而表现出来。人类社会向现代工业化和城市化社会逐渐转型以后，土地的"空间"价值逐渐超越土地的"产出"价值（即农业价值）而成为社会财富的主体，而作为在现代工业化和城市化发展进程中土地空间价值的权利载体的土地开发权，此时才具备了独立性权利的意义和地位。因此，土地开发权是一项权利主体参与现代化发展进程并享有发展利益的权利。

要理解土地开发权的发展性质，需要理解土地从资源到资本的社会进化过程。土地首先是一种自然资源，而且作为人类生存与生活的空间依托，土地还是社会赖以存续、发展的基础性自然资源。土地的价值主要可分解为两部分：一是"产出"，二是"空间"。在人口相对稀少、工商业不够发达的传统农业社会，农业种植是社会财富生产的主要形式，因此，土地资源的占有是以耕作为主要目的，而土地财富的分配，则主要体现为对土地收获物的分配。随着商品经济的不断发展，尤其是资本主义工商业的兴起，促成了人口集聚，使交通、工业、商业、市镇等各种建筑设施，占用土地空间的需求大幅提升，从而启动了城市化进程。人口集聚推进经济集聚，反过来再刺激人口聚集。这种城市化的动态进程内在地激发了对土地空间占用需求的不断提升，从而促使土地的"空间"价值也得以不断提升。此时，土地空间的占用和使用，就超越土地自然产出的价值成为土地权利更为重要的内容，也成为社会财富的主体。在货币经济时代，这种土地"空间"价值必然以货币资本作为财富形态。可以说，进入现代工业化和城市化社会转型阶段以后，土地从农业转为非农业用途的价值提升，极大地促进了土地从自然资源向资本的转化，而且这一进程最终会以农业的工业化和现代化为终点，从而将土地的"空间"价值推至极致，社会的经济来源结构彻底被颠覆，社会公共事务的内容和实现形式完全不同于传统农业社会，相应的社会组织和权力结构也被彻底改变（揭明、鲁勇睿，2011）。在经济意义上说，随着城市土地价值因土地稀缺性而不断增值，土地开发权会成为经济社会发展进程中社会财富最具有普遍和支配地位的权利分配形式。

3.1.1.2 社会连带性

土地开发权对于人们共同的生存与发展需要在空间上构建了一种"同

[①] 国内有的学者将土地开发权（土地发展权）分为以下三类：农业用地转变为建设用地（商业用地）的权利，即农地开发权；提高建设用地利用度（建筑容积）的权利，即市地开发权；以及对未利用地进行开发的权利，即未利用地开发权。参见程信和：《房地产法学》，中国人民公安大学出版社2003年版。这种细化分类，有其实践价值，但本书限于讨论农村土地开发权问题。

求"的社会连带关系，因而具有显著的公共性。这也是在法哲学层面支持土地开发权与所有权分离而成为一项独立的社会化土地权利的主要依据。土地开发权的公共性主要有两个表现：第一，人类活动需要占据一定空间作为生存和发展的基础，因此社会公众作为一个整体，必然要求一个共同享有的空间开发、保护与拓展的权利；第二，在现代工业化和城市化社会中，土地的非农价值超越土地的农业价值，并进而成为社会财富的重要产生基础，从而必然构成公共支出的重要收入来源。虽然社会群体的土地利益归根结底是由个体利益所组成的，但是群体往往代表了特定个体之间所结成的不可分割的利益共同体，这一共同利益的存在，从根本上是由人的社会性所决定的。

在经济学上，支持土地开发权是一项具有社会连带性质的权利的主要依据是垄断与外部性理论。因为工业化引起人们城市集聚而进行的土地非农开发建设，正好集体体现了基于私人产权的市场经济的两个失败：垄断和外部性。"区位"（location）是土地开发的市场黄金定律，即城区土地的地理垄断性限制了竞争性的供给。同时更为重要的是，城市化开发中土地的价值不取决于其自然属性如肥沃程度，甚至也不取决于某块土地本身的地理位置和开发投入，而是取决于土地的政府规划、周围的基础设施、交通状况、人口资源等环境的外部性。同理，一块土地的开发方式和程度（如用途、开发密度、建筑高度等）又会进一步对周边土地产生很强的外部性。对于这种垄断和外部性叠加的问题，按照科斯（Coase）的交易成本理论，"当负外部性使得受影响团体有很多时，交易成本可能变得很大，以至于无法通过协商有效地解决外部性问题时，应当透过政府部门以规定方式解决之"（Coase，1960）。这可以认为，在现代社会中土地开发权与土地所有权即使在土地私有制国家中都进行了普遍分离，进而成为一项独立的社会化权利的经济学原因。[1]现代城市经济学的研究进一步揭示，城市的产生就是人们进行空间即区位选择的结果，而这个区位选择的基础就是集聚的规模经济、公共产品和外部性。这使得城市土地的利用不再仅仅是土地所有者或使用权人的私人事务（华生，2013），而是依赖于政

---

[1] 即使在自由经济和私有产权最坚决的捍卫者哈耶克看来，由于外部性的存在，私有产权的通常界定在土地特别是城市土地问题上存在着局限性。哈耶克在《个人主义与经济秩序》一书中指出，"人们通过追求自己的利益尽可能对其他人的需要作出贡献，这完全可以通过产权的概念来完成"，"但是涉及土地时，就会产生一些更为棘手的问题，在这方面，承认私人产权原则对我们帮助甚小，除非我们清楚地知道所有权包括的权利和义务的真切意义"。"就产权法而言，我们不难看出，那些对普通的可移动的'物'或'财产'足以适用的简单规则，并不能无限制地扩大适用范围。我们只需看看与土地有关的问题，尤其涉及现代大城市市区土地的问题，就可以认识到，那种建立在某一特定财产的利用只关系到其所有者利益这一假设基础上的财产概念，根本不可能成立"。

府规划的公共事务。

3.1.1.3 权利客体的综合性

欧美国家创立土地开发权的法律制度，主要是为了在土地私有制下限制土地开发权的行使，从而达到保护农地特别是耕地，并进而扩展到保护生态环境和有历史意义的建筑、界标、风景资源等具有生态和文化内涵的土地及其附着物的目的。然而，在英美国家创建土地开发权法律制度时，有一个重大背景需要指出，那就是它们都已经进入了后城市化阶段[①]。因而，对于发展阶段以及国内政治经济制度都与欧美等发达国家具有很大差异的后发展中国家来说，土地开发权拥有除了生态权利和文化权利之外更为丰富的权利内涵，它是一项综合性的发展权利。

就正处于快速工业化和城镇化发展阶段的当代中国而言，在城乡分治的制度框架之下，土地开发权意味着农村和城镇两种不同的物质文明和精神文明之间的转型。一般而言，土地非农开发以后由于空间上的经济集聚而获得比原先农业使用高得多的经济价值，因此土地开发权首先意味着具有经济发展的权利内涵，即权利主体通过土地的非农开发建设参与工业化和城市化的经济发展活动并获取经济发展所带来的物质利益。此外，由于中国在法律制度上将具有非农开发权的城市土地规定为国有土地，将绝大部分农村土地规定为集体土地，而所有农村土地必须先被政府征收为国有才能进行开发建设或转让使用权，因而土地开发权的行使，将会导致城乡人口尤其是征地农民的制度权利发生改变，主要是指随着农业户籍向城镇户籍转换以后所涉及的政治权利和社会权利的改变，而在文化上，农村人口的生活方式和社会观念也将逐渐受到城市文化的改造。显然，在这个城乡转型的发展过程中，自然资源和生态环境的保

[①] 1947年英国颁布实施《城乡规划法》，第一次建立土地开发权国有化制度；1968年和1974年美国以州立法的形式分别建立土地开发权转移（TDR）和土地开发权征购（PDR）制度；1975年法国公布《改革土地政策的法律》，以"建筑权"的方式解决土地利用集约度提高而产生的土地开发权问题。在上述欧美国家纷纷建立土地开发权制度之时，它们都已经步入了城市化发展的成熟阶段。纵观全球的城市化进程，经历了从西欧发端，逐步向欧洲其他国家、美洲、大洋洲扩展，进而波及亚洲和非洲的发展过程，并表现为四波浪潮。第一波城市化的浪潮在空间上呈现以英国为中心，逐步向周边国家扩散的特点。英国是工业革命的发源地，也是最早实现工业化和城市化的国家，德国、荷兰、法国、丹麦、西班牙等紧随其后。第一波城市化浪潮自19世纪开始，历时200多年，到1950年前后，西欧大部分国家城市化水平均在60%以上，步入城市化发展的成熟阶段。受殖民扩张、工业化发展和技术扩散等多种因素影响，第二波城市化浪潮主要发生在北美和大洋洲，其中美国为典型代表。大量移民持续进入城市，以及城市人口自然增长，是造成城市人口比重不断攀升的主导因素。由于大规模移民的进入，原土著居民被大量屠杀，农业机械化迅速普及。从城市化进程来看，美国和加拿大几乎同步进行，但美国因航运便利、气候和自然条件宜人等因素人口集聚更多。第二波城市化浪潮自19世纪中后期开始，历时近一个世纪，1950年前后美国、加拿大、澳大利亚等国家也均已进入城市化发展的成熟阶段。

护将会成为一个不可忽视的挑战，因为它在更广泛的意义上影响着社会共同体的生存空间及其可持续发展权利。可以说，土地开发权对于步入后城市化发展阶段的发达国家来说更多地意味着是一项生态与文化发展权，但对于发展中国家及其人民而言，则是一项包含了经济、政治、社会、文化和生态诸方面内涵的综合性发展权。

3.1.1.4 发展利益的共享性

不论是在后城市化发展阶段，还是在现代工业化和城市化快速发展的进程中，土地开发权所产生的发展利益在一个社会共同体内是人人可以分享的，即具有社会化共享性。只是在不同的发展阶段，土地开发权的实现形式及其相应的发展利益形式有所不同。西方发达国家主要通过限制行使土地开发权的消极形式来实现生态与文化发展利益的社会共享；而发展中国家则主要通过积极行使土地开发权的方式，获得相应的土地增值收益并用于保障民众普遍的发展性需求和促进经济社会整体发展。

土地开发权的发展性收益在中国特定制度环境下所表现出来的主体部分就是国有土地使用权出让收入①。根据《国务院办公厅关于规范国有土地使用权出让收支管理的通知》（国办发〔2006〕100号），土地出让收入的使用范围主要包括征地和拆迁补偿支出、土地开发支出、支农支出、城市建设支出以及其他支出等项目。②从实践来看，过去土地出让收入相当部分用于城市配套设施建设和基础设施建设，以推动地方经济发展。而近年来土地出让收入的使用重点向新农村建设倾斜，逐步提高了用于农业土地开发和农村基础设施建设的比重。由此可见，土地开发权的发展性收益构成了推动经济社会进一步发展以及保障民众发展权利的资金来源。

---

① 是指政府以出让等方式配置国有土地使用权取得的全部土地价款，包括受让人支付的征地和拆迁补偿费用、土地前期开发费用和土地出让收益等。这里的土地价款的具体范围包括：以招标、拍卖、挂牌和协议方式出让国有土地使用权所确定的总成交价款；转让划拨国有土地使用权或依法利用原划拨土地进行经营性建设应当补缴的土地价款；变现处置抵押划拨国有土地使用权应当补缴的土地价款；转让房改房、经济适用住房按照规定应当补缴的土地价款；改变出让国有土地使用权的土地用途、容积率等土地使用条件应当补缴的土地价款，以及其他和国有土地使用权出让或变更有关的收入等。参见《国务院办公厅关于规范国有土地使用权出让收支管理的通知》（国办发〔2006〕100号）。

② 具体而言，包括如下内容：(1) 征地和拆迁补偿支出。包括土地补偿费、安置补助费、地上附着物和青苗补偿费、拆迁补偿费。(2) 土地开发支出。包括前期土地开发性支出以及按照财政部门规定与前期土地开发相关的费用等。(3) 支农支出。包括计提农业土地开发资金、补助被征地农民社会保障支出、保持被征地农民原有生活水平补贴支出以及农村基础设施建设支出(4) 城市建设支出。包括完善国有土地使用功能的配套设施建设支出以及城市基础设施建设支出。(5) 其他支出。包括土地出让业务费、缴纳新增建设用地土地有偿使用费、计提国有土地收益基金、城镇廉租住房保障支出、支付破产或改制国有企业职工安置费支出等。

3.1.2 主体双重性与国家主体的权利形式

土地开发权具有个体与集体双重主体性质。这里的个体并不单指居住在可以或限制进行开发建设的那片土地上的民众，而是涵盖了整体公众的每一个个体。这是每一个个体生存权与发展权的必然要求。因为在社会公众的整体之外，每一个社会个体也必须占有一定的土地空间，并从土地收益中获取一定的生存和生活资源，从而维持个体的生存与发展。由于土地开发权的实施对社会个体的生存与发展权利的影响程度不同，基于社会公平的要求，就决定了特定个体与一般个体在土地开发权的发展性收益分配中的分享比例存在差异。比如，征地农民相较于其他社会民众对于"为他自己和家庭获得相当的生活水准，包括足够的食物、衣着和住房，并能不断改进生活条件"①的生存与发展权利诉求更为强烈。

国家是土地开发权集体主体的核心，并在土地开发权的双重主体结构中居于中心地位。首先，这是国家主权的必然要求。主权的行使首要依赖于存在一个地域上的管辖空间，并意味着国家具有独立决定其命运，选择其政治、社会和经济制度的权利，也意味着国家可以为了自己的发展目的自由地处置其自然资源和财富的权利。因而，国家对于土地开发权所涉及的经济社会发展和生态文化发展问题具有最终的自决权。其次，土地开发权的社会连带性质必然要求国家以政府的形式来解决土地开发权行使过程中所需要的社会普遍合作问题，通过避免或解决负外部性问题来促进社会整体的发展，并保障巨大的土地发展增益能够实现社会分享，防止被少数群体所垄断，造成城市化进程中的社会贫富分化问题。再者，国家主体有责任和义务制定恰当的经济发展政策以保证土地资源能够得到合理正当的开发，从而在空间上促进社会整体的经济社会发展，并使得社会个体的经济、政治、社会和文化权利从中获得增益。

土地开发权国家主体的中心地位在中国的制度环境下是以政府享有三种权利形式来得以实现的：一是规划权，即国家实行严格的土地用途管制制度，"无规划，不开发，不建设"②；二是征地权，即农地要转用为建设用地必须

---

① 联合国《经济、社会和文化权利国际公约》（1966年12月16日通过）第十一条规定："本公约缔约各国承认人人有权为他自己和家庭获得相当的生活水准，包括足够的食物、衣着和住房，并能不断改进生活条件。各缔约国将采取适当的步骤保证实现这一权利，并承认为此而实行基于自愿同意的国际合作的重要性。"

② 《土地管理法》第四条规定："国家实行土地用途管制制度。国家编制土地利用总体规划，规定土地用途分为农用地、建设用地和未利用地。严格限制农用地转为建设用地，控制建设用地总量，对耕地实行特殊保护。……使用土地的单位和个人必须严格按照土地利用总体规划确定的用途使用土地"。该法的第三章"土地利用总体规划"对土地规划问题作了较为详细的规定。

经由国家对农地征为国有的法定途径；三是出让与划拨权，即国家实行国有土地有偿使用制度和公益性用地划拨使用制度①。规划权、征地权和出让权构成了当代中国土地开发权政府垄断制度的主要权利框架，而个人主体则是通过征地补偿制度以及土地出让收入的社会化分配政策来分享他们的土地开发权的权利收益。

3.1.3 农村集体作为权利主体的现实困境

中国实行土地的社会主义公有制，在形式上表现为城市土地国家所有制和农村土地集体所有制的二元体制。从理论上说，作为土地所有者的农村集体可以构成土地开发权的集体性权利主体。然而，在城镇化社会转型的实践过程中，集体所有制却是一项不稳定的制度，尽管国家现行政策在名义上一再坚持主体上以自然村为基础的集体土地所有制，但目前农村集体土地所有制实际上已经呈现瓦解的趋势，至少已经处于虚化状态，这是通过一系列促进农村土地承包经营权物权化的法律实践来以推动的。随着二次土地承包后"增人不增地、减人不减地"政策的推行，以及近年来开展的农民承包土地经营权的确权颁证，"农村集体所有"在土地这个最主要财产上的集体成员权已经不复存在，即土地权利仅限于土地承包而又长久不变时分到了土地的农民才拥有（华生，2014）。对此，《中华人民共和国农村土地承包法》（以下简称《农村土地承包法》）和《中华人民共和国物权法》（以下简称《物权法》）则在法律上对农民的实际土地权利予以确定。《农村土地承包法》规定耕地的承包期为30年，草地承包30年至50年，林地承包30年至70年。《物权法》在此基础上还规定承包期届满可以继续承包，这就赋予了分地农民长期而有保障的土地使用权。《土地承包法》规定经营权可采取转包、出租、互换、转让等方式流转，《物权法》也规定了基本相同的内容。可见，这两部法律，不仅使得农村的土地经营承包权明确获得了物权的效力，除了法律对农村集体土地非农开发权利的限制以外，法律赋予农民的土地使用权几乎与所有权具有同等的法律效力。从这个意义上说，农村集体土地所有制已经瓦解。在许多地方，将土地折股、组成股份公司或称股份合作社，更是把这种界定到农民及其家庭的可继承私人财产权利完全明晰化和法律化。

---

① 土地使用权出让是指国家以土地所有者的身份通过招标、拍卖、挂牌和协议出让等方式将土地使用权在一定年限内让与土地使用者，并由土地使用者向国家支付土地使用权出让金的行为。土地使用权划拨是指县级以上人民政府依法批准，在土地使用者缴纳补偿、安置等费用后将该幅土地交付其使用，或者将土地使用权无偿交付给土地使用者使用的行为。以划拨方式取得的土地使用权，除法律、行政法规另有规定外，没有使用期限的限制，土地使用权不能进行转让。

对于如今农村土地形式上集体所有、实际上农户占有的状态，现行政策及学术界的主流观点均无大的争论①。如今的焦点问题是，在城镇化进程中，对于不断纳入城市规划区内的农地转为市地，其土地所有权应当如何安排和如何改革？即已经或今后纳入城镇规划区的土地是否能够继续保持集体所有制形式？这是当前一个充满争议的问题，其实质内涵在于农村集体是否能够成为土地开发权的权利主体。目前较为主流的意见认为现行农地转市地必须转为国有土地的征地制度是对农民集体所有制度的歧视和不公②。这种意见不仅在学术界堪称主流，在政府决策中也有很大影响。在中国共产党十八届三中全会通过的《中共中央关于全面深化改革若干重大问题的决定》中提出的"建立城乡统一的建设用地市场"，可以说是上述意见在政府决策中的进一步深化体现。

然而，集体土地所有制是一种把特定的劳动力与特定的土地资源捆绑在一起的制度安排，它与城市化进程以及市场经济体制是无法相容的。目前农村集体是以村庄范围内世代生活居住的人群来界定的，而城市社区的特点则是"铁打的营盘，流水的兵"，没有稳定的集体或成员，它与农村集体所有制即固定生活在一定地域的成员集体拥有平等财产权在本质上就是矛盾的（华生，2014）。城镇化进程所带来的冲击，其中一个重大表现就是让更多的村庄转为城市社区，从而必然带来人员的流动与分化，原农村固定区域内封闭成员的集体土地所有制就自然会瓦解，城区中不可能存在以行政村为载体的集体所有制。此外，现在农村土地承包经营权都已经是一次分解到户，而且是"增人不增地、减人不减地"，后来出生或迁入的人就不再有集体土地权（只能通过家庭继承物权意义上的土地承包经营权），村庄变为城市社区后更不可能也无法根据新生或迁入人口重新平分土地。可见，随着人口的流动与更替，这个原村集体及其所有成员的消失只是时间问题。鉴于集体所有制本身的制度的不稳定性，农村集体在实践中难以构成土地开发权的权利主体。

3.1.4　股份合作制农村集体的主体违宪性

为了应对城镇化进程和市场经济对农村集体的冲击，一些转为城镇社区

---

① "华中乡土派"的代表人物贺雪峰是农民土地承包经营权长久不变政策的坚定反对者，他在《地权的逻辑：中国农村土地制度向何处去》一书中对自己的观点有比较详细的论证，但是他的意见并不是当前学术界的主流意见。

② 比如原国土资源部耕地保护司司长严之尧就主张，"探索建立城市规划区范围内国有土地和集体土地两种产权并存的管理体制，充分发挥市场配置资源的基础性作用，促进城乡土地优化配置。……在法律中明确赋予集体土地与国有土地同等权利，在符合相关规划前提下，允许农民通过土地使用权出让、产权交易、租赁、入股等多种方式参与生产经营建设"。参见严之尧：《集体土地改革寻路》，载《财经》2013年第22期。

的村庄，对农村集体资产进行股份制改造，以股份合作制形式试图保留集体土地和集体经济。①根据《中华人民共和国宪法》（以下简称《宪法》）第六条规定：我国经济制度的基础是生产资料的社会主义公有制，即全民所有制和劳动群众集体所有制；第十条规定：农村和城郊的土地，除国有的以外，属于集体所有（土地的社会主义公有制的一种所有权形式）。农村集体资产股份制改造的本质是把村集体资产量化到个人，即一次性将财产权分割到某个时点上的集体成员，变成股份制，从而改变了村集体资产的公有性质。②从学理上看，把村集体资产量化到村民个人，就是变"公有"的集体资产为村集体成员按股"共有"的财产。作为财产权形式，公有与共有的差别主要是：公有的客体已经脱离个人而存在，它不能实际分割而为个人所有，也不能由个人按一定份额享有财产权利，在法律上，任何个人都不能成为公有财产的权利主体。而共有财产是由两个或两个以上的民事主体所有，其可以分割，也可以按份所有——不仅经过分割而成为个人所有，而且在共有关系存续时，就可以按份享有权利，承担义务（潘学方，2006）。可以说，采用股份合作制实际上就宣告了原集体所有制的终结。因为当原农民集体成员以量化到个人股权的股份制来拥有土地所有权时，土地就成了股份制企业的财产（华生，2014）。

在城市土地的国家所有制下，一部分由农民转来的市民以股份合作制形式拥有土地的所有权，就与现行的宪法相冲突，而且在现实生活中也会产生诸多歧义与矛盾③。同时，由于原有的城市居民都没有土地所有权而只有使用权，这就产生了少数拥有土地所有权与大多数不拥有土地所有权的两类居民，从而造成社会不公平。由此可见，集体土地所有制这种在乡村封闭条件下勉强存在的土地产权形式即使采用了股份合作制形式，其实都是搬不进城市流动社区里来的（华生，2013）。可以说，在坚持土地的社会主义公有制制度的前提之下，农村集体土地从农地转为市地后的所有权形式，可行的改革思路必须与城市绝大部分的土地性质保持一致性和协调性，即与现行法规相衔接，农地转

---

① 农村股份合作制首先在珠三角运行起来（最早是在1993年起于广东南海的社区股份合作制），20世纪90年代，香港制造业开始向珠三角转移，需要占用大量农村土地，于是产生了一个"以土地为中心"的股份合作制。

② 有一种看法认为，把村集体资产改造为股份制与把村集体资产分到个人的性质根本不同，改制后的村资产作为一个整体仍然存在，并没有被分掉，因而，改制后的"集体资产"并没有改变公有性质。然而，这种看法只是自欺欺人的理解。因为所谓"量化到人"的股份制改造，就是把集体资产分成等额股份按各人应得的数量分配到人，这个过程就是集体资产所有权转移到个人的过程。

③ 如这部分股份制企业解散时土地所有权可否分解到个人股东，这种拥有土地所有权的股份制企业被其他企业或个人收购后是否意味着土地所有权也可相应过户到相关企业或个人名下等。

市地后一律变为国有，而不是在城市中创设国有土地和集体土地两种产权并存的管理体制出来。这是"建立城乡统一的建设用地市场"在认识论上不可回避的缺陷，也是需要坚持国家作为土地开发权核心权利主体的理论与实践依据所在。

3.2 土地开发权政府垄断制度的构建逻辑

根据现行宪法和土地管理法律制度，在国家所有和集体所有的二元土地所有制之下（《宪法》第十条[1]），农村集体所有的土地的使用权不得出让、转让或者出租用于非农建设，其转为城市建设用地必须经过唯一的法定土地征收程序完成国有化，建设单位再通过行政划拨或有偿出让等方式取得国有土地使用权方可使用土地（参见《土地管理法》第二条、第四十三条、第四十七条、第五十五条、第六十三条[2]）。简言之，现行土地开发权政府垄断制度的基本含义是：国家垄断城市建设用地一级市场，放开土地使用权的二级市场，即农村集体土地非经国家征收法定程序不得进入土地一级市场进行非农开发建设（如图3.1所示）。

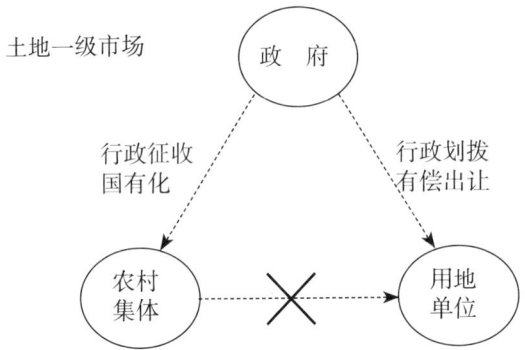

图3.1 土地开发权的政府垄断制度示意

---

[1]《宪法》第十条：城市的土地属于国家所有。农村和城市郊区的土地，除由法律规定属于国家所有的以外，属于集体所有；宅基地和自留地、自留山，也属于集体所有；国家为了公共利益的需要，可以依照法律规定对土地实行征收或者征用并给予补偿。

[2]《土地管理法》第二条：中国实行土地的社会主义公有制，即全民所有制和劳动群众集体所有制。任何单位和个人不得侵占、买卖或者以其他形式非法转让土地。

第四十三条：任何单位和个人进行建设，需要使用土地的，必须依法申请使用国有土地。依法申请使用的国有土地包括国家所有的土地和国家征收的原属于农民集体所有的土地。

第四十七条：征收土地的，按照被征收土地的原有用途给予补偿。土地补偿费和安置补助费的总和不得超过土地被征收前三年平均年产值的三十倍。

第五十五条：以出让等有偿使用方式取得国有土地使用权的建设单位，按照国务院规定的标准和方法，缴纳土地使用权出让金等土地有偿使用费和其他费用后，方可使用土地。

第六十三条：农民集体所有的土地的使用权不得出让、转让或者出租用于非农业建设。

国家按被征收土地原有用途给农民补偿，除了行政划拨土地供应之外，按城市建设用地市场价值向市场供地，农地非农使用形成的增值收益归国家所有。需要指出的是，现行土地开发权的政府垄断制度是经过农村土地的社会主义改造、《宪法》及《土地管理法》多次制度构造而不断演化才得以构建的。

3.2.1 土地的社会主义改造与社会主义产业理论实践

3.2.1.1 社会主义工业化的农业集体化需求

"耕者有其田"是中国共产党进行新民主主义革命时向农民所做的政治承诺。因而在1949年中华人民共和国成立以后不久，中央人民政府就颁布了《土地改革法》，规定废除地主阶级封建剥削的土地所有制，实行农民的土地所有制。到了1952年，"土地改革"的进程已经完成。"地主"和"富农"的土地遭到了没收，并分配给了无地农民。一个庞大的小土地拥有者阶层（也被称为"新中农"）由此而被创造了出来。孔飞力从国家财政的政治控制需求的角度，指出这个由庞大的小土地拥有者基层构成的农民土地所有制与中国现代国家的工业化需求是无法自洽的，中国共产党"新政权所面临的财政收入问题，可以从两方面来加以理解。第一，它面临着我们已经很熟悉的那种挑战：让政府能够保持掌控农民的剩余产品的通道，而不受到那些贪婪及自我保护的中介掮客们的阻拦。第二，这涉及一个在很大程度上为共产党掌权前的20世纪历届政府所忽略的问题：通过资本投入或者对于社会的重新组织，在实际上使得农业的产出得到增加"（孔飞力，2013）。毛泽东认为，农业集体化可以提供解决这些问题的方法。1953年10月，毛泽东就农村私有制发出警告："个体所有制的生产关系与大量供应是完全冲突的"，而集体化则是"提高生产力，完成国家工业化"的前提条件。两年后，在集体化进程加快的前夕，毛泽东对党内那些主张集体化应谨慎缓行的人提出了严厉批判：

> "这些同志不知道社会主义工业化是不能离开农业集体化而孤立地去进行的……我国的商品粮食和工业原料的生产水平，现在还是很低的，而国家对于这些物资的需要却是一年一年地增大，这是一个尖锐的矛盾。如果我们不能在大约三个'五年计划'的时期内基本解决农业合作化①的问题，……我们就不能解决年年增长的商品粮食和工业原料的需要同现时主要农作物一般产量很低之间的矛盾，我们的社会主义工业化事业就会遇到

---

① 在这里，毛泽东使用的是"合作化"一词，但从这一词汇当时的实际含义来看，其实就是我们今天所说的"集体化"。参见中华人民共和国国家农业委员会：《农业集体化重要文件汇编（1949—1957）》，中共中央党校出版社1981年版。

绝大的困难，我们就不可能完成社会主义工业化。"

到1955年秋，全党相信只有农业集体化的加速实行才能够支持工业化的发展。虽然这种高效率的财政汲取体系在1958年"大跃进"期间造成了极大的损害，并促使共产党将集体性生产组织和核算缩小到以自然村为单位，而把较大的带有社会主义性质的所有制单位（即人民公社和生产大队）转变为行政和提供社会服务的机构，但是它体现了"革命国家实现工业化的决心"，而且"制定通过对农民的汲取来强行推动工业化的战略，以及掌握为实际推行这种战略所需的行政力量，都是没有（这场农业集体化）革命便不可能发生的事情"（孔飞力，2013）。在这个关于意识形态驱动的社会改造工程为工业化中的经济提供资源的故事中，土地的社会主义改造便是其中最为核心的环节，也是在农业集体化结束以后为此后继续的中国现代国家建设所存留下来的主要遗产。

3.2.1.2 土地的社会主义改造过程

在中华人民共和国宣布成立之前，中国人民政治协商会议通过的起临时宪法作用的《共同纲领》，提出"有步骤地将封建半封建的土地所有制变为农民的土地所有制"，并确定了"公私兼顾、劳资两利、城乡互助、内外交流"的经济建设的根本方针。可见，《共同纲领》是有保护城乡私有土地所有权之含义的。然而，在通过土地改革推行农民的土地所有制以后，虽然农村经济开始得到较快恢复，但是一些过去便存在的政治问题引起了共产党领导人的警觉：贫富分化重新露头，一个"新富农"阶级似乎正在出现，并在控制中国乡村以及剩余农产品的问题上成为国家的竞争者。[①]因此，党从1953年12月开始积极扩大合作化运动，并随后开始了包括土地在内的生产资料私有制的社会主义改造。

1954年通过的中华人民共和国第一部宪法（"五四宪法"）第八条规定，"国家依照法律保护农民的土地所有权和其他生产资料所有权"。虽然在提法上依然要保护农民的土地所有权，但该条款的微妙之处是把土地认定为生产资

[①] 这个问题，首先是在地处华北并长期为共产党所控制的山西省被察觉的。1951年4月，中共山西省委向中央提交报告称，由于农村经济的恢复和发展，"互助组织中发生了涣散的情形"，实际上已经受到了削弱。农民的自发力量"不是向着我们所要求的现代化和集体化的方向发展，而是向着富农方向发展"。如果听任这种趋势继续发展下去，其结果或者是"互助组涣散解体"，或者是"互助组变成富农的庄园"。随着贫农出身的干部转变为"富农"，党的掌控力量正不断地被削弱。山西省委建议，应当"扶植与增强互助组内'公共积累'和'按劳分配'两个新的因素……引导互助组逐步走向更高一级的形式"。山西省委主张，"对于私有基础，不应该是巩固的方针，而应当是逐步地动摇它、削弱它、甚至否定它"。关于山西的例子，参见《农业集体化重要文件汇编》（第1卷），第35-36页。关于山西省委1951年4月17日的建议，参见薄一波：《若干重大决策与事件的回顾》，中央党校出版社1991年版。

料,而非生活资料,这样土地就会潜在地属于社会主义改造的范畴。与此相对应的,"五四宪法"第十一条规定"国家保护公民的合法收入、储蓄、房屋和各种生活资料的所有权"。该条款认定的受国家保护的生活资料有房屋而没有土地。"五四宪法"第十三条规定"国家为了公共利益的需要,可以依照法律规定的条件,对城乡土地和其他生产资料实行征购、征用或者收归国有"。该条款再次将城乡土地和其他生产资料并列,强化了土地作为生产资料的含义。由此可见,"五四宪法"表达了这样一种政治经济学观念:土地归属于生产资料范畴,而房屋则归属于生活资料范畴,由此而带来一个对日后政策实践影响深远的变化——房地分离。按照当时的马克思主义经典理论,社会主义仅仅与生产资料私有制不相容,至于生活资料,那是可以私有的,在意识形态上也受国家的保护。由于推进生产资料的社会主义改造是"五四宪法"提出的向社会主义过渡时期的总任务,因此,随着其后全国范围内展开的"一化三改造"①运动,农民的土地作为生产资料就自然变为集体所有,城市土地经过国有化改造以后也只剩下部分"私人房屋"成为私人土地问题的遗留。②

在"文革"期间第一次修订的"七五宪法",除了明确农村已经是集体所有制以外,并未对"五四宪法"中关于土地财产权利的规定进行任何大的修改,沿用了"五四宪法"中关于国家可以对城乡土地征购、征用或收归国有

---

① 中国共产党在1953年提出了过渡时期以"一化三改造"为核心内容的总路线,又称为公有化改造,包括两个方面的内容:一是逐步实现社会主义工业化,这是总路线的主体;二是逐步实现对农业、手工业和资本主义工商业的社会主义改造,这是总路线的两翼。

② 在中华人民共和国建立初期,中国城市土地的权属关系相当复杂。当然也早就有了国有土地,源于国民党政府时期官僚买办资本的土地,在共产党执政之后,被收归国有。还有原民族资本主义的工商物业,经过社会主义改造,成为国有经济的组成部分,其中的土地当然也归国家所有。但是原先的城市里,还有大量居民住宅。那些房子是私宅,其下的土地也是民地,由私人购得并属私人所有。也不是唯有官僚、地主和资本家才购置城市地产,一般的小市民、自由职业者、教师、小职员,甚至工人和其他社会阶层人士,也有拥有私宅民地的。1956年1月,中共中央书记处二局发出《关于目前城市私有房产基本情况及社会主义改造的意见》,提到"一切私人占有的城市空地、街基地等地产,经过适当办法,一律收归国家",开启了城市土地国有化的进程。1967年11月4日,《国家房管局、财政部、税务总局答复关于城镇土地国有化请示提纲的记录》就明确:"对(城市)土地国有化问题,中央在1956年已有原则指示,到十年后的今天提出要把土地收归国有不是太早而是太晚了""无论什么空地(包括旗地),无论什么人的土地(包括剥削者、劳动人民)都要收归国有"。该文件对"一切私人占有的城市空地、街基地等地产"的解释,也扩大为"其中街基等地产应包括在城镇上建有房屋的私有宅基地"。但是城市私房的社会主义改造,在实践当中比资本主义工商业的社会主义改造更为复杂,以致"私房国有化"改造目标直到"文革"结束都没有完全实现。尤其在1978年党的十一届三中全会召开以后,开始落实干部、知识分子和华侨政策这样的工作,其中一个重要方面就是退还私房。关于中华人民共和国成立以来城市土地国有化的实践过程,参见周其仁:《城乡中国》,中信出版社2013年版。

的条款。①就在"文革"刚结束后,第二次修订的"七八宪法"在"土地的征购、征用和收归国有"这一条中,删去了"土地"之前的"城乡"二字,暗示了城市土地国有化目标的全部完成。基于"五四宪法"之后对农村土地的社会主义改造目标已经完成,"七五宪法"将1962年党的八届十中全会通过的"农村人民公社工作条例"(亦称"人民公社60条")中关于农村人民公社是政社合一的组织,以及集体经济实行三级所有、队为基础,"即以生产队为基本核算单位的公社、生产大队和生产队三级所有"和人民公社社员可以经营少量自留地等规定写入宪法第七条。"七八宪法"则删去了人民公社是"政社合一组织"的提法,但对于农村集体经济三级所有等提法则保留了下来。

土地的集体所有制改造是集体主义道德原则在经济制度上的具体实践。早在1877年,恩格斯在与意大利社会主义者一封题为"英国农业工人联合会和农村的集体主义运动"的书信往来中,谈到土地归集体所有,是"集体主义所有制",而这种所有制类似生产资料公有制,体现了"集体主义思想"。换言之,农民的土地所有制经过社会主义改造成为集体所有制以后,在集体主义道德原则之下,农民的个人利益被认为是与国家的集体利益是一致的,即使存在矛盾,农民的个人利益也必须服从集体利益。基于这种逻辑,政府代表国家垄断土地开发权,并依据所认定的"集体利益需要"来行使土地开发权分配的绝对控制权。

3.2.1.3 基于社会主义产业经济理论的土地开发权国家控制

在集体主义原则下,国家对土地开发权的控制性分配与传统的社会主义产业经济理论有密切关系。马克思在《资本论》第2卷讨论再生产问题时,把社会生产划分为两个部类。其中,第Ⅰ部类从事生产资料的生产,第Ⅱ部类从事消费品的生产,这是一种在工、农两部门框架下的产业分类方法,它在空间上的具体经济实践就是工业生产对应于城市,而农业生产对应于农村。这种产业经济理论,直接反映在计划经济时代我国城乡划分标准的设定上。中华人民共和国成立以后首份从计划、统计和产业核算的角度划分乡村和城镇的文件,是1955年国务院颁布的《国务院关于城乡划分标准的规定》(国秘字〔1955〕第203号)。该规定指出,常住人口在2000人以上,其中50%的居民为非农业人口的居民区或者常住人口不足2000人,但是在1000人以上,而且其中非农业人口超过75%的地区,可以设置镇的建制。1963年,在《中共中央、国务院关于调整市镇建制、缩小城市郊区的指示》中,对设置镇的标准进行了

---

① 虽然该条款在字面上暗示了仍然承认城市里也有非国有土地,但在当时环境下,土地私有制事实上已经不存在了。

修正。该指示要求，聚居人口在3000人以上，其中非农业人口占70%以上或者聚居人口在2500人以上但不足3000人，其中非农业人口占85%以上的地区，可以设置镇的建制。由此可见，在产业发展意义上，计划经济时代农村地区几乎没有土地开发权的需求。

基于传统的社会主义经济理论，在计划经济时代，国家对土地开发权的控制性分配主要体现为两个方面：一是根据工业经济建设需要积极行使土地开发权，与此同时，将所涉及的农村土地通过强制性征收转为国有土地。在具体实践中，国家机关、学校、团体、国企乃至公私合营企业的占农建设用地需要，只需经相关各级政府批准及办理相应的农地转国有建设用地手续，即可获得无偿划拨和无限期无偿使用。二是在农村地区限制土地开发权的行使，即农村土地主要用于农业生产，为城市工业经济提供生产资料。事实上，在计划经济工、农两部门框架的产业分布之下，土地开发权的发展性利益并不凸显，因它而引发的权利分配问题也不引人关注。其原因有三个方面：其一，经过社会主义改造以后，土地没有交易市场，它作为资源的所有财产性权利都不能通过市场予以资产化和资本化，因而不能体现为货币性经济价值；其二，在20世纪50年代开始推进工业化时期，由于大量农民迅速涌入城市，导致城市粮食等农副产品供应危机，政府因而强行干预中断了中国的城镇化过程，[①]因而城市建设用地的需求并不是很大；其三，前两个因素以及粮食和农产品长期总体性短缺状况导致土地的农业产出价值相较于其非农价值更为重要。因此，在计划经济时代，土地所有权问题在中国土地制度变革中居于中心地位。

3.2.2 国家征地权：国家发展权优先性及其宪法解释

3.2.2.1 市场经济体制转型与土地开发权问题的凸显

"文化大革命"的悲剧并没有挫败中国共产党推进现代化发展事业的决心，反而在痛定思痛之后坚定了改革开放和以经济建设为中心的基本国策，从而开启了市场经济体制转型与融入国际经济体系的新征程。党的十一届三中全会结束后不到一年，《中外合资经营企业法》就在第五届全国人大第二次会议上获得通过，这种向资本主义开放的举措可谓是前所未有的。在国家工作重心转向大规模经济建设的新时期，如何处理发展建设与非国有土地之间的利益关系就逐渐变成了亟待政府解决的最为突出的新问题。此外，源于包产到户、

[①] 1957年12月18日中共中央、国务院发布的《关于制止农村人口盲目外流的指示》以及1958年1月9日以中央政府令颁布的《中华人民共和国户口登记条例》，即城乡割裂的户籍管理制度，标志着我国城乡二元经济社会结构体制性固化的开始。

包干到户的农村家庭联产承包责任制改革，极大地调动了农民的生产积极性，特别是赋予了农民自20世纪50年代合作化以来从未有过的经济自由、时间自由和人身自由，从而造就了农村经济的全面复兴，不仅带来了粮食和其他农副产品的巨大增长和丰裕供给，让农民普遍解决了温饱问题，而且为一直被粮食和农产品短缺而束缚的国家工业化和城镇化打开了大门。从20世纪80年代初期开始，由于经济发展和城镇化的骤然加速，过去并不突出的土地开发权问题迅速地浮上了水面，后来越来越占据了所有土地问题的中心地位。

3.2.2.2 "八二宪法"第十条的立法本意

土地所有权的社会主义改造在制度上的最终成果是在1982年宪法（"八二宪法"）第十条规定上得到了确认：

第十条 城市的土地属于国家所有。

农村和城市郊区的土地，除由法律规定属于国家所有的以外，属于集体所有；宅基地和自留地、自留山，也属于集体所有。

国家为了公共利益的需要，可以依照法律规定对土地实行征用。

任何组织或者个人不得侵占、买卖、出租或者以其他形式非法转让土地。

一切使用土地的组织和个人必须合理地利用土地。

这一宪法条款是改革开放以后中国所有土地管理法律制度构建、演进与改革的根基，对该条抽象的宪法条款的立法过程及其背后含义进行历史解读，有助于深刻把握现行土地管理制度尤其是建设用地管理制度的实质内涵。"八二宪法"第十条涉及两个至为重要的问题：一是国家所有与集体所有并存的二元所有制体制；二是国家征地权的设置。这两个问题实质上是一体的，即二元所有制体制的立法初衷决定了国家征地权的法律性质，这可能与西方国家征地权制度的立法本意大有不同。

土地所有权的二元体制是否就是对过去已发生的社会主义改造事实进行简单的确认和承认？恐怕实际情况并非如此简单。"八二宪法"在修订过程中关于土地所有权的法律规定曾引起不同意见的激烈争论。关于这个方面，最公开、全面而又权威的文献资料当属许崇德教授[①]所著的《中华人民共和国宪法

---

① 许崇德（1929—2014），中国当代著名法学家、政治学家，中国人民大学荣誉一级教授，中国宪法学泰斗。许崇德教授曾亲历1982年修宪的全过程，是宪法修改委员会秘书处的成员，他在著作中不但勾勒了中华人民共和国成立后自《共同纲领》以来每部宪法的来龙去脉，还特别记录了修宪过程中方方面面的意见、观点和建议，从而有助于人们理解抽象的宪法条款背后的含义。

史》。关于"八二宪法"的土地条款,许崇德的著作提供了胡乔木于1982年4月12日下午在宪法修改委员会第三次全体会议上对修宪稿的一个说明文稿,①其中提到"总纲"的第七点"土地所有权问题":

"有人提议城乡土地应一律规定为国家所有,另有人则认为,农村土地国有,会引起很大震动,没有实际意义。开始的时候,土地为农民个体所有,合作化后已经归了集体。所以不必宣布国有。如果规定农村土地一律国有,除了动荡,国家将得不到任何东西。即使宪法规定了国有,将来国家要征用土地时,也还是要给农民报酬。由于目前还没有统一的法律规定,因此出现不好的现象,例如农民要价过高,提出种种苛刻的条件。现在规定征用的统一办法,既然不许买卖,所以国家不用'征购',而只提'征用'。"

胡乔木在这里提到了宪法修改委员会成员有两个矛盾的考虑:一是城乡土地一律法定国有,二是农村土地国有可能引发震动。关于第一个方面的考虑,不少委员都持这样的主张。在1982年3月12日宪法修改委员会第二次会议分组讨论时:

"方毅②说,这两种所有制的矛盾日益尖锐和严重。国家企业、事业要发展,要用地,而土地有限,郊区和农村土地归集体所有,变成了他们向国家敲竹杠、发洋财的手段。一亩地索要上万元,靠卖地生产队可以安排社员一辈子、三辈子都过好日子,不需劳动了。……矛盾发展到武斗,你盖他就拆。科学院盖房用地,付了三次钱,国家财政开支成了无底洞。现在国家要征地比登天还难。而农民自己盖房,却大量占用好地。郊区农民自盖旅馆的很多,有的大队不种地,单靠出租旅馆赚大钱。这样下去,富了农民,穷了全民,矛盾越来越尖锐。我国矿藏发现较少,发现了要开采就与农民发生矛盾,要花很大代价,限制了国家的发展。因此,建议土地一律归国家所有,集体只有使用权。"(许崇德:《中华人民共和国宪法史》)

---

①1980年8月18日,邓小平在中共中央政治局扩大会议上提出,"中央将向五届全国人大三次会议提出修改宪法的建议"。此后,由胡乔木担任宪法修改委员会秘书长,负责修宪工作。到1982年,胡乔木因为身体原因,邓小平提议彭真挂帅。这样,修宪草案最早在胡乔木主持下提出来,然后才交付委员会多次讨论,最后还经由全国范围的公开讨论才最后定案。
②方毅(1916—1997),先后担任中国科学院副院长、院长、党组书记,国家科委主任、党组书记,国务院副总理、国务委员,第十、十一、十二届中央委员(第十一、十二届中央政治局委员),1988年4月被选为第七届全国政协副主席。

1982年4月15日宪法修改委员会第三次全体会议继续对第十条土地制度规定的讨论，钱昌照、胡子婴、荣毅仁等委员也都"赞成土地国有"。他们的根据，也是从保障国家在经济建设的主导权及其自主性来考虑的，因为他们看到经济建设一旦牵涉土地，就会发生"扯皮""敲竹杠"等问题，包括国有厂矿"挖掉一棵树就要给农民1000元。还要求把他们全部老少都包养到老""给农民盖了房子，安了电灯，每年还闹个没完""你要用地，他一亩地要你30万元，甚至100多万"（许崇德）。然而，也有一些委员考虑事情的另外一面。委员杨秀峰认为，农村土地国有"没有意义！更会吃大锅饭。土地归国有，如何管理？谁来使用？管理很复杂，还有干部的情况。国有的问题不是当务之急。我看维持原文还较实在。国有的问题没有必要，也不急于搞"（许崇德）。杨尚昆也赞成维持原文，"土地即使国有，扯皮也解决不了。城市土地国有，天津街道拆迁时有三户硬不搬。北京广安门也有这种情况。宣布国有，震动太大，有征用这一款，就可以了。逐步过渡较好，先通过土地征用条例"（许崇德）。彭真在讨论中有较长的发言，他综合了以上两种考虑，对宪法第十条的土地制度条款内容作了基本定论：

> "我们民主革命没收封建土地分给农民，现在要把农民的土地没收归国有，这震动太大。……我赞成国有，但应采取渐进的方式。现在国务院搞了个《土地征用条例》。总之，无论国家所有，还是集体所有，你用土地，他都得向你要钱。现在，先把城市定了，规定'城市的土地属于国家所有'，郊区的土地则按照法律规定。法律规定为国有的，属于国有，农村、镇、城市郊区的土地属于集体所有，这样，震动小一些。侵占、买卖土地是不准的。山是国有的，村子附近的小山有的是集体所有的。先笼统点，作为过渡。"（许崇德：《中华人民共和国宪法史》）

这些修宪过程中的讨论记录稿充分表明，"八二宪法"关于土地国家所有与集体所有并存的二元所有制体制本质上是一项过渡性制度安排。这项立法所考虑的核心问题是，在坚持工、农两部门框架的社会主义产业经济分布的前提下，如何解决大规模国家工业化展开与农民占有土地之间的矛盾问题？在所有制上的解决办法就是法律规定土地全部国有（方毅的建议），或"届时国有"（钱昌照的意见，即征用到哪块，哪块土地就转为国有），或"原则上土地国有，例外的是集体"（荣毅仁的意见），但考虑到共产党领导农民分得土地，完成了集体化，一下子又国有化，震动太大。权衡之下，"先把城市定了"，用渐进的办法实现土地国有。这种"渐进的办法"以及在实践中解决国家建设与农民占地之间矛盾问题的办法就是设立国家征地权的宪法条款（1982年宪法第十条第3款"国家为了公共利益的需要，可以依照法律规定对土地实行征用"①），从而赋予政府在经济发展中充分的行政主导权。该条款中所指的"公共利益的需要"在内涵上其实包括了经济发展的含义，即发展本身被认定为是一种"公共利益"，而国家发展权的优先性是通过国家征地权的绝对性来得以保障的。

3.2.3 有偿出让权：政府主导型发展体制的融资机制

中国的现代工业化事业是依靠苏联援建的156个项目以及农村集体化的农业剩余汲取体制而得以奠定比较完整的现代工业体系。然而，在改革开放以后的新时期新环境下，家庭联产承包责任制很快就瓦解了农村集体化体制，而对外资外企的引进，以及对商品市场和劳动力市场的逐步放开，也促使传统计划经济模式向政府主导下的市场经济体制转型。那么，对于"以经济建设为中心"的中国政府而言，一个极为现实而严峻的问题就凸显出来了，那就是推动经济建设尤其是基础设施建设的资金来源于哪里？早期发展经济学的很多观点在当今新古典主义占据主流话语的时代也许已经不再被谈及了，但是它关于资本投资对于经济发展的起步阶段具有关键性作用的强调无异于至理箴言。虽然刘易斯的二元经济理论为发展中国家快速实现消除贫困和现代化的强烈愿望提供了清晰的行动指南——工业化，但是这种途径却是依赖对工业企业的大规模投资来实现的。20世纪40年代至60年代，很多发展经济学家都持有这种信念。比如，发展经济学先驱之一的罗斯托（Walt W. Rostow，1916—2003）在他那本被广泛引用的著作《经济成长阶段：一个非共产主义宣言》（*The Stages of Economic Growth：A Non-Communist Manifesto*）中，针对所谓的社会发展六个阶段（传统社会阶段、起飞准备阶段、起飞进入阶段、起飞进入自我持续增长的阶段、成熟阶段、高额大众消费阶段和追求生活质量阶段）提出了一系列明确的政策规定，尤其在经济起飞的各个阶段，必须要积累资本来为经济发展创

---

①2004年十届全国人大二次会议通过了《中华人民共和国宪法》修正案，将宪法第十条第3款"国家为了公共利益的需要，可以依照法律规定对土地实行征用"修改为"国家为了公共利益的需要，可以依照法律规定对土地实行征收或者征用并给予补偿。"现在的"征收"，含义同于原《宪法》及相关土地管理法律中的"征用"，是指国家为了公共利益的需要，依法将集体所有土地转为国家所有并给予补偿的行为。现在的"征用"，是指国家为了公共利益的需要，依法强制使用集体土地，在使用完毕后再将土地归还集体的一种行为，类似于临时使用土地。征收的实质，是国家强行收买集体土地的所有权，意味着所有权性质的改变；征用的实质，是国家强行使用集体土地，使用完毕后再返还原集体，并不改变所有权性质。

造条件，从而释放经济的活力，推动工业的持续发展。

一般而言，后发展国家的资本投资来源首先考虑吸引外资。中国改革开放以后，也很快制定了相应政策以吸引外资外企进入中国投资。但是对于刚刚打开国门融入世界经济体系的中国来说，吸引外资面临着两个问题：一是全球跨国企业在中国的对外投资若不加以限制可能会引发不可忽视的政治风险；二是外资往往是落地在具体投资项目上，基础设施建设所需资金仍依赖于政府投资来解决。因此，发展的融资机制问题即使在进入改革开放新时期以后仍然是困扰中国政府的重要问题。这也就能理解1979年广东省委书记习仲勋向中央提出"要权"的请求时，邓小平所说的话的真切含义："中央没有钱，可以给些政策，你们自己去搞，杀出一条血路来。"正是在地方政策实践中，中国政府逐渐探索出了一套依靠有偿出让国有土地使用权的发展融资机制，从而为加速中国的工业化和城市化进程提供了巨大资本支撑。

土地作为生产资料而被社会主义改造以后，土地交易市场在中国国内就消失了。土地不可交易，资源就无法资产化和资本化。历史地看，国有土地使用"无偿、无限期、无转让"体制向有偿使用制度转向，是外资外企催生的变革。1979年颁布施行的《中外合资经营企业法》规定，"如果场地使用权未作为中国合营者投资的一部分，合营企业应向中国政府缴纳使用费"。这里的"缴纳使用费"已经初步包含了国有土地使用权的"转让"内涵。深圳经济特区最早执行"场地有偿使用"政策，1982—1986年累计收取的土地使用费近4000万元（周其仁，2013）。由于当时场地使用并没有稳定的预期，外资合营企业迫切要求用地期限拉长。此外，深圳特区当时面临巨大的基础设施建设资金筹集压力，在"中央没有钱，可以给些政策，你们自己去搞，杀出一条血路来"的放权允诺之下，有足够的动力去探索制度创新。在与香港政商界交往频繁之下，深圳特区受到了香港土地批租制度[①]的启示，于1986年底拟就"深圳土地管理制度改革方案"，要点就是有偿出让国有土地的长期使用权，以此为经济建设筹集资本，并给中外投资者一个确定的利用土地的长远预期，从而确立"土地使用权可以有偿出让、转让、抵押"制度。在得到国务院的批准之后，1987年9月，深圳特区以协议方式和公开招标方式，分别出让了两幅土地。试验成功以后，又于12月1日首次公开拍卖了一宗开发土地出让50年的

---

① 自1842年香港成为英国殖民地后，就开始实行土地批租制度，即土地所有权归英国皇室所有，由港英政府代为掌管并向土地开发商或土地使用者批租土地，开发商或使用者通过承租取得规定期限内的土地使用权，并向港英政府一次性缴纳规定期限内的土地使用权出让金（即整个出让期限内各个年度地租的贴现值总和）。1997年香港回归后，依照"中英联合声明"、《香港特别行政区基本法》和香港特别行政区立法机构通过的有关法律，港英时期的土地批租制度得到延续，香港特区政府出让土地使用权的制度继续实行，其收入全部归特区政府支配。关于香港土地批租制度的详细介绍可参见王晓明：《香港土地出让制度的启示与建议》，载《中国经济时报》。

使用权。然后在不到一个月的时间内,由广东省人大常委会通过地方法规,明确"特区国有土地实行有偿使用和有偿转让制度"。1988年,《宪法》进行了修订,在第十条第4款后增加了"土地使用权可以依法转让"的规定。同年,1986年6月颁布施行的《土地管理法》也进行了修订,明确了"国家实行国有土地有偿使用制度"(第二条第5款),"国有和集体所有的土地使用权可以依法转让。土地使用权转让的具体办法,由国务院另行规定"(第二条第4款)。然而,出于对农村的集体土地使用权转让可能带来的农民失地和用地失控等种种问题的顾虑,虽然国务院于1990年5月就颁布施行了《城镇国有土地使用权出让和转让暂行条例》,但集体土地使用权转让的相关条例却一直没有出台;而且在1998年《土地管理法》第二次修订时,原来第二条第5款"国有和集体所有的土地使用权可以依法转让"内容被删除了,从而在法律上具有认定集体土地所有权不能进行转让的含义。在地方各级政府都热切渴望获得资本来推动经济建设的时代,深圳特区的实践具有极为显著的扩散效果。①中国政府推动工业化和城镇化发展从此也就有了完全不同于过去时代的经济基础(见图3.2)。

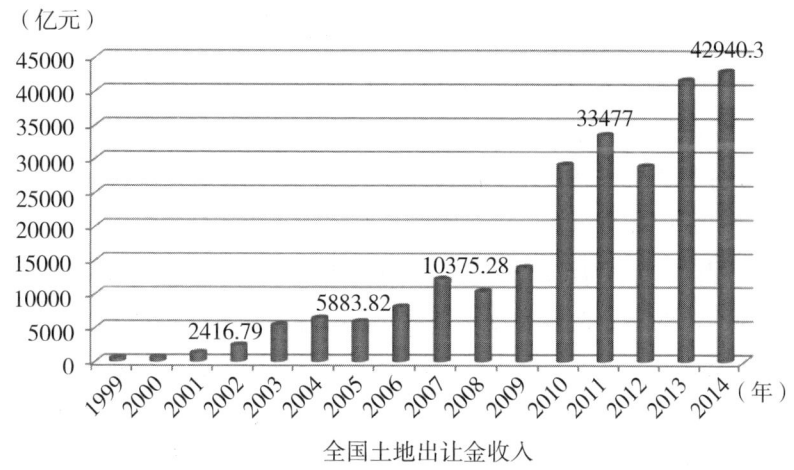

图3.2 全国土地出让金收入(1999—2014)

资料来源:《中国国土资源统计年鉴》(2000—2007);财政部网站2008—2014年财政收支及全国土地出让收支情况统计。

---

①1987年深圳首场土地使用权拍卖会,规格之高,空前绝后:中央政治局委员、央行副行长、内地17位市长,以及28位香港企业家和60多位记者一起在现场观摩,把"土地使用权可以转让筹资"的新理念、新做法迅速传播到沿海地区。1988年7月9日,上海市以招标方式出让虹桥开发区内一幅1.29万平方米土地的50年使用权,最终一家国际公司中标,支付了1亿多元人民币。国有土地使用权有偿出让从此进入中国经济生活(参见周其仁:《城乡中国》,中信出版社2013年版)。

在国有土地市场化过程中,国有土地有偿出让之所以能够成为中国政府主导型发展体制的融资机制,是以征地权作为支撑的。唯有国有土地才可以合法出让,而农村集体土地只有经过政府征收这个唯一合法的通道才能转为国有土地进入土地一级市场进行交易,这两个环节的行政垄断构建了政府对于土地开发权及其发展性收益的垄断性占有地位,从而保障它取得了超越于市场之上的发展主导权。

3.2.4 政府垄断制度构建逻辑的总结

经过土地的社会主义改造,以及国家征地权和有偿出让权在宪法及法律制度中的最终确立,现行土地开发权政府垄断制度的核心框架得以构建。其内在逻辑主要包括三个方面:(1)它是集体主义道德原则和传统社会主义产业经济理论的具体经济实践;(2)它是为了确立国家发展权的优先性,从而保障国家在现代化中的自主性和主导权;(3)它是为国家主导型发展体制提供相应的融资机制,从而保障政府推动发展的行动能力。正是基于这种制度逻辑,国家主体与农村集体和农民主体之间必然是一种等级性关系。

需要指出的是,土地的有偿出让权本身是一种市场机制,它意味着农村土地可以成为一种资本化的、可交易的资产。它的功能也就不再只限于农业生产,而是可以发展工业和服务业经济,它在本质上与计划经济静态的工、农两部门产业分类框架限制是存在根本性冲突的。因此,有偿出让权的确立,就意味着土地开发权政府垄断制度最初的社会主义产业经济逻辑的正当性事实上已经瓦解,保障国家发展权的优先性以及土地收益的社会化使用(如用于经济社会发展所必需的基础设施建设)因而也就构成了该项制度的核心逻辑。正如后来实践所呈现的,该项制度定然会被批评为对农民发展权利的剥夺。为平衡国家与农民之间的紧张关系以及出于可持续发展考虑,在随后的制度演化过程中,以保护耕地和生态环境的用途管制权继而成为土地开发权政府垄断制度正当性的重要补充。

3.3 土地开发权分配的等级制结构及其演化

根据国家征地权的绝对性以及农民和集体补偿权的保障性程度的不同,土地开发权的配置管理大致经历了两个阶段,一个是在完全等级制结构下的分配,主要发生在计划经济时代以及改革开放之后的20年;另一个是在有限等级制结构下的分配,主要发生在20世纪90年末期至今(见图3.3)。

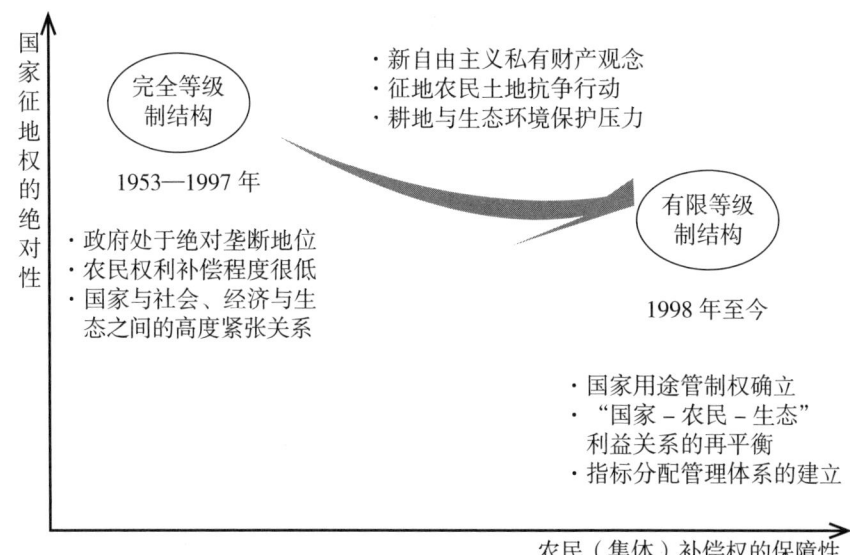

图3.3　土地开发权的分配机制及其演化过程

在完全等级制结构下，国家发展权的优先性得以充分保障，政府对土地开发权的控制与分配居于绝对垄断地位，从而使得国家能够快速调动土地资源并通过垄断土地发展性收益来推动工业化和城市化发展，而农村集体和农民没有讨价还价的权力，可获得的权利补偿程度非常低甚至没有。完全等级制必然带来国家与社会之间、经济与生态之间的紧张关系。20世纪90年代以后，国家发展权利的绝对性就不断遭受到来自新自由主义私有财产观念、征地农民土地抗争行动以及生态环境保护压力等方面的严重挑战。对此，1998年以后，《土地管理法》和相关法律法规进行了重大修订，从而推动着土地开发权分配从完全等级制结构向有限等级制结构进行演化，一方面促使原来单一的经济发展逻辑向可持续发展逻辑转型，建立了国家用途管制权；另一方面，通过对央地之间、国家与农民之间、国家与农村集体之间以及经济发展与生态发展之间等四对利益关系的重大调整，实现各主体间发展权利关系在一定程度上的平衡；与此同时，地方政府的征地权不断被削弱，而农民的利益补偿权则不断加强。这种平衡在管理机制上是通过新增建设用地指标计划分配管理来实现的。

3.3.1　完全等级制结构：1953—1997年

在土地开发权政府垄断制度的形成时期，国家与农村集体和农民个体之间处于一种完全等级制关系，具体表现在国家征地权的绝对性以及农民（集体）补偿权的限制性。在这样一种完全等级制结构下，国家发展权的优先性得以充分保障，作为国家代表的政府对于土地开发权的控制与分配居于绝对垄断地位，从而使得国家能够超越社会力量的约束，快速调动土地资源并通过垄断土地发展性收益来推动基础设施建设，促进工业化和城市化发展。这是一种极具发展效率的制度安排，在一定程度上解释了中国能够在计划经济时代建成较为完整的现代工业体系以及在改革开放以后30多年来实现快速发展的原因。根据制度形成的过程，土地开发权分配的完全等级制结构又可以大致分为两个阶段：

一是计划经济时期（1953—1978年）。计划经济体制下，建设用地管理制度（土地开发权配置管理的制度形式）一直贯彻建设用地跟随建设项目走，实行政府批准、单位使用和谁使用谁管理的原则。1954年2月24日政务院财司字15号文件和同年3月8日内务部文件中都明确规定，国家机关、学校、团体、国企乃至公私合营企业经政府批准占用土地，均不必缴纳租金和土地使用费。这样就形成了建设用地的使用是经相关各级政府批准后无偿划拨和无限期无偿使用的行政管理制度。在这种制度下，由于政府批准项目就已经决定了土地的占用、使用和管理，因此也就没有必要而实际上也没有出台任何土地管理法律和设立任何土地管理机构。1953年第一个五年计划实施以后，工业经济建设大规模展开，必然涉及较多的土地转为建设开发之用。在农民的土地所有制存续期间，涉及农民所有的农业土地转为用于城市建设、基础交通建设以及工业项目的建设用地时，政府需要通过"征购"或"征用"①的行政手段予以达成。1953年，政务院通过了第一个征地的专项行政法规《关于国家建设征用土地办法》，其中规定征地"应该尽量用国有、公有土地调剂"，实在无法调剂的，"应该发给补偿费或者补助费"，并规定了补偿或补助的标准。在农村的社会主义改造完成之后，农村的土地已经全归集体所有，而这个集体所有的含义和处分权并不是由农民或农民集体决定，而完全是由国家决定的。这种国家权力直接反映在1958年1月6日全国人大常委会通过的对上述征地办法所做的修订，其中最为重要的部分是对"征地必须给予补偿"原则的修订：其一，"对于征用农业生产合作社的土地，经县级人民政府同意，也可以不发给补偿费"；其二，"征用农业生产合作社使用的非社员的土地，如果土地所有人不从事农业生产，又不以土地收入维持生活，可以不发补助费，但必须经本人同意"。然而，在实践过程中，"不经本人（农民）同意"且"不发补助费"的农村土地

---

① 1950年6月政务院颁布《铁路留用土地办法》，规定铁路建设用地可"由铁路局通过地方政府收买或征购之"。这里的"征购"，也要讨价还价，但带有某种强制性质。"征购"完毕的时候，土地所有权转移到铁路局，也就是转为国有。1950年，政务院还通过了《城市郊区土地改革条例》，规定"国家为了市政建设需要及其他需要征用私人所有的农业土地时，须给予适当代价，或以相等之国有土地调换之。对于耕作该项土地的农民亦应给予适当的安置，并对其在该项土地上的生产投资（如凿井、植树等）及其他损失，应给予公平合理的补偿"。这里的"征用"，也带有国家强制的性质。

征用在计划经济时代是普遍存在的。可见,在计划经济体制下,国家完全垄断了土地开发权及其分配权。

二是改革开放初期(1978—1998年)。伴随着大规模工业化的展开,宪法、《土地管理法》(1986年)以及相关行政法规逐渐建立了较为完善的土地管理制度,尤其是建设用地管理制度,为国家垄断土地开发权及其分配提供了明确法律制度依据。其中最直接体现国家发展权优先性的法律是1982年5月4日五届全国人大常委会原则批准的《国家建设征用土地条例》。这部行政法规的总依据就是随后不久通过的1982年宪法第十条第3款。该条例很大程度上表现出了"城镇国有偏向"以及国家征地权的绝对性。具体体现在以下几个方面:

第一,征地通道的唯一合法性。除了规定国家有权征用农村集体土地,再没有给集体土地的其他转让方式留下合法空间,因为该条例明令"禁止任何单位直接向农村社队购地、租地或变相购地、租地。农村社队不得以土地入股的形式参与任何企业、事业的经营"(第二条)。这就意味着征地构成了农村土地转用和开发的唯一合法通道。

第二,征地具有"发展性"和绝对"强制性"。该条例的主要立法目的是"保证国家建设必需的土地"(第一条),而且"国家建设征用土地,凡符合本条例规定的,被征地社队的干部和群众应当服从国家需要,不得妨碍和阻挠"(第四条);并强调"征用的土地,所有权属于国家,用地单位只有使用权"(第五条)。此外,国有机构与农村社队联合投资建设的项目,凡使用农村集体土地的,也"视同国家建设征用土地"(第二十八条);而且"城镇集体所有制单位进行建设或同农村社队联合投资建设的项目",使用农村集体土地的,也可以"比照本条例的规定"办成国有土地(第二十九条)。征地权的绝对性还体现在条例中所设置的惩罚性条款:"在征地过程中,煽动群众闹事,阻挠国家建设,贪污、盗窃国家和集体财物,行贿、受贿,敲诈勒索,以及其他违法犯罪行为,构成犯罪的,由司法机关依法追究刑事责任"(第二十五条)。

第三,对征地补偿实施上限管制。条例明确了征地补偿包括土地补偿、青苗补偿、附着物补偿和人员安置补助,但立法意图是为了防止征地农民向国家"敲竹杠",因而补偿标准的立足点是"维系农民生活",并特别规定了"土地补偿费和安置补助费的总和不得超过被征土地年产值的二十倍"(第十条),表明这是一道"补偿上限管制"的法令。

从上述1982年宪法及《国家建设征用土地条例》相关条文的解读来看,进入20世纪80年代以后,土地开发权问题就已经构成了国家土地制度立法实践中的中心议题。国家为了促进土地国有化进程并保障其在经济发展中的主导权和自主性，垄断了土地开发权的行使权力，这种垄断性主要是通过征地权的绝对性得以保障的，并通过相关法律的制定予以制度化。1987年颁布施行《土地管理法》以后，该条例随即废止，但它的立法意旨大都被吸纳进入《土地管理法》，直至1998年《土地管理法》进行重大修订以后，国家征地权的绝对性才有所控制，而农民权利的保障也开始得到法律和政策层面上的重视。

3.3.2 结构演化的动因：征地权的制约

完全等级制结构下的发展效率在很大程度上是依靠国家强制性力量对被征地农民群体发展权利以及生态环境发展权利的压制来得以实现的。也正是因为这种压制所带来的国家与社会之间、经济与生态之间的紧张关系，使得国家发展权利的绝对性自20世纪90年代以后就不断遭到各种各样的挑战，国家征地权因而开始受到明显的制约。这些制约因素主要体现在以下三个方面：

其一，新自由主义发展模式在全球化时代中的霸权地位，深刻影响了中国在20世纪90年代之后建立市场经济体制的改革实践。反映在中国土地制度改革上，市场自由竞争和私有产权信念经过一些学术共同体及媒体机构持之以恒地大力呼吁之后，极为广泛地瓦解了农民原有的土地公有制的观念，从而深刻重塑了农民对土地的私有财产自然权利的观念。在价值理念层面，在当代农民阶层看来，集体所有制已经不再是社会主义公有制的一种形式，而是农民的土地所有制。在这种所有权观念支撑下，土地开发权是作为所有权的处分权能来对待的，这就意味着国家征地权的强制性在实践层面将会不可避免地遇到征地农民及社会舆论的抵抗。

其二，征地补偿上限管制条款与地方政府的"土地财政"融资机制之间的矛盾使得征地农民的土地抗争行动愈演愈烈，并在相当多情形下引发了国内外观察人士对于中国社会稳定问题的担忧。失地农民的合理补偿、就业安置及社会保障问题在过去十来年"地王"频现以及城市房地产价格节节攀升的映衬之下一度成了主要的社会问题，这种社会背景赋予了农民土地抗争社会行动近乎绝对的"正义性"。这种"正义性"对地方政府以土地融资机制推动经济社会发展的合法性构成了严峻挑战。

其三，非农建设用地的迅猛扩张与耕地资源可持续利用以及生态环境保护之间的严重矛盾，使得土地的生态发展权利逐渐成为传统粗放型发展模式的核心制约因素之一，同时也在权利观念上促使国家与社会将土地开发权的长期被重点关注的经济价值扩展至更为全面的综合性权利内涵，这也就导致了政府在控制与分配土地开发权的政策实践中需要考虑更为全面的社会整体性发展目标，即在经济发展、社会稳定与生态保护方面取得一个利益共享性的平衡。

3.3.3　有限等级制结构：1998年至今

基于上述制约因素的冲击，1998年《土地管理法》进行了重大修订，相关土地管理法律法规随后也继续发生了诸多变革。这些制度变革都推动着土地开发权分配的完全等级制结构向有限等级制结构进行演化，一方面促使土地开发权政府垄断制度从原来单一的经济发展逻辑向可持续发展逻辑转型；另一方面，通过调整"国家—农民（集体）—生态"三者的利益关系，来实现各主体间发展权利关系在一定程度上的平衡。

3.3.3.1　用途管制权的确立：可持续发展逻辑的转型

随着改革开放以后经济社会的快速发展，停滞多年的城市化进程重新起步，从而激发了对城市建设用地的巨大需求。尤其在实行国有土地有偿使用制度以后，在计划经济下长期潜伏的巨大土地开发价值开始得以释放，随着社会主义市场经济体制的确立，建设用地使用权的转让也越来越普遍化，这导致了建设用地的急速扩张以及耕地资源的大量流失。1986年制定的以经济发展逻辑为中心的《土地管理法》显然无法遏制这种粗放型发展。也正是在这个时期，一种在代际平衡视角下实现"人—自然—社会"协同发展的可持续发展观在20世纪90年代以后成为国际社会的普遍共识。中国政府在1994年发布的《中国21世纪议程》中也正式提出了可持续发展战略，形成了经济、社会的发展必须同资源开发利用和环境保护相协调的可持续发展思路。

正是基于可持续发展逻辑的转型，作为对土地非农开发管理的专门法规《土地管理法》在1998年进行了重大修订。国家从保护耕地、限制农地的非农转用出发，推出了一系列新的规定，明确"国家实行土地用途管制制度。国家编制土地利用总体规划，规定土地用途，将土地分为农用地、建设用地和未利用地。严格限制农地转为建设用地，控制建设用地总量，对耕地实行特殊保护"。除了依法批准的农村本身的乡镇企业用地、乡（镇）村集体公共设施和公益用地、村民住宅用地之外，申明"任何单位和个人进行建设，需要使用土地的，必须依法申请国有土地"，从而切断了农村除农民自己之外的任何单位和个人利用集体土地搞建设的合法途径。同时，国家实行对建设用地总量控制，在年度土地开发利用计划中，制订层层分解的建设用地指标分配和控制体系，特别是严格控制每年度的农用地转用指标。这些规定充分显示，我国的土地建设权即土地开发权的控制和分配已经步入了由一个完整的制度运行体系支撑的轨道。

3.3.3.2 "国家—农民(集体)—生态"发展权利关系的平衡

其一,国家主体内部央地利益关系的调整。由于地方政府是代表中央政府行使征地权的主体,为了防止地方政府滥用征地权并杜绝违法违规用地现象,中央政府总体上按照"缩小征地范围、规范征地程序,完善对被征地农民合理、规范、多元保障机制"的思路对地方政府行使征地权制定了一系列规范性约束政策,比如《国务院关于深化改革 严格土地管理的决定》(国发〔2004〕28号)、国土资源部《关于完善农用地转用和土地征收审查报批工作的意见》(国土资发〔2004〕237号)、国务院办公厅《关于进一步严格征地拆迁管理工作 切实维护群众合法权益的紧急通知》(国办发明电〔2010〕15号)、中共中央纪委办公厅《关于加强监督检查进一步规范征地拆迁行为的通知》(中纪办发〔2011〕8号)等中央文件都旨在约束地方政府征地权的规范行使。而国土资源管理体制在2004年也进行了重大改革,实行省级以下国土资源主管部门的垂直管理,并实行国家土地督查制度,向地方派驻土地督察专员,监督土地执法。

其二,国家与农民利益关系的调整。现行《土地管理法》关于征地补偿上限管制条款[①],在"科学发展观"和"和谐社会"的理念自上而下正式贯彻实施以后,事实上在地方征地实践中就逐渐被搁置了。一些地区为了平息被征地农民的社会抗争以维护社会稳定,根据本地区的经济社会发展条件进行了征地补偿政策创新,主要表现是在不断提高传统补偿项目标准的同时,还增加了留地安置政策,与村集体共享土地出让金,设定征地补偿最低保护价,引入征地单位和村集体之间的谈判机制等方式。在国家层面上,《国务院关于深化改革 严格土地管理的决定》(国发〔2004〕28号)提出"省、自治区、直辖市人民政府要制订并公布各市县征地统一年产值标准或区片综合地价,征地补偿做到同地同价"。国土资源部和地方政府据此制定了区片综合地价的具体实施

---

① 见《土地管理法》(2004年修订版)第四十七条,其中第6款规定"土地补偿费和安置补助费的总和不得超过土地被征收前三年平均年产值的三十倍";但第7款也规定了"国务院根据社会、经济发展水平,在特殊情况下,可以提高征收耕地的土地补偿费和安置补助费的标准",从而为政府在实践中进行征地补偿政策创新提供了法律依据。

方案。①该项工作经过几年的测算和准备，被国土资源部要求于2009年1月1日在全国实施。这就意味着现行《土地管理法》关于征地补偿上限管制条款事实上已经被废止。

其三，国家与农村集体利益关系的调整。为了杜绝开发商与农村集体进行协议购地过程中较为普遍存在的暗箱操作等腐败现象，国家于2004年决定废止协议购地，所有土地一级开发由政府主导进行招、拍、挂出让，而且此后要求原来作为预算外收入的土地出让金全部纳入预算管理。长期以来，作为土地发展性收益主要形式的土地出让收入主要用于城市建设和土地开发，忽视了农村的发展权利要求，从而导致城乡发展差距不断扩大。2006年，国务院办公厅《关于规范国有土地使用权出让收支管理的通知》（国办发〔2006〕100号）明确提出土地出让收入必须重点向新农村倾斜。为此，在土地出让收入使用范围中，政府专门设立了"支农支出"类别，包括计提农业土地开发资金、补助被征地农民社会保障支出、保持被征地农民原有生活水平补贴支出以及农村基础设施建设支出，从而在发展公平层面上更好地实现了土地发展性收益的社会化分享。

其四，经济发展与生态发展关系的调整。耕地保护与生态环境保护逐渐被国家置于发展政策需要重点考虑的议题，使得生态发展权逐渐超越了经济发展权而在土地开发权的权利内涵结构中处于中心位置，这也使得用途管制权逐渐成为支撑政府控制与分配土地开发权的正当性基础。2006年，十届全国人大四次会议通过的《国民经济和社会发展第十一个五年规划纲要》明确提出，"18亿亩耕地"是未来长时间内一个具有法律效力的约束性指标，是不可逾越的一道红线。尤其是生态文明建设，党的十八大以来在发展战略上成为"五位一体"总体布局的重要组成部分，"划定并严守生态红线"已经在政治上构成了各级政府推动经济社会发展时所不得不考虑的约束性条件。从这个意义上说，以空间规划为基础，以用途管制为主要手段的国土空间开发保护制度都将是中国政府长期始终坚持的基础性制度之一。

有限等级制结构下的土地开发权分配，在管理机制上是通过新增建设用

---

① 国土资源部先后发布2004年238号文《关于完善征地补偿安置制度的指导意见》、2005年144号文《关于开展制订征地统一年产值标准和征地区片综合地价工作的通知》以及2008年135号文《关于切实做好征地统一年产值标准和区片综合地价公布实施工作的通知》，并在国土资源部网站上相继刊登了各省份统一分区片补偿价格标准。在实际操作中，各地方政府在考虑人均耕地数量、土地区位、土地供求关系、当地经济发展水平和城镇居民最低生活保障水平等因素时，对农用地级别进行修正和调整、划分区片，按区片分别制订统一的征用补偿价格标准。同时，国土资源部要求在一个市（县）的范围内征地区片价原则上控制在4～6个级别，每3～5年更新一次。

地指标计划分配管理来实现的。中央政府将土地开发权进行指标化，通过建设用地总量控制制度"产生"指标，通过农用地转用审批管理制度"变现"指标，通过耕地占补平衡制度来"约束"指标，并通过土地利用总体规划和年度土地利用计划将新增建设用地指标、基本农田保护指标和补充耕地指标自上而下层层分解下达，逐年逐级分解，直到乡镇。这种建设用地指标的计划分配就是当前土地开发权分配机制的运行方式，也对地方经济社会发展产生了重要影响（详见第4章的论述）。

第4章

等级制分配机制的影响：地方发展及其困境

本章将进一步探讨土地开发权的政府垄断制度及其等级制分配机制对当代中国地方发展的影响，主要从经济和社会两个层面展开讨论，其中经济层面上的讨论以地方政府为考察主体，而社会层面上的讨论则以农民为考察主体。需要说明的是，在运行机制的实践层面上，当代中国土地开发权分配的主体部分就是每年度按国家计划层层分解的建设用地指标。1998年《土地管理法》修订以后，国家出于保护耕地的目的，实行对建设用地总量控制，在年度土地开发利用计划中，制订层层分解的建设用地指标进行分配与控制，特别是严格控制每年度的农用地转用指标。在建设用地管理中，建设用地包括存量建设用地和新增建设用地，存量建设用地指原来已经变为建设用地的土地（包括集体建设用地和国有建设用地，主要涉及城市更新和新农村建设问题），新增建设用地则主要指从农民集体新征收的土地转为国有建设用地。基于研究主旨，本书主要讨论新增建设用地中的土地开发权分配，即农用地转用管理的运行机制问题。在新增建设用地指标分配管理中，主要涉及管理体制内部的中央与地方关系以及管理体制外部的国家与农民关系。本章主要论述三部分内容：一是讨论建设用地指标管理尤其农用地转用管理制度的管理机制；二是以地方政府为考察主体，讨论土地开发权等级制分配对地方经济发展的影响；三是以农民为考察主体，讨论土地开发权等级制分配对地方社会发展的影响。

4.1 等级制分配的管理机制：新增建设用地指标管理

4.1.1 新增建设用地指标管理的形成背景

为了解决计划经济时期形成的建设用地谁批准谁负责、谁使用谁管理的多头分散管理制度的严重弊端，1986年颁布施行的《土地管理法》建立了以对建设用地审批管理为核心的用地管理制度体系，其核心内容就是要求制订土地利用的总体规划，规定各级政府设立统一的土地管理机构，对建设用地实行统一的分级限额审批，并对国家建设用地和乡（镇）、村建设用地实行了不同的审批通道，将后者的审批权赋予了县、乡政府。然而，"分级限额审批"的用地管理制度，最大的问题还是不能控制土地供应总量，尤其难以抑制对耕地的扩张性占用。分级限额审批的审批权绝大部分集中在市、县，有些甚至旁落到乡镇。市、县同时作为相对独立的利益主体，是本地区经济发展的组织者，主要考虑的是本地经济的快速发展。国有土地有偿使用的土地一级市场使得土地资产的巨大价值日益显现，"以地生财"之道可以有效缓解建设资金不足的问题，这必然促使市、县两级政府在土地利用和管理上更多考虑本地经济发展的需要，较少考虑全局和长远的利益。市、县充分运用法律赋予的土地限额审批权，无限制地大量征地和出让土地，却很难履行保护耕地的职责和义务。特别是在保护耕地和保障建设用地发生矛盾时，普遍的做法是"牺牲耕地，牺牲农业，牺牲农民利益"。对中央保护耕地的法律、政策和各项措施，市、县采取"化整为零"或"下放土地审批权"等办法非法批地和用地，中央和省级政府的权力一定程度上被架空，农用地大量转为建设用地造成了建设用地总量的失控，耕地面积减少过快。根据《全国土地利用总体规划纲要（2006—2020年）》的统计数据，1991—1996年，年均非农建设占用耕地规模达29.27万公顷。耕地保护形势严峻，中共中央、国务院于1997年4月15日下发了《中共中央国务院关于进一步加强土地管理切实保护耕地的通知》（中发〔1997〕11号），要求"自本通知下发之日起，冻结非农业建设项目占用耕地一年，确实需要占用耕地的，报国务院审批"。此外，该通知要求抓紧立法以保证耕地总量只能增加不能减少。这也是1998年《土地管理法》进行了大幅度修订从而施行严格的土地用途管制制度和新增建设用地指标管理制度的现实背景。

4.1.2　新增建设用地指标管理的制度框架

4.1.2.1　土地用途管制与建设用地总量控制

根据1998年修订的《土地管理法》建立土地用途管制制度的要求，国家将土地按用途划分为三类，即农用地、建设用地和未利用土地，并明确界定了各类土地的具体含义。其中建设用地是指建造建筑物、构筑物的土地，包括城乡住宅和公共设施用地、工矿用地、交通水利设施用地、旅游用地、军事设施用地等。①建设用地按其权属关系分为国家建设用地和乡（镇）村建设用地两大类，而新增建设用地主要是指农用地和未利用地经过土地征收转为国有的建设用地，②在制度上具体受农用地转用审批管理制度规制。分类确立土地用途是土地用途管制的基础，这就意味着不论土地所有权如何，土地使用权拥有者只能在所确定的土地用途基础上行使相应的权利内容，即农用地的使用权仅指对土地进行种植、垦殖、养殖的权利，不得从事建筑开发；而从事建设的土地开发权则成为一项独立性权利，并为国家所掌握，个体则以社会共同体成员资格享受相应的发展权利收益。

土地用途管制制度是建设用地总量控制的基础，从而实现"既要吃饭，又要建设"双重目标的平衡与协调。建设用地总量控制在机制上是计划管理，它也是实施土地利用总体规划的重要手段和具体措施，其表现形式就是建设用地定额指标管理。根据国家调节控制程度的差异，建设用地计划在指标管理上主要分为指令性定额指标和指导性定额指标两种形式。指令性用地定额指标具有强制性和法律权威性，具有不可退让性。因此，指令性的建设用地指标一经下达，各级土地管理部门必须按照计划控制的限额，逐级进行控制，以保证其实现；它又可分为高限指标和低限指标，高限指标要求严格控制，不得随意突破，如建设用地占用耕地指标，低限指标要求保证完成或超额完成。指导性定额指标则不具有强制性，可根据建设项目的具体情况参照执行，它又可分为参考性定额指标和建议性定额指标。建设用地定额指标有一套基于科学性原则构建的确定方法，③并为政府实行对建设用地的总量控制提供了极具操作性的行政手段。

---

① 为了满足土地用途管制的需要，科学实施全国土地和城乡地政统一管理，国土资源部制定了城乡统一的全国《土地分类（试行）》，并自 2002 年 1 月 1 日起在全国范围试行。《土地分类（试行）》采用三级分类。其中一级分为农用地（此类二级分为耕地、园地、林地、牧草地、其他农用地）、建设用地（此类二级分为商服用地、工矿仓储用地、公用设施用地、公共建筑用地、住宅用地、交通运输用地、水利设施用地、特殊用地）和未利用土地三类。2007 年 8 月 10 日，质量监督检验检疫总局和国家标准化管理委员会联合发布《土地利用现状分类》，标志着我国土地资源分类第一次拥有了全国统一的国家标准。《土地利用现状分类》国家标准采用一级、二级两个层次的分类体系，共分 12 个一级类、57 个二级类。

② 除了农村集体内部因乡村建设需要包括宅基地调整需要而增加农村集体建设用地之外，所有进入土地一级市场流转的新增建设用地全部都要经过土地征收而转为国有建设用地，包括乡（镇）办企业使用村民集体土地或乡镇公共设施、公益事业，需要使用集体所有土地的，均须参照国家建设征收土地办理，并按照法律规定给予征地补偿。

③ 确定建设用地定额指标的方法有经济分析法、综合平衡法、因素分析法、计划演算法等；新的现代的经济数学方法和经济数学模型也正在逐步试用。不同的用地计划指标确定应采用相应的方法。建设用地计划指标由国家建设、村镇集体建设和农村个人建房三项用地计划指标组成，它们以及占用耕地计划指标的确定方法，可参见李凌：《建设用地管理》第二章第三节内容的相关介绍。

4.1.2.2 农用地转用审批管理制度

建设用地总量控制下的新增建设用地规模主要取决于建设占用农用地"计划指标",因此从统计数据来看,大多数地方新增建设用地占用的主要地类是农用地。这种将耕地、林地、草地等直接用于农业生产的土地转变为用于建造建筑物、构筑物的土地即建设用地的行为,在1998年《土地管理法》修订以后被严格纳入农用地转用审批管理制度予以规制。可以说,农用地转用是国家控制建设用地增长、保证建设用地计划性供应、保护农用地尤其是耕地所采取的一项关键性行政手段。在制度运行上,农用地能否转为建设用地,必须符合以下三个条件:

一是符合土地利用总体规划。土地用途管制制度的核心是土地利用总体规划,通过土地利用总体规划划分每一块土地的用途和土地使用的条件,向社会公告。农用地能否转为建设用地,首先应当看是否符合土地利用总体规划所确定的用途,若符合,即在建设用地区域范围内,可以转为建设用地,否则将不得转为建设用地。我国的土地利用规划分为五级,即国家、省、地(市)、县(县级市)和乡(镇)级。国家和省级土地利用总体规划主要是宏观控制的规划,而县、乡各级土地利用总体规划应划分土地利用区和明确土地使用条件,属于实施性规划。因此,农用地转用的主要依据是县(县级市)、乡(镇)级土地利用总体规划。但是,有一些大型的能源、交通、水利等项目,由于选址有特殊要求,在制定土地利用总体规划时很难确定其准确的位置,也就很难在土地利用总体规划图上反映出来,如果这些项目的建设都要通过修改规划后再办理农用地转用手续将会很复杂。因此,法律特别规定了国务院批准的大型能源、交通、水利等基础建设用地需要改变土地利用规划的,可先批准建设项目用地,再根据国务院批准的文件修改规划;省级人民政府批准的能源、交通、水利等项目与省级人民政府批准的土地利用总体规划不符的,也可以先批准项目用地,后修改规划。这既保证了规划的有效实施,也较好地协调了规划与建设用地之间的矛盾。

二是符合土地利用年度计划。作为国家实行建设用地管理的宏观控制措施,土地利用年度计划中包括农用地转为建设用地的计划。其目的是控制建设大量占用农用地,造成耕地大量减少和农业生态环境的破坏。土地利用总体规划是一个较长时期的土地利用的总体安排,其规划期一般为10～15年。若没有年度计划相配套予以约束,地方政府就有可能将10～15年的建设占用农用地的指标在1～2年内全部用完。而今后几年建设还将需要用地,必然造成土地利用突破土地利用总体规划。此外,建设用地增长过快也会造成土地闲置和冲击土地市场,造成土地资源浪费和国有土地资产的流失。因此,国家要求必须通过土地利用年度计划对每年新增建设用地实行总量控制，不得突破该控制指标。

三是符合建设用地供应的国家产业发展政策。建设用地供应政策是控制建设用地方向的主要手段，通过制定建设用地的供应政策，不但有利于控制建设用地总量，防止大量占用农用地，同时还可以优化投资结构，防止重复建设，促进国民经济的协调发展。建设用地政策由国务院土地行政主管部门根据国家产业政策制定。国土资源部根据国家产业政策将供地分为鼓励、限制、禁止等几种情况。对国家明确禁止建设的项目，要禁止为其办理农用地转用和供地；对国家鼓励投资的建设项目，应当优先为其办理农用地转用和供地。在国家对建设用地供应不足的条件下，优先保证国家急需建设项目的用地，使建设用地供应政策对国家经济起到调控的辅助作用。

现行《土地管理法》对农用转为建设用地实行两级审批的原则，即国务院和省级人民政府审批，并在相关法律法规中详细规定了两级审批的各自批准权限范围。①考虑到我国的实际情况，法律将乡镇企业、农村公共设施、公益事业和农民宅基地等占用农用地的审批权限，授权予地（市）级人民政府。

4.1.2.3　耕地占补平衡管理制度

为了保障耕地动态平衡，农用地转用后，非农业建设用地批准占用耕地的，还应对耕地进行补充，这就是现行土地管理制度中对新增建设用地供给具有重要约束力的耕地占补平衡管理制度。《土地管理法》第三十一条规定，国家实行占用耕地补偿制度。非农业建设经批准占用耕地的，按照"占多少、垦多少"的原则，由占用耕地的单位负责开垦与所占用耕地的数量和质量相当的耕地；没有条件开垦或者开垦的耕地不符合要求的，应当按照省、自治区、

---

① 国务院的批准权限包括：（1）国务院批准的建设项目占用土地，涉及农用地转为建设用地的，包括：按照国家基本建设程序规定，由国务院及国务院有关部门批准可行性研究报告的项目，并且是在城市建设用地区之外需要单独选址的项目，国务院和国务院有关部门批准的能源、交通、水利、矿山等项目及中央军委批准建设的军事项目用地；（2）省、自治区、直辖市人民政府批准可行性研究报告的铁路、公路、各种管线及大型的能源、交通、水利等基础设施项目占用城市建设用地区外的土地，涉及农用地转为建设用地的；（3）省、自治区、直辖市人民政府所在地城市，城区人口在100万以上的其他城市以及国务院指定的其他城市的城市扩展用地；（4）涉及基本农田的。根据《基本农田保护条例》第15条规定，基本农田保护区经依法划定后，任何单位和个人不得改变和占用。国家能源、交通、水利、军事设施等重点建设项目选址确实无法避开基本农田保护区，需要占用基本农田，涉及农用地转用或征用土地的，须经国务院批准。省级人民政府的批准权限包括：（1）除报国务院审批之外的其他城市的市区扩展占用农用地的；（2）县和县级市所在的城镇及其他建制镇建设扩展占用农用地的；（3）地、市以下政府批准可行性研究报告的建设项目需要占用农用地的。省级人民政府授权设区的市、自治州的批准权限包括：（1）土地利用总体规划确定的村庄、集镇建设用地区内，为实施村镇规划而需要农用地转用的；（2）已批准的农用地转用范围内，具体建设项目用地安排可由市、县人民政府批准。

直辖市的规定缴纳耕地开垦费，专款用于开垦新的耕地。耕地占补平衡制度可以较为有效地抑制耕地面积迅速减少的趋势，该项制度是坚守"18亿亩耕地红线"的重要举措。

土地整治是补充耕地的主要渠道。耕地占补平衡制度的落实，主要通过土地整治工程的实施，因地制宜，采取耕作层剥离和移土培肥技术，对田、水、路、林、村进行综合治理等多种方式，使新补充与被占用的耕地数量质量相匹配。耕地占补平衡在数量质量要求上严格立足"占一补一"，对于确因自然条件无法达到被占用耕地质量的，实行数量质量按等级折算，通过增加一定的面积，达到占补耕地的产能综合平衡。

在具体制度执行上，主要分为两种情形予以对待：(1)在土地利用总体规划确定的城市和村庄、集镇建设用地区外单独选址的建设项目占用耕地的，原则上先补后占，新增加耕地经验收合格后，方可办理用地报批手续。确实难以做到先补后占的，应由建设单位与项目所在地的市、县人民政府土地行政管理部门共同拟定补充耕地方案，签订耕地补充协议并缴纳耕地补充保证金，其标准不应低于省、自治区、直辖市规定的耕地开垦费的标准，建设单位在补充耕地时可按耕地补充协议的具体规定缴纳耕地补充保证金；若建设单位不能履行协议的，则由县级土地行政主管部门用耕地补充保证金组织完成耕地占补平衡。(2)在土地利用总体规划确定的城市和村庄、集镇建设用地区内占用耕地进行建设的，必须先补后占。通过土地开发整理新增加的耕地，经省级人民政府土地行政主管部门验收合格后，方可申请农用地转用。地方收取的耕地开垦费应当专户储存，专款专用，专项用于土地开发整理，切实做到新增耕地保质保量补充建设项目和城市建设所占用的土地。

4.1.3 新增建设用地指标的计划分配机制

为了解决"既要吃饭，又要建设"的问题，我国新增建设用地指标管理采取了一种计划分配机制，即土地开发权（新增建设用地指标）的初始配置是通过自上而下的行政机制得以实现的，这也是土地开发权的政府垄断制度的核心含义。具体而言，新增建设用地指标的计划分配机制主要是通过实施土地利用总体规划（是一个较长时期的土地利用的总体安排，其规划期一般为10～15

年）和年度土地利用计划①来实现的。土地利用总体规划一般规定了较长时期内一个地区可以新增的建设用地总量，并在空间上落实到具体地块。具体而言，新增建设用地的规模主要取决于建设占用耕地的"规划指标"。原则上说，一个地区在规划期内实际新增建设占用耕地数量不仅不能超过"规划指标"总量，而且也必须符合土地规划的空间布局。在符合土地利用总体规划的前提下，年度土地利用计划则规定了一个地区当年可新增的建设占用耕地数量，即农用地转（建设）用的"计划指标"。换言之，地方政府必须同时拥有"土地利用总体规划指标"和"年度土地利用计划指标"，才可以将农用地尤其是耕地合法转用为城镇建设用地。

一个土地利用总体规划期内的"规划指标"总量通常是在统一部署编修土地规划时自上而下层层分解下达的（特殊情况下国土资源部也会在土地规划批准后追加规划指标，比如国家重点基础设施项目），而年度土地利用"计划指标"则是逐年下达。在土地利用总体规划中，重要的控制性规划指标，如新增建设用地指标所涉及的基本农田保护面积、规划期内耕地减少量、补充耕地量以及耕地保有量均由中央自上而下配置到各个省份，然后再由省级逐级分解，一直下达到乡镇。因此，乡镇土地规划是土地规划实施和管理的基础性规划，是建设用地审批过程中判断农地转用面积和空间布局是否符合规划的直接依据（汪晖、陶然，2009）。例如，《全国土地利用总体规划纲要（2006—2020年）》确定的2006—2010年全国新增建设用地指标为2925万亩，其中建设占用农用地指标2350万亩，占用耕地指标1500万亩。根据这个总指标，中央下达给广东省2006—2010年新增建设用地指标为170万亩，其中建设占用农用地指标130万亩，占用耕地指标55万亩。其他省份也获得了一定的新增建设用地规划指标（参见表4.1）

表4.1　全国新增建设用地及补充耕地指标（2006—2010年）

地域	2006—2010年 新增建设用地规模						2006—2010年 补充耕地	
			建设占用农用地		占用耕地			
	万公顷	万亩	万公顷	万亩	万公顷	万亩	万公顷	万亩
全 国	195.00	2925	156.67	2350	100.00	1500	114.00	1710
北 京	2.73	41	2.13	32	1.33	20	1.33	20

---

① 年度土地利用计划的编制是依据《土地利用年度计划管理办法》进行的，该办法由国土资源部于1999年首次颁布，并于2004年和2006年先后做了两次修订。最后一次修订改变了以往年度土地利用计划只下达农地转用计划指标的做法，增加了新增建设占用未利用地计划指标，从而控制了新增建设用地总规模，因此现行年度土地利用计划对新增建设用地的管制更加严格。

续表

地域	2006—2010年 新增建设用地规模						2006—2010年 补充耕地	
			建设占用农用地		占用耕地			
	万公顷	万亩	万公顷	万亩	万公顷	万亩	万公顷	万亩
天 津	3.20	48	2.47	37	1.47	22	1.47	22
河 北	7.33	110	6.00	90	4.67	70	4.67	70
山 西	5.33	80	4.53	68	3.60	54	3.60	54
内蒙古	8.33	125	5.93	89	2.27	34	2.27	34
辽 宁	7.47	112	6.07	91	3.27	49	3.27	49
吉 林	4.67	70	4.00	60	2.67	40	2.67	40
黑龙江	6.47	97	5.60	84	3.20	48	3.20	48
上 海	2.60	39	2.13	32	1.60	24	1.60	24
江 苏	9.73	146	8.33	125	6.00	90	6.00	90
浙 江	8.67	130	6.93	104	5.33	80	5033	80
安 徽	7.53	113	6.67	100	5.07	76	5.07	76
福 建	6.47	97	5.53	83	2.87	43	2.87	43
江 西	6.13	92	5.13	77	3.20	48	3.20	48
山 东	11.20	168	8.00	120	6.33	95	6.33	95
河 南	10.40	156	8.20	123	6.33	95	6.33	95
湖 北	7.13	107	6.00	90	4.47	67	4.47	67
湖 南	7.00	105	6.27	94	3.33	50	3.33	50
广 东	11.33	170	8.67	130	3.67	55	3.67	55
广 西	9.53	143	7027	109	4.00	60	4.00	60
海 南	2.67	40	2.00	30	0.93	14	0.93	14
重 庆	5.33	80	4.47	67	2.73	41	2.73	41
四 川	9.33	140	7.80	117	4.80	72	4.80	72
贵 州	6.13	92	5.20	78	3.20	48	3.20	48
云 南	5.93	89	5.13	77	3.60	54	3.60	54
西 藏	1.07	16	0.93	14	0.20	3	0.20	3
陕 西	5.33	80	4.73	71	3.60	54	3.60	54
甘 肃	4.07	61	2.87	43	1.87	28	1.87	28
青 海	2.67	40	2.00	30	0.67	10	0.67	10
宁 夏	2.47	37	1.80	27	1.07	16	1.07	16
新 疆	6.73（兵团：1.13）	101（兵团：17）	3.87（兵团：0.60）	58（兵团：9）	2.67（兵团：0.47）	40（兵团：7）	2.67（兵团：0.47）	40（兵团：7）
国家整理复垦开发重大工程							14.00	210

资料来源：《全国土地利用总体规划纲要（2006—2020年）》附表6。

各省在获得来自中央分配的新增建设用地指标以后，一般上会在省级政府预留一定的机动指标，而后将其余的各项用地"规划指标"分解到辖区内的地级市，分解依据首先是将交通、水利和能源重点工程按项目切块到地（市）（地市级和县级土地利用总体规划也同样按项目切块下去，一直到乡镇并落实到比例尺1：10000的规划图上），然后按某一地类占全省比重为权重分解一般交通、水利、农民建房和特殊用地等建设占用耕地指标到地市，最后一项城镇建设占用耕地指标是在综合各地市城镇用地现状，第二、第三产业GDP以及各地市城镇用地预测值三个因素后得到权重再分解到各地市（汪晖、陶然，2009）。可见，这种基于指标约束型的土地利用总体规划和年度土地利用计划目的在于，既要从空间和总量上，也要从用地时序上从中央到地方对各地新增建设用地层层进行严格控制。

在我国，新增建设用地所涉及的农用地除了受到土地利用总体规划指标和年度土地利用计划指标的严格约束之外，还受到"基本农田保护率"和"补充耕地量"两个政策体系的有力约束。首先，由于我国实行最为严格的基本农田保护制度，因而土地利用总体规划指标必须落实在基本农田保护区域范围之外，这就意味着各地的基本农田保护任务某种程度上决定了新增建设占用耕地的上限，从而也就大致决定了新增建设用地总量的上限。[①]与新增建设用地规划指标一样，耕地保有量尤其是基本农田保护任务也是自中央逐级分解下达给地方的（参见表4.2）。由于基本农田保护任务最终必须要被落实到具体田块上，因而耕地一旦被划入基本农田，就不能被建设占用。按照1998年国务院颁布的《基本农田保护条例》第十五条规定，基本农田保护区经依法划定后，任何单位和个人不得改变或者占用。国家能源、交通、水利、军事设施等重点建设项目选址确实无法避开基本农田保护区，需要占用基本农田，涉及农用地转用或者征用土地的，必须经国务院批准。可见，"基本农田保护任务"是一项对地方政府具有绝对刚性约束力的制度。

---

① 《土地管理法》第三十四条第6款规定，"各省、自治区、直辖市划定的基本农田应当占本行政区域内耕地的百分之八十以上。基本农田保护区以乡（镇）为单位进行划区定界，由县级人民政府土地行政主管部门会同同级农业行政主管部门组织实施"。1999年经国务院批准的《全国土地利用总体规划纲要》规划全国基本农田保护率为83.48%，下达到各省份的基本农田面积占行政区域耕地的比例也大致都在85%左右。而2008年国务院批准的《全国土地利用总体规划纲要（2006—2020年）》则明确提出守住18亿亩耕地红线。全国耕地保有量到2010年和2020年分别保持在12120万公顷（18.18亿亩）、12033.33万公顷（18.05亿亩）。规划期内，确保10400万公顷（15.6亿亩）基本农田数量不减少、质量有提高。

表4.2　全国耕地与基本农田保护面积指标分解（2010—2020年）

地 区	2005年耕地面积		耕地保有量				基本农田保护面积	
			2010年		2020年			
	万公顷	万亩	万公顷	万亩	万公顷	万亩	万公顷	万亩
全 国	12208.27	183124	12120.00	181800	12033.33	180500	10400.00	156000
北 京	23.34	350	22.60	339	21.47	322	18.67	280
天 津	44.55	668	44.20	663	43.73	656	35.67	535
河 北	641.04	9616	633.33	9500	630.27	9454	554.40	8316
山 西	408.16	6122	405.00	6075	400.27	6004	339.20	5088
内蒙古	710.08	10651	705.13	10577	697.73	10466	608.13	9122
辽 宁	409.08	6136	408.00	6120	406.33	6095	354.13	5312
吉 林	553.68	8305	553.00	8295	551.93	8279	483.40	7251
黑龙江	1166.95	17504	1163.20	17448	1158.27	17374	1017.60	15264
上 海	27.31	410	25.80	387	24.93	374	21.87	328
江 苏	480.12	7202	476.20	7143	475.13	7127	421.53	6323
浙 江	194.77	2922	191.60	2874	189.07	2836	166.67	2500
安 徽	573.46	8602	571.80	8577	569.33	8540	490.73	7361
福 建	135.40	2031	132.40	1986	127.33	1910	114.00	1710
江 西	285.90	4289	282.53	4238	281.33	4220	242.73	3641
山 东	751.89	11278	750.27	11254	747.87	11218	665.33	9980
河 南	792.53	11888	791.47	11872	789.80	11847	678.33	10175
湖 北	467.52	7013	465.80	6987	463.13	6947	383.33	5750
湖 南	381.60	5724	378.73	5681	377.00	5655	323.53	4853
广 东	295.27	4429	291.40	4371	290.87	4363	255.60	3834
广 西	424.71	6371	421.33	6320	420.80	6312	360.27	5404
海 南	72.76	1091	72.27	1084	71.80	1077	62.33	935
重 庆	226.27	3394	221.67	3325	217.07	3256	183.33	2750
四 川	599.63	8994	594.80	8922	588.80	8832	513.73	7706
贵 州	450.50	6757	443.80	6657	437.07	6556	361.73	5426
云 南	609.44	9142	604.87	9073	598.00	8970	495.40	7431
西 藏	36.08	541	35.73	536	35.27	529	29.20	438
陕 西	408.92	6134	399.07	5986	389.13	5837	352.27	5284
甘 肃	466.77	7002	465.60	6984	464.60	6969	381.67	5725
青 海	54.22	813	54.00	810	53.60	804	43.40	651
宁 夏	109.99	1650	109.47	1642	108.67	1630	88.53	1328
新 疆	406.34	6095	404.93	6074	402.73	6041	353.27	5299

注：对四川、甘肃和陕西三省耕地保护目标责任的考核，因地震灾害损毁的耕地，在2010年前不作为耕地减少；在2020年前，通过国家加大土地复垦投入，全面完成因灾损毁耕地的复垦，实现耕地保护的目标任务。资料来源：《全国土地利用总体规划纲要（2006—2020年）》附表1。

另一方面，为了实现耕地"占补平衡"，中央还将规划期内补充耕地总量下达到各省份。因此，若某个地区补充耕地的潜力不足，建设占用耕地就必然会从规模上受到限制。1997年中央提出各省、自治区、直辖市必须严格按照耕地动态平衡的要求，做到本地耕地总量只增不减。[①]此后，"耕地总量动态平衡"甚至争取实现净增耕地原则，就成为国家与地方制定土地利用总体规划始终要坚持的基本原则。

总的来说，建设占用农用地量、基本农田保护任务量、补充耕地量是目前国家及地方土地利用总体规划的核心指标。这三个指标一旦确定，一个地区未来规划期内新增建设用地总量和空间布局就确定下来，而每个年度能够新增的建设用地量则由年度土地利用计划来决定。这种自上而下层层分解新增建设用地计划指标的过程就是中国当前运行的土地开发权的行政分配机制（如图4.1所示）。

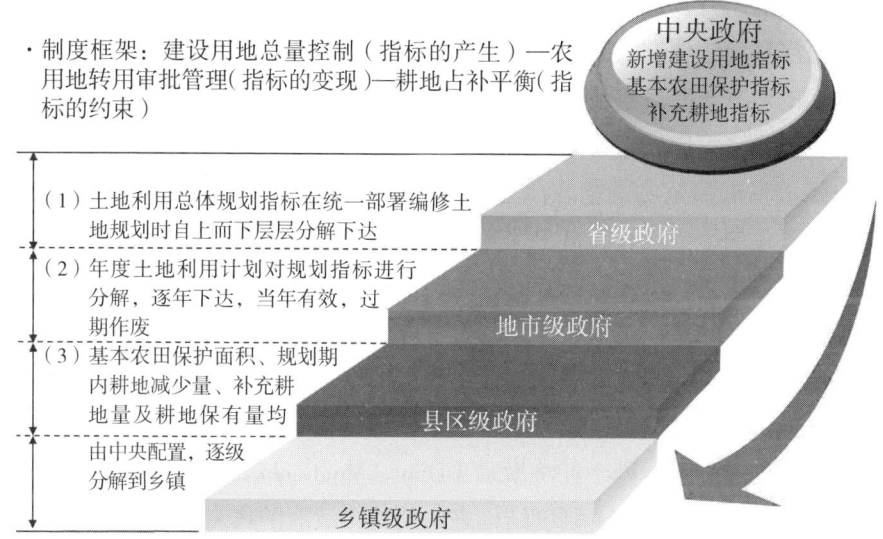

图4.1　土地开发权指标计划分配管理机制

4.2　等级制分配与地方经济发展：土地融资与公地悲剧

4.2.1　中央集权体制下的地方政府自主性

地方政府自主性是国家自主性在地方政权上的反映。在中国单一制的国家形式中，基于中央与地方之间的授权体制，地方政府作为中央政府的代理人在特定行政区域内履行国家行政管理和公共事务发展的职能，它的自主性主

---

① 参见《中共中央国务院关于进一步加强土地管理切实保护耕地的通知》（中发〔1997〕11号）。

要来源于两个方面：一是地方自主权，即中央政府通过法律和政策明确授权给地方政府管理和发展地方经济社会事务的权力，如扩大地方自治权范围、授权地方部分立法权或者通过弹性的行政性放权来扩大地方某些经济管理或公共事务管理权限（具有差别化授权性质的各种经济改革试点政策和区域发展规划）等等；二是地方作为利益主体和政治行动者的相对独立性，即地方政府在一定程度上可以按照自己的偏好去实现其特定的行政目标和发展目标。如改革开放以来，中央政府沿着"放权让利"调动地方积极性的思路在财政税收领域所进行的"财政包干制""分税制"等改革不断地将地方塑造为相对独立的利益主体和政治主体地位。在行政学的视角下，地方政府自主性是指地方政府在国家制度约束条件下超越社会力量去实现特定行政目标和发展目标的程度，它强调地方政府相对独立的利益结构和特定的效用目标，以及地方政府按照自己的意志实现其确定的行政目标的自主能力（何显明，2007）。简言之，地方政府自主性也可以理解为地方政府为贯彻其地方治理目的所具有的资源调动和决策能力。强大的地方政府自主性容许地方政府超越地方社会力量的约束，快速调动资源，发展经济，作出必要的决策。

以经济发展为核心的绩效压力则在改革开放以后不断迫使国家以讲究实际的态度去运用手中具有的自主性来推行包括经济改革在内的各项改革，以提高百姓的生活水平，增进其执政的合法性（Yang and Zhao，2014）。在"以经济建设为中心"的执政纲领之下，随着行政分权和财政分权改革过程中中央和地方关系的再调整，地方政府成为较为独立的发展主体与利益主体，并在中央倡导的"摸着石头过河"以及"不管黑猫白猫，捉到老鼠就是好猫"的实用主义政策模式的鼓励下，处于经济激励（Qian，Montinola & Weingast，1995）和政治激励（周黎安，2007）制度结构之中的地方政府的自主性得到极大激发，它们为推动区域经济快速发展可谓"八仙过海，各显神通"，实施了各种各样实验性的局部改革，从而在这个中央高度集权的体制下，促成了地区间的经济竞争。

4.2.2 地区间经济竞争下的土地融资发展模式

地区间的经济竞争，尤其是县际竞争，在张五常看来，是改革开放以来中国经济高速发展的奥秘所在。他认为，中央到地方各级政府是"从上而下地以承包合约串连起来的。上下连串，但左右不连"。通过这种"承包合约"，每一级政府获得它的经济权力和激励收益。在诸多经济权力当中，"一个发展中的国家，决定土地使用的权力最重要。没有土地就没有什么可以发展。土地得到有效率的运用，其他皆次要"。而在改革开放以后，"决定使用土地的权力落在县级政府之手"，具有了"高度的关于土地使用及日常经济决策的自主权"，因而"县级政府的经济权力最大，这层的竞争最激烈"。张五常在论述中所指的"决定使用土地的权力"其实主要就是指向地方政府（地市级与县区级）所拥有的土地开发权。换言之，土地开发权的控制权是地方政府推动地方发展极为重要的一项政策工具。

在土地开发权的等级制分配结构中，中央政府居于分配权的顶端，省级政府次之，直至将土地开发权分配至市、县级政府予以行使。[①]土地开发权的地方政府主体性以及国有土地有偿使用制度，为地方政府推动地区工业化和城镇化发展提供了财政与融资基础。1994年开始的以收入集权为基本特征的"分税制"改革，在显著地向上集中了财政收入的同时，并没有相应调整不同级政府间支出责任的划分。实际上，地方国有和乡镇企业在20世纪90年代中期以后的大规模改制、重组和破产极大地增加了社会保障支出的压力，收入上移和支出责任事实上的增加迫使地方政府不得不全力增加本地财源。除了强化新税制下属于地方独享税的营业税、所得税的征收外，地方政府逐渐通过大规模的招商引资来争夺制造业投资，同时开拓以土地出让、各种行政事业性收费为主体的新预算外收入来源（陶然、陆曦、苏福兵、汪晖，2009）。此后相当长的时期，总体来看，地方政府的财政状况形成了预算内财政"保吃饭"、预算外财政"搞建设"的局面，预算外财政以土地财政和土地金融为基础，主要为促进经济增长而优先发展基础设施和投资城市公共服务。

一般来说，地方政府通过三个渠道来获得与土地相关的财政收入（见图4.2），一是通过供应土地获取土地收益，包括出让、租赁国有土地使用权等多种供地方式，其中土地使用权出让金最高；二是获取依附于土地发展的建筑业和房地产业的营业税和相关税收，纳入地方税收入；三是利用土地融资，地方政府融资平台利用土地抵押获取贷款。

[①] 虽然乡镇土地规划是土地规划实施和管理的基础性规划，也是建设用地审批过程中判断农地转用面积和空间布局是否符合规划的直接依据，但是乡镇土地规划及其农用地转用的审批权均在县级政府。新增建设用地涉及农用地转用需要由组织实施土地利用总体规划的县、市人民政府提出申请，而关于建设项目可行性研究，则需县级人民政府负责土地利用规划工作的部门提出具体的预审意见，即《农用地转用审查意见表》。

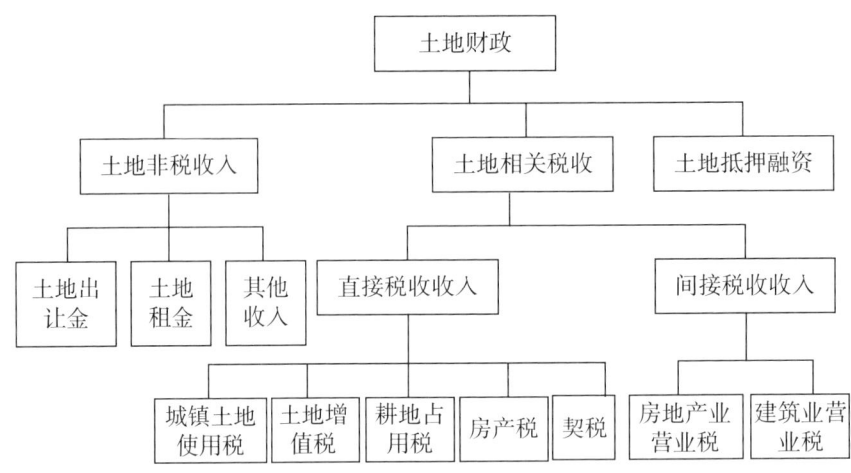

图4.2 地方政府土地财政的三条收入渠道

注：土地非税收入中的"其他收入"主要是指新增建设用地土地有偿使用费、农业土地开发资金以及土地、房地产业开发和销售各个环节中政府各部门收取的行政事业性收费和政府性基金收入。比如，中央批准的行政事业性收费和政府性基金包括：①土地取得和开发环节：土地复垦费、土地闲置费、耕地开垦费、征地管理费、土地登记费、新菜地开发建设基金、城市房屋拆迁管理费；②建设环节：工程定额测定费、城市道路占用挖掘费、城市基础设施配套费、防空地下室易地建设费、城市垃圾处理费、新型墙体材料专项基金等；③销售环节：房屋所有权登记费；④使用环节：城市房屋安全鉴定费、城市公用事业附加费。

20世纪90年代中后期以来，中国的工业化和城镇化进程大大加快，地方政府为了解决城市建设（改善城市基础设施和公共服务环境，从而为招商引资创造具有地区竞争性的基础条件）的巨额资金来源问题，普遍以"土地财政收入"为支撑，搭建地方政府投融资平台筹集资金，为城镇化建设融资。这种地方融资模式统称为"土地金融"，其本质内涵在于给"土地财政"本身加上了金融杠杆，实现"以小财政撬动大城建"的经济发展目的，具体运作模式大致如下：

> "地方政府设立融资平台公司[①]，通过将土地、国有公司股权、规费、国债收入等资产划拨注入，从而从银行取得贷款，或者发行建设债券，或通过融资租赁、项目融资、信托私募资本市场融资方式进行融资，以缓解地方基础设施建设、公用事业等地区发展项目建设资金的不足。在地方政府融资平台运作中，抵押土地资产获得贷款收入，是目前地方政府最常用的一种融资方法。地方政府以土地作为优质抵押品，获得银行贷款投入基础设施建设，而土地出让金收益是偿还债务的主要来源。"[②]

[①] 一般包含城市基础设施建设、各类开发区和园区平台、交通运输类融资平台、公用事业类融资平台、土地储备中心、国有资产管理中心等。

[②] 陶然：《土地融资模式的现状与风险》，载《国土资源导刊》2013年第8期。

土地抵押贷款是地方融资平台公司获得银行贷款的主要方式①,也是一种"以时间换空间"的融资方式(见图4.3)。

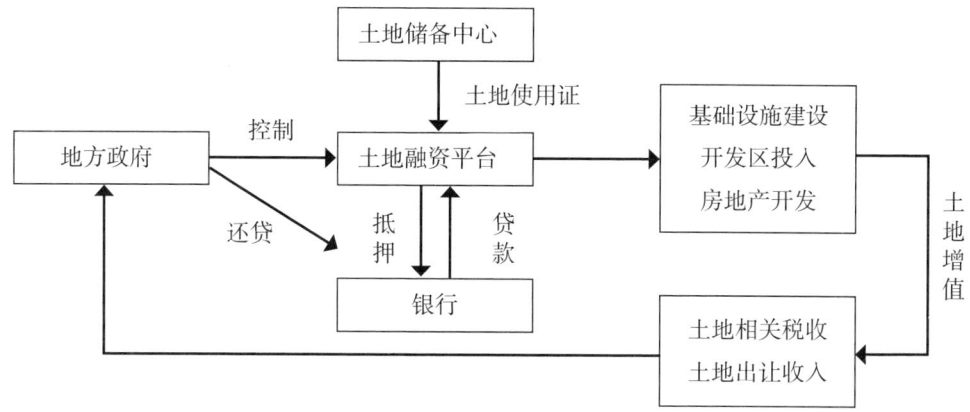

图4.3 地方融资平台公司通过土地抵押借款及还款流程
资料来源:转引自陶然所著《土地融资模式的现状与风险》。

通常的做法是,在土地储备中由土地管理部门根据规划确定储备土地的供应用途、年限等,向土地储备中心发放土地使用权证,以此作为向银行申请土地抵押贷款的凭证。②土地储备中心还可以在储备土地的收益权上设立质押,向政府控股的开发区或平台公司进行贷款担保。③土地抵押贷款所依赖的还款主要来源于未来土地增值收益的实现,由于我国尚没有开征房地产保有环节的税费,收益实现主要来自于商、住用地一次性的土地出让收入。无论是银行贷款,还是债券、信托等资本市场融资,其潜在抵押物都主要是政府的

---

① 银行与地方政府的合作可以追溯到20世纪90年代后期兴起的"打捆贷款",其特点是政府承诺、财政兜底、市场化运作,是地方融资平台的初始融资模式。随着涉足"打捆贷款"的规模增大,为了加强宏观调控,2006年4月25日五部委紧急叫停"打捆贷款"。但实际上,银行和地方政府间的合作并没有停止,反而在2008年经济刺激计划中愈演愈烈。地方融资平台从商业银行获得贷款的方式,有的靠土地抵押,有的靠平台公司之间的相互担保或者地方政府提供担保。

② 按照我国《城市房地产管理法》《城镇国有土地使用权出让和转让暂行条例》等法律法规规定,可设定抵押的土地权利仅限于出让土地使用权,如果房产抵押涉及划拨土地的,必须先补办土地出让手续、补交土地出让金或以抵押所获收益抵交土地出让金,并且土地使用权人必须是公司、企业等经营性组织或个人。以土地作为抵押物进行抵押贷款,必须有相应的土地证书作为抵押工具。

③ 这些土地抵押贷款为地方融资平台公司运营、开发区的基础设施投入、开发园区发展等发挥了重要作用,甚至房地产企业也从经营性土地抵押中获得了开发所需的资金。贷款的偿还除了依靠项目本身产生的收益(基础设施等公益性项目的收益很低),更多需要通过开发区招商引资,带动当地工业、商业的发展,由未来土地相关税收增加和土地增值来埋单。

土地，尤其是商、住用地，因此，商、住用地价格一旦未来出现较大下行压力，地方政府还债困难就会很大（陶然，2013）。可见，地方政府依靠土地融资来推动城镇化发展的模式容易积累不动产信用的宏观金融风险，并会拉大有（房）产者与无（房）产者之间的贫富差距，因为地方政府具有通过限制商、住用地的供给来不断推高土地出让价格的内在激励，否则土地金融杠杆所累积的泡沫就会破灭。

4.2.3 土地开发权地方政府间分配的公地悲剧

地方政府的土地融资发展模式在短期内依赖于房地产业市场价格增值，但长时间内却在根本上依赖于可获得的建设用地尤其是新增建设用地指标。在严格的自上而下层层分解的建设用地指标分配体制下，地方政府拿到建设用地指标就可以把低市场价值的农村用地转变成为高价值的城市建设用地，因而指标就是财富。没有建设用地指标的持续供应，地方政府的土地融资发展在很大程度上就成了无源之水。

在土地用途管制制度以及耕地保护制度的强有力约束之下，中央在宏观上主要按基数和经济发展需要确定一定时期内新增建设用地总体规划指标，并据此确定新增建设用地年度计划指标，这两项指标分解后下达到各个省份，并在省内自上而下再层层分解，直到乡镇层级。因此，对于地方政府而言，总量刚性限定的新增建设用地指标的分解本质上就是一种"零和博弈"的过程，即分给一个地方新增建设用地指标多就必然导致分给另外一个地方的新增建设用地指标的减少。一个地级市之内，一个县级政府若不积极争取更多的新增建设用地指标，就意味着另外一个县级政府将可能获得更多的新增建设用地指标，这样不仅意味着不能得到更多的建设用地出让金，更意味着这个县区的新增建设用地不能拉动更多的投资，从而影响当地的经济建设发展，也就相当于将经济发展权直接让渡给别的地区。通常来说，在市级土地利用总体规划编制中，新增建设用地指标分解是以县级政府根据其经济发展目标上报的新增建设用地需求为基础进行的，因此，县级政府为争取更多的新增建设用地指标，普遍会陷入虚报新增建设用地需求的"囚徒困境"选择中（孙静静、师学义，2012）。与此相似，一省之内，各市级政府的策略行为如此；全国之内，各省级政府的策略行为亦如此。

在这种新增建设用地指标无偿计划分配的体制之下，地方政府基于"零和博弈"的理性策略行为，必然会导致土地开发在结果上的"公地悲剧"，即地方政府上报新增建设用地需求的总和，必然会大于上级政府所拥有或确定的新增建设用地指标数量。根据国土资源部的调研资料，"31个省（区、市）都反映（建设用地）计划指标不足，多数反映下达指标只能满足需求的1/3"（国土资源部，2011）。一方面，地方政府的建设用地"饥渴症"可能确实反映了地方发展所需的建设用地需求快速增长的现实。在宏观上，国家基于保护耕地以及推进土地节约集约利用的考虑，已经明确实施具有很强刚性约束力的建设用地总量控制和减量化战略①，但地方却普遍进入了工业化和城镇化快速发展阶段，而且在投融资机制上又普遍依赖于土地金融融资模式，因而地方政府的建设用地增长需求也是刚性的，二者之间的矛盾很大，在当前阶段下难以调和。此外，有限的新增建设用地指标在自上而下的分配过程中，往往会被行政级别高的政府以预留机动指标的名义层层截留，到达县城和中小城镇的新增建设用地指标就更加不足了；然而城镇化快速发展过程中，新兴的市、县级城市和乡镇，接纳了大量从农村转移过来的人口，它们更加苦于建设用地指标不足或级别低、配套差，从而更加无力发展。另一方面，地方政府的建设用地"饥渴症"也可能是被现行建设用地指标分配与管理体制所激发出来的。放弃新增建设用地指标，很大程度上意味着放弃了地方发展权利和相应的发展利益，而且不只是当期的，而可能是较长期的。这是因为根据现行运行制度，一个地方政府若放弃当期新增建设用地指标的增长需求，那么在以后的指标分配中也会处于明显劣势，这意味着其发展需求不足。此外，地方政府获得的新增建设用地指标越少，就意味着要保护的农用地数量越多，而目前我国对保护农用地数量在制度上并没有给予较大的利益激励，这样也使得该地区工业化和城镇化发展更加受限。关于地方政府的建设用地"饥渴症"的制度成因，从以下这段来自土地管理机构一线干部的访谈记录中便可得到清晰的理解：

> 每个地方的征地量比实际需求都有过分的内在制度激励。省里有一个征地率（实际征地量/批准的量）和供地率（出让土地数量/实际征地量）的排名，排名越高，那么在新增建设用地指标分配上就更有主动地位。在程序上，征地需要报批省里获取土地指标，如果一个地区的征地率过低，那么省里就会暂停该地区的新增建设用地报批手续，并迫使该地区将存量建设用地利用好再说。可见，该政策的本身含义是为了提高各地区的土地利用效率，尤其是存量建设用地的利用效率，防止地方政府盲目扩张征地。然而，该项政策却在实际上激发了地方政府征地的热情，以尽可能提

---

① 参见《国土资源部关于推进土地节约集约利用的指导意见》（国土资发〔2014〕119号）。

高所在城市的征地率和供地率，从而为日后城市新增建设用地指标争取主动。

——来自笔者对河南省××市国土局用地科某负责人的访谈记录，访谈时间为2014年7月23日

新增建设用地指标无偿计划分配的"公地悲剧"问题折射出了土地开发权的等级制分配在平等与效率之间的两难困境。不同区域的土地资源禀赋和经济发展水平差异很大，和欠发达地区相比，工业化和城镇化先行地区不仅在建设用地供给上更加严重不足，而且也更加缺乏土地储备资源来完成基本农田保护和耕地占补任务。这个问题不仅在省际之间存在，在一省之内的不同地区也同样存在，广东、浙江等发达省份亦如此。然而，在实践中，土地利用总体规划的主要控制性指标（建设占用农用地量、基本农田保护任务量、补充耕地量）在不同区域之间分配时较少考虑各地建设用地实际需求和土地资源禀赋等情况。这里所涉及的一个关键问题是，由于作为指标分配者的上级政府与下级政府存在用地需求和非农用地边际产出方面的信息不对称，要按照各地实际需求来最优化分解土地利用规划指标和年度土地利用计划指标实际上是难以操作的；这是因为在信息不对称条件下下级政府都有动机向上级政府虚高上报用地需求；同时，即使假设上级政府可以按各地经济基础和发展速度等一定客观指标进行多指标加权分解，但此类操作模式不仅在技术上容易引起争议，而且很容易引起来自下级政府的不满。因为任何分配方案，都可能被认为会造成各地发展机会的不公平（汪晖、陶然，2009）。因此，在行政操作上可行的就是那些能够保持形式上不同区域的发展权利公平，但因不同区域用地效率差异而缺乏配置效率的土地利用指标分配方案。由此导致的制度后果是非常明显的：一方面，由于各项控制性计划指标在跨区域分配上难以考虑各地建设用地的实际需求和边际产出，这种无偿计划分配方案在经济效率上必然很难实现优化；另一方面，缺乏弹性且过于严苛的建设用地计划管理体制不仅往往难以实现"既要吃饭，也要发展"的计划管理目的，反而促使下级政府屡屡突破上级政府的监督压力，实施各种自我表述为实在迫不得已的违法用地行为。

4.3 等级制分配与地方社会发展：阶层分化与反公地悲剧

4.3.1 城镇化过程中的农民阶层分化

工业化和城镇化的快速发展，一方面必然带来"空间城市化"，即要求更多的农村和农用土地转为城镇的建设用地，城市实体规模的迅速增大和城市空间的大幅度扩展；另一方面也必然带来"人口城市化"，即推动农村人口

大规模向城市的工业部门和服务业部门迁移。在这个过程中，伴随着就业部门和收入水平的变化，农民阶层内部也必然出现分化。根据国家统计局公布的《2014年国民经济和社会发展统计公报》，截至2014年末，全国城镇常住人口74916万人，占总人口的比重为54.77%；农村常住人口61866万人，占总人口的45.23%；全国人户分离的人口有2.98亿人，其中流动人口有2.53亿人。可见，若按户籍人口计算，全国在户籍意义上的"农民"群体的人口规模为6.2亿左右的农村常住人口加上2.5亿的以农民工为主体的城镇外来常住人口，8.7亿人左右。那么，对于这8.7亿的"农民"，是否可以笼统地归为同一个社会阶层呢？

当今在公共空间活跃的主流话语，通常都意义含糊笼统地使用"农民"这一社会阶层概念，从而形成了很多似是而非的政策评论、分析与建议。事实上，伴随着改革开放和市场经济体制改革不断向纵深演化，中国社会阶层结构发生了深刻的变化。改革开放以后，农民群体也已经高度分化，如今已经很难用单一户籍统计意义上的"农民"概念来代表整个农民群体，因为农民的生活水准、职业地位、居住方式、从业特征等都已经发生了深刻的变化。对当代农民群体的划分可以基于不同的角度，比如收入来源、职业特点、土地占有状况等等。若着眼于城镇化对农村发展的影响，根据所处经济区位来对农民群体进行划分是一个极为重要的视角，因为农民所处经济区位上的差异很大程度上影响着农民收入结构、就业机会、家庭结构和生存状况上的差异。由此，农民阶层大致可以分为三类群体：城中村的农民、城郊及沿海发达地区的农民和一般农业型地区的农民（贺雪峰，2010）。

城中村在区位上已经是城市的一部分，它已无农业，也已无农业用地，村庄完全在城市建成区内，但是所有权关系尤其是土地和集体资产管理仍然沿袭农村集体所有的管理体制，而且城中村的居民大多保留了农村户籍。良好的区位条件、巨大的外来人口居住需求以及低廉的建设成本使城中村出租房屋比率很高，房屋出租加上村里的集体资产分红收入，可以使村民过上相当好的物质生活（在沿海发达地区的城中村村民的平均生活水准甚至远远超过城市居民），很多农民有自己的企业，主要经营饮食娱乐、交通运输、建筑、农副产品加工和蔬菜零售等行业，或是以房屋租赁为主要收入来源。城中村改造是我国很多城市发展长期以来面临的一个巨大难题，改造难度极大，其要害在于土地及其巨额增值收益。可以说，不是政府不愿将城中村改造为社区和让村民转为市民身份，而是因为有着巨大的土地利益，村民不愿意"变身"为市民，或者说要求极为高昂的补偿收益作为征地和拆迁价码，从而让政府望而却步以避免引发征地与拆迁的社会冲突。

城郊农村及沿海发达地区的农民[①]因为城市扩张和第二、第三产业的发展，使得他们拥有更多的参与分享经济发展的机会。其一，他们可以在当地较为方便地获得就业机会，相比于外地流入的、主要参与当地工厂体力性劳动的农民工而言，他们更多地从事服务性劳动和管理性工作。其二，经济发展带来房价和房租水平的提升，这些地区的农民往往会利用旧有宅基地建设面积较大的住房，除了自住部分之外，还有住房可供出租，因而房租收入在这些地区的农民收入中占有相当比重。其三，他们可以从集体经济中获利。因为经济发展带来土地增值，除部分土地被征收为建设用地外，村集体可以凭借地利来占用一些用地指标，法律上也允许村集体用本村土地来发展村办企业。[②]拥有集体财产和集体企业的村集体可以为村民提供基本保障，甚至较为可观的分红。其四，这些地区的农村土地被征收以后，往往可以获得远高于土地农业收益的土地补偿金，尤其在实行区片综合地价的征地补偿政策以后，征地及拆迁的补偿金较以往的产值倍数法有了大幅提高，这笔补偿金往往可以为农民提供从事其他发展机会的资本支持。总体来说，城郊和发达地区的农民虽然往往因为城市经济扩张需要将大量农地转为建设用地而成为失地农民，但他们却是当地经济发展的获益者，他们能够分享到经济发展所带来的各种机会和好处。

一般农业型地区农民的状况虽然是各不相同的，但相比城中村、城郊和沿海发达地区的农村，他们一般不能获取土地非农使用的增值收益，主要因为这些地区的第二、第三产业的发展不足，使得土地非农使用的需求不高，土地也就缺少增值的空间。对于这部分农民群体，从收入来源的角度对其进一步划分，可以分为四种农户：一是纯农户，即单纯依靠土地的农业收入维持生计；二是以农业为主的兼业户；三是以农业为辅的兼业户；四是外出务工或经商

[①] 将城郊地区的农民与沿海发达地区的农民并列在一起讨论，是因为这两个地区都有第二、第三产业的快速发展及因此而来的各种机会，其中最重要的就是土地升值。大中城市郊区，因为城市扩张，以前的农业用地逐步被征收为建设用地，地价大涨，农民以前的宅基地和之上的住房因此大幅升值，农民还可以得到土地补偿费。总体来讲，因为城市扩张带来的土地升值，使得城郊农民虽然失去了用于农作的土地，却获得了大量的经济收益和各种机会，这部分农民的状况应该不错，不仅远高于一般农村农民的状况，而且可能高于当地市民的平均收入水准。沿海发达地区因为第二、第三产业的发展，尤其是成功地实现工业化，农村土地大量由农用地变为建设用地，土地升值很快，农民通过宅基地及其上的住房参与分享经济发展的好处。第二、第三产业的发展吸引了来自全国的大量流动人口，外来流动人口不仅要租住房屋，而且为发展第三产业提供了需求。当地农民利用"地主"之便利，可以很好地获取相应的经济收益。

[②] 如《土地管理法》第六十条规定："农村集体经济组织使用乡（镇）土地利用总体规划确定的建设用地兴办企业或者与其他单位、个人以土地使用权入股、联营等形式共同举办企业的，应当持有关批准文件，向县级以上人民政府土地行政主管部门提出申请，按照省、自治区、直辖市规定的批准权限，由县级以上人民政府批准；其中，涉及占用农用地的，依照本法第四十四条的规定办理审批手续。按照前款规定兴办企业的建设用地，必须严格控制。省、自治区、直辖市可以按照乡镇企业的不同行业和经营规模，分别规定用地标准。"

且已不再兼业的农户。在纯农户中，除了极少数种粮大户之外，绝大多数小农经营户都向兼业户转型，这是因为小农经营的农业收入相比务工收入实在太低。[①]因此，一般农业型地区的农民群体大体上可分为两类：不离土的兼业型农民和离土外出的农民工。这两种类型的农民在相当程度上体现在一个家庭的内部分工上，即老年人在家务农、青壮年外出务工，或妇女在家务农、男子外出务工。这种就业结构导致了农村家庭结构的不完整和家庭生活的分离，从而引发了留守老人、留守儿童和留守妇女的社会问题。离土外出务工的农民大部分是到大中城市和沿海发达地区，因为这些地区务工收入相对较高，另外少部分农民工在当地乡镇企业就业，收入相对较低，但便于照顾家庭。一般农业型地区农民在数量上占了中国农民群体的绝大部分，但他们却基本上不能获取土地非农使用的增值收益。

由于经济区位在很大程度上决定了土地价值高低，所处经济区位的差异构成了对当代中国农民群体最为重要的分化机制之一。根据农民从土地上获取经济收益的差异程度来看，当代中国农民阶层大体上可以分化为三个群体：①土地食利者群体，这个群体主要位于城中村、城郊及沿海发达地区，数量最少；②农民工群体，这个群体由一般农业型地区向大中城市和沿海发达地区转移而来，数量次之；③农业从业及兼业者群体，这个群体主要位于中西部的一般农业型地区，数量最大。显然，由于当代中国农民已经是一个高度分化的阶层，不同农民群体的利益诉求定然是存在巨大差异的。

4.3.2 土地开发过程中的反公地悲剧

工业与城市经济向农村区域扩张的同时，不仅将隐藏的巨大土地价值激发出来，同时也在土地利益分配上激化了农民与地方政府和开发商之间的紧张关系。为了保障农民权益以及防止社会冲突的出现，中央政府在制度与政策上不断规范并收紧地方政府的征地权力，同时也不断赋予农民更多的土地财产权利。在地方政府的征地权被削弱以后，以及在社会稳定问题上的"怕出事"逻辑之下，农民为了实现征地和拆迁补偿收益的最大化，在与地方政府的征地和拆迁博弈中定然采取"敲竹杠"策略，从而形成"钉子户"困局，即所谓的

---

① 这种农业收成情况，中国政府主管官员是非常清楚的。比如，2015年11月4日召开的国务院新闻发布会上，中央农村工作领导小组办公室副主任韩俊在解读十八届五中全会精神、介绍《深化农村改革综合性实施方案》时作出表述："我们现在农村大部分农户就是七八亩地，十几亩地，一户就种这一点地，靠这一亩地赚的钱跟在城里打工一个礼拜赚的钱差不多。"参见中国新闻网：《官员：大部分农户一亩地赚的钱跟打工一星期差不多》，http://www.chinanews.com/gn/2015/11-04/7605571.shtml。

"反公地悲剧"（Tragedy of Anti-Commons）。

"反公地悲剧"的概念由哥伦比亚大学法学教授赫勒（Michael A. Heller）于1998年提出。[①]与"公地悲剧"正好相反，"反公地悲剧"指的是，"多个所有者被赋予了排除他人使用某一稀缺资源的权利，但没有人拥有使用它的优先权"，换言之，"当太多人拥有排他权时，资源倾向于利用不足"。比如一块土地，有30名甚至300名业主，每名业主都能阻止其他人使用，结果谁都无法开发这块土地，出现所谓的"反公地"现象。在赫勒看来，反公地悲剧可以区分为两种基本形式：空间反公地和权利束反公地，前者指的是"所有者有可能拥有相对标准的权利组合，但没有太多权力空间可将之付诸正常的使用"，后者指的是"标准的法定权利组合分配给了正常空间中的若干持有人"（赫勒，2009）。在当今中国的土地利用与开发领域，如城中村改造的城市更新、房地产开发、基础设施建设等，反公地悲剧表现得越来越明显，土地资源的使用越来越难以达到效率使用所要求的规模，从而陷入"钉子户"困局。

> 在土地开发过程中，"敲竹杠"[②]行为之所以能够成功，是因为土地一般需要整片开发，或者说土地开发的外部性很强，所以个别地段的土地权利人可以"坐地要价"。而那些愿意接受补偿协议的非钉子户，虽然因钉子户阻碍整个开发行为而在一定程度上损害了其利益，但钉子户行为所造成的损害是间接的，其过高要价也主要是针对作为外来者的开发商或实施征地行为的地方政府。在这种情况下，那些非钉子户虽然愿意及早得到拆迁带来的好处，但一般也很难动员起强大的社会压力（陶然、王瑞民、史晨，2014）。

除了这种经济性原因之外，导致土地开发陷入反公地悲剧还存在价值观和制度上的原因。

其一，农民"盼拆迁致富"的价值观是敲竹杠行为的思想基础。尽管我

[①] 赫勒1998年在《哈佛法学评论》（Harvard Law Review）上发表的那篇著名论文（The Tragedy of Anti-Commons: Property in the Transition from Marx to Markets）中，给出的一个重要例子就是美国机场建设不力导致航班延误和航空运输效率下降。1978年，美国航空业取消管制，乘客周转量翻了三倍，但此后的20年间美国只新建了一座机场（即1995年建的丹佛机场），新建机场所需的土地整合困难重重。当地居民想方设法地推迟、阻挠机场建设。

[②] 所谓"敲竹杠"（holdup），在经济学上是指，某种商品或者服务只能从特定持有者或者提供者那里买（或卖），由于需求方或出售方事先已经投入很多资源，特定持有者或者提供者就可以据此进行要挟，要求出高价买或低价卖。在自由经济理论中，敲竹杠行为并不存在强制，而是一种正常的市场行为。

国实行土地的社会主义公有制，但是土地资本化和土地使用权的物权化过程，以及房地产市场所催生的社会贫富差距现实，都让农民原有的土地公有制观念消失殆尽，并形成了强烈的土地价值升值预期以及土地财富想象。基于这种预期和想象，一些开发实力较强以及占据良好经济区位的农民或村集体自己就罔顾土地规划和用途管制搞土地开发建设，如所谓的"小产权房"；另一些开发实力较弱的郊区农民也"视土如金""不想种田盼拆迁致富"[①]；至于绝大多数的偏远农村农民即使"盼拆迁"也是很难有这样的机会了。在城郊地区乃至相当大部分的农村地区，农民盼望拆迁的现象不仅存在，而且是相当普遍，因为农民希望土地被征和房屋拆迁从而变现土地利益（贺雪峰，2013）。

其二，现行土地开发多重管制政策以及征地补偿政策往往会鼓励征地农民采取"钉子户"策略。根据现行建设用地管理制度，任何一个土地利用及开发项目从最初的开发设想到最终破土动工，往往需要得到无数管制机构的批准，审批过程相当漫长，需要实施征地行为的地方政府付出相当大的资金和时间成本。与此同时，近年来全国推广的区片综合地价补偿标准每隔两至三年就要修订一次，这就在政策上不断提高农民的补偿价值预期。因此，征地农民"拖延"签订补偿协议是他们获取土地收益最大化的理性策略。

其三，在避免使用强制性征地权的情况下，农用地以及非农用地过于细碎化的土地产权现状导致农民的"钉子户"行为成为较为普遍的现象，"钉子户"之间可以形成博弈共同体。目前农村土地细碎化的现状主要是推行家庭联产承包责任制的结果，这对土地的未来整体开发利用造成了潜在的困难。换言之，倘若所有权分散到极小尺度，而一般性用途又集中在较大尺度上，就会形成所谓的"碎渣地"（fractionated land）困境（Dagan and Heller，2001）。但是，解决这种困境的途径，从根本上说还在于基于农地和宅基地退出机制的农村人口转移。

当前中国土地利用与开发领域的反公地悲剧困境，本质上反映了土地开发权在现实中已经在相当大程度上被视为一项农民私有性的财产权利，由此而导致地方政府的征地成本近年来不断快速上升，这也就意味着政府通过垄断土地开发权而形成的土地财政已经有瓦解之趋势。反映在土地增值收益分配结构上，就是涉及征地和拆迁的这部分农民不合理地分享了大部分土地收益（表4.3、图4.4所示）。

从表4.3和图4.4可以看到，2008—2014年国有土地使用权出让收入总体上

---

① 段修建：《南京郊区农民不想种地盼拆迁致富》，http://news.sina.com.cn/c/2011-02-10/014621929607.shtml。

占到地方财政收入比较高的比重，但是这笔财政收入并不稳定，波动比较大，如2010年的比重是42.83%，2011年的比重则大幅上升至71.68%，达到历史最高峰，此后则有较大幅度的回落，2014年的比重是56.60%，由此反映出土地出让收入一方面对于增强地方发展的财力具有重要意义，另一方面也受到诸多经济社会因素影响而具有内在不稳定性。此外，更为重要的问题是，在土地出让收入安排的支出项目结构中，①近年来征地拆迁补偿等成本性支出占土地出让收入的比重大幅增加，2008年和2009年的比重是36%左右，但在2012年以后，则跃升至80%左右，并在前几年都维持在这个高位上。与此相对应，土地出让收入用于城市建设支出的比重则从2008年的29.26%大幅下降到10%以下（2013年是9.07%，2014年是9.46%）。"其他支出"主要是指用于农业农村（如农村基础设施建设、耕地开发、土地整理、基本农田建设和保护等等）、保障性安居工程两个方面的支出，它占土地出让收入的比重从2008年的33.02%也大幅下降到9%以下（2013年是8.30%，2014年是7.75%）。土地出让支出结构本质上就是土地增值收益分配结构，可见，当前中国土地增值分配存在严重的不均衡问题。由于国家的征地和拆迁补偿政策标准近年来都保持稳定状态，那么征地拆迁补偿等成本性支出事实上却在成倍提高，这就说明被征地拆迁的少部分群体通过博弈，总体上获得了较大幅度超过政策标准的补偿金，而大部分农民工群体以及农业从业农民群体则几乎分享不到土地增值收益。

---

① 在现行土地出让收入管理制度中，土地出让支出主要分为两大类：一类为成本性支出，包括征地拆迁补偿支出、土地出让前期开发支出、补助被征地农民支出等，这类支出为政府在征收、储备、整理土地等环节先期垫付的成本，通过土地出让收入予以回收，不能用于其他支出；另一类为非成本性开支，从扣除成本性支出后的土地出让收益中安排，依法用于城市建设、农业农村、保障性安居工程三个方面，使城乡居民共享土地增值带来的收益。

表4.3 我国国有土地使用权出让收入及支出情况

项目			2008年	2009年	2010年	2011年	2012年	2013年	2014年
收入情况	1. 地方财政收入/亿元		28 650	32 603	40 613	52 434	61 077	68 969	75 860
	2. 国有土地使用权出让收入①/亿元		10 375.28	13 964.8	29 109.9	33 477	28 886.31	41 649.2	42 940.3
	国有土地使用权出让收入占地方财政收入的百分比/%		36.21	42.83	71.68	63.85	47.29	60.39	56.60
支出情况	3. 国有土地使用权出让收入安排的支出	征地拆迁补偿等成本支出/亿元	3778.15	5108.58	13 395.6	24 053.76	22 624.9	33 716.4	33 952.37
		城市建设支出/亿元	3035.32	3340.99	7531.67	5564.88	3204.15	3776.04	4063.02
		其他支出/亿元	3359.03	3805.53	6048.53	3553.52	2592.85	3391.46	3195.59
		合计/亿元	10 172.5	12 327.1	26 975.8	33 172.16	28 421.9	40 883.9	41 210.98
		征地拆迁补偿等成本支出占土地出让总收入的百分比/%	36.41	36.58	46.02	71.85	78.32	80.95	79.07
		城市建设支出占土地出让总收入的百分比/%	29.26	23.92	25.87	16.62	11.09	9.07	9.46
		其他支出占土地出让总收入的百分比/%	33.02	30.87	22.42	10.71	9.12	8.30	7.75
		土地出让总支出占土地出让收入的百分比/%	98.05	88.27	92.67	99.09	98.39	98.16	95.97

数据来源：国家财政部网站2008—2014年财政收支及全国土地出让收支情况统计。

① 2007年之前，土地出让收入先纳入预算外专户管理，再将扣除征地补偿和拆迁费用以及土地开发支出等成本性支出后的余额缴入地方国库，纳入地方政府性基金预算管理。2007年，国家对土地出让收入管理制度进行了改革，将全部土地出让收入缴入国库，纳入地方政府性基金预算，实行"收支两条线"管理，与一般预算分开核算，专款专用。因此，自2007年以后，土地出让收入均为"毛收入"，包含了成本补偿性费用。

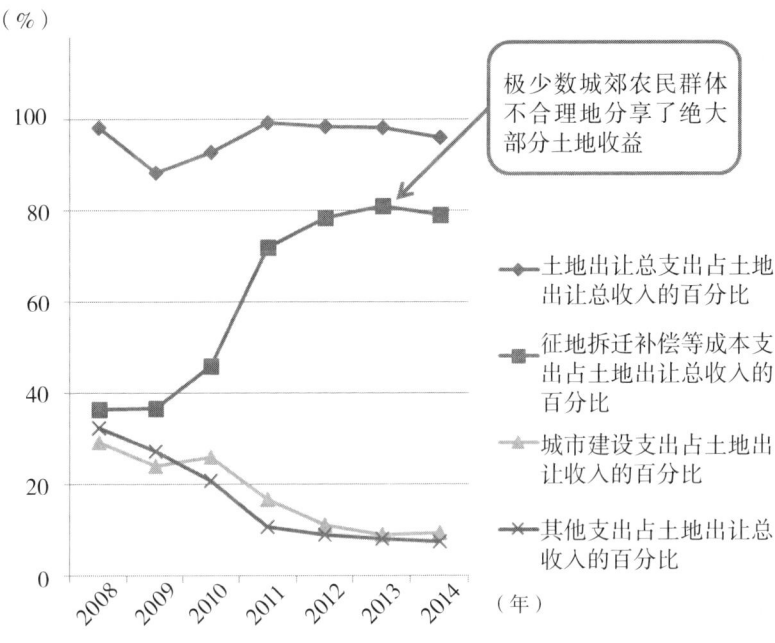

图4.4 土地出让支出项目占土地出让总收入的比例

数据来源：根据表4.3的统计数据进行绘制。

4.3.3 地利共享缺席者：农民工群体

地方政府国有土地使用权出让收入的实现，主要依赖两个制度前提：一是在新增建设用地指标分配制度中，政府基于经济发展目的统一行使土地开发权；二是在土地用途管制和耕地"占补平衡"制度中，政府基于生态发展目的对大部分农用地和一般农业地区的土地开发权进行限制。从社会正义的角度看，通过政府行使部分土地开发权而产生的土地增值收益在性质上是社会化的，从而保障每一个社会个体都能从"地利共享"中获得相应的发展权利。在当前的土地增值收益分配结构中，征地农民从征地拆迁补偿中得到了最大一部分收益之外，城市居民和居住在农村的农民分别从"城市建设支出"和"农业农村扶持支出"中分享到一部分收益（他们不仅获得了相当可观的补偿金收入，而且也能够在经济发展中获得更多的发展与就业机会），而理应分享的农民工群体在实际上却几乎分享不到任何土地增值收益，这是当前土地增值收益分配公正性缺失的核心内涵，并非在于征地农民的补偿不足。

主要由一般农业型地区向大中城市和沿海发达地区转移的农民工群体在当代中国社会阶层中具有特殊含义：首先，人口规模很大，约2.5亿人，构成了"人口城镇化"的主体；其次，他们"漂"在城乡之间，两头都落不了地，既不能在城镇平等享受教育、就业服务、社会保障、医疗、保障性住房，也普遍不愿意再返回农村从事务农工作；与此同时，他们不仅为了农村的保障性福利不愿意将承包的农地和宅基地永久流转出去或退回集体，反而在城镇赚钱后回农村盖房，造成农村建设用地占地不降反增，增加的面积相当于我国全部城镇建成区的一半①；再者，农民工群体能否市民化的问题一方面既涉及当前城市治理诸多复杂的经济社会问题的解决，另一方面也将极大地制约农地流转和现代农业规模化经营的实现。换言之，如果不能将农民工有效地进行市民化安排，那么发展规模化的现代农业最终只会沦为一纸空谈。农民工的市民化问题，本质上是发展问题。着眼于中国城乡经济社会的协调发展和可持续发展，通过合理配置发展权以逐步消化农业转移人口，使之有能力（enabled）在城镇稳定就业和生活，并与城镇居民享有同等权利和义务，就构成当前亟须政府解决的重大政策问题。

从政策实践考虑，真正的问题并不在于农民工市民化问题的重要性认识上，而在于农民工市民化的实现机制。在过去城镇化发展过程中，之所以"人口城镇化"会滞后于"土地城镇化"，是因为"以目前中国城市经济之体量，要把已经进城的两亿多农民工市民化，绝不是换一张城市户籍本那么简单的事情。要让农民工在城市留得住，跟市民一样有稳定的就业、住所、收入来源，要享受当地市民的同等社会保障待遇，由此而产生的巨额财政缺口非当前政府财力之所能及"（陈锡文、王国培，2013）。除了巨大的地方财力约束因素之外，城市建设用地约束也是另外一个关键性因素，这是因为城市消化进城农民人口必然需要更多的建设用地，显然，这种用地需求在当前新增建设用地指标紧缺性分配的制度条件下是不容易得到满足的。

化解农民工市民化实现机制的巨大财务与用地约束因素，与化解现行建设用地指标分配过程中的"公地悲剧"问题和城镇土地利用开发过程中的"反公地悲剧"问题，二者在机制上是一体的。现行建设用地指标分配的"公地悲剧"反映了地方政府推进城镇化过程中具有要"地"不要"人"的内在激励，以此实现地方财政收入（土地财政收入和工商业税收收入）的最大化。当前城镇土地利用开发的"反公地悲剧"不仅严重削弱了政府对土地增值收益的分配能力，而且也外在地激励农民工进一步增强对农村承包农地和宅基地的眷恋感。因此，在现行土地开发权的政府垄断制度框架之下，要实现真正的"地利

---

① 2013年中国城镇化高层国际论坛上，国土资源部副部长胡存智在演讲中表示，我国在过去10年的时间里，大量农村人口转移进城，农村的建设用地不但没有减少，反而还增加了203万公顷。根据测算，目前农村居民点当中空置的用地达到10%～15%，相当于城镇用地的1/4～1/3，农村的土地闲置问题很严重。参见凤凰网：《国土资源部副部长：城镇化发展必须坚持保护耕地红线》，http://city.ifeng.com/special/2013czhlt/20130330/356788.shtml。

共享"，促进社会公平正义与和谐稳定，其政策方案并不在于土地开发权的私有化（这只能导致土地增值收益主要集中在占农民户籍总人口很少比例的城中村、城郊及沿海发达地区的农民群体），而在于：其一，改革现行建设用地指标分配的机制。实行建设用地指标与进城农民工市民化数量相挂钩，即激励地方政府在要"地"的同时也要"人"，想要更多的城市建设用地，就要在所在地区相应安置更多的进城农民工人口。与此同时，探索建立进城落户农民土地承包权和宅基地使用权的合理退出机制，要求地方政府承担逐步减少乡村建设用地和土地复垦的责任。其二，坚持法治程序，严格规范征地拆迁的利益补偿标准。当前及过去几年，"维稳至上、鼓励钉子户的政策导向和舆论氛围，表面上是维护财产权利、迁就失地农民的要求，实际上奖励贪婪甚至违法，助长了人们恶性攀比心理，严重危害了公共利益，加剧了整个社会的不公不均不稳"（华生，2013）。对于失地农民的公正补偿，应将之归置于农民工市民化的整体框架予以考虑，原则上应取消现行一次性巨额现金补偿办法，通过配置发展权的方式，如城镇就业安置、农民宅基地换城镇住宅、农地换部分公租房租金收入，或者根据原宅基地和农地面积整体上折价返还部分建设用地的"留地"等方式，从而着眼于支持失地农民形成可持续维持生计的发展能力和保障，而不是任由失地农民或者因补偿标准太低损害生存权，或者因补偿标准过高而造成社会不公。

总而言之，现行新增建设用地指标无偿计划分配体制的无效率以及土地增值收益分配的不公平，是当代中国土地开发权分配机制存在的核心问题，也是需要政策调整的关键问题。而土地开发权及其增值利益的社会化分配，在很大程度上不仅决定着地方经济社会发展方式的转型，而且也关乎当代中国农民阶层不同群体之间的公平性发展。这种性质的理论判断，是本书认为需要政府在其中发挥关键性作用的主要依据。由于现行土地开发权的政府垄断制度及其等级制分配机制，是土地的社会主义公有制以及国家主导型发展体制的制度逻辑结果，在不变革或者颠覆现行制度整体框架的前提下，如何在土地开发权及其增值收益的分配中实现社会公平与经济效率的平衡，就是现行制度改革要考虑的核心问题。在城镇化快速转型的发展阶段，土地开发权的配置管理牵涉太多主体的切身利益，因而社会公平价值相较于经济效率价值理应受到更多的重视。这也是本书认为在当前城乡之间、农村内部之间土地占有严重不均衡，集体土地产权归属模糊以及土地经济区位差异巨大的条件下，基于私有财产权自由交易理论的土地开发权市场化改革方案不应被采纳的基本理由。

第5章

完全等级制结构下的地方发展：案例研究（一）

本章和第6章是地方发展案例研究，通过四个地方发展案例，分别对土地开发权的完全等级制分配和有限等级制分配的作用和影响，以及现行制度的有效性进行说明（见图5.1）。这四个具有典型性意义的案例分别是发生在20世纪80年代初至90年代末的浙江省龙港镇和广东省南海区的地方发展，以及发生在21世纪以后的河南省信阳市和浙江省安吉县的地方发展。其中浙江省龙港镇、河南省信阳市、浙江省安吉县三个案例来自笔者一手调研所得。本章通过对浙江省龙港镇和广东省南海区的案例分析，对土地开发权政府垄断制度在完全等级制分配机制之下的作用及影响进行说明，从而试图论证土地开发权的政府垄断制度在地方发展尤其是早期经济发展中的关键性作用，并讨论它与当前地方发展所面临的问题和困境之间的关系。

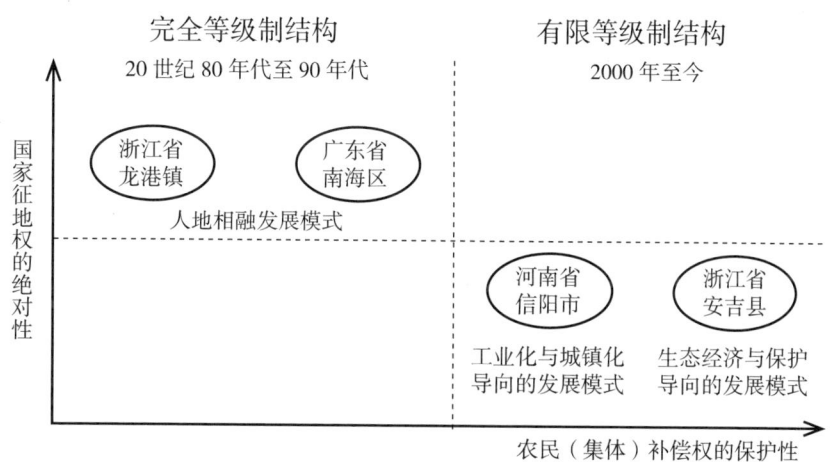

图5.1 地方发展案例的研究设计

5.1 案例情况说明及其选择依据

在完全等级制结构之下，地方政府拥有高度自主性的土地管理行政权力

（包括征地权、规划权、农地转用审批权等等），与此同时，农村集体和农民所能获得的权益补偿权却相当有限，而且必须服从在理论上代表着"公共利益"或"集体利益"的政府的发展行为。在这样的制度环境和约束条件下，这两个同处于东部沿海的地区拥有较为类似的发展条件，也运用了同样的制度和机制去推动经济发展，却最终出现了截然不同的发展结果。本章所选择的两个案例，一个是被誉为"中国第一农民城"的浙江温州市龙港镇[①]，另一个是开创了土地股份制改革"南海模式"的广东省佛山市南海区。之所以选择这两个案例，主要基于如下考虑：其一，从发展历史看，这两个地区属于在改革开放以后最早通过工业化和城镇化推动城乡发展的实践者行列，它们早期城镇化发展的经验客观上影响着后发展地区的道路选择，而它们发展的结果也在一定程度上帮助人们理解后发展地区可能面临的未来。其二，从发展模式看，这两个地区均依托高度自主的土地开发权的政府垄断权来推动经济发展，都属于"人地相融"的内生性城镇化发展模式。其三，从发展影响看，这两个地区都以其特有的经济社会发展结果在当代中国城乡发展实践中奠定了不容忽视的历史性地位，浙江龙港镇在2014年成为国家新型城镇化综合试点地当中全国仅有的两个建制镇试点之一，而广东南海始终走在中国土地制度改革的最前线，建立起了适应农村经济社会转型需求的土地利益分配机制。因而，二者的发展历程、经验和问题都引起了学术界和政策界的极大关注。可以说，对二者的案例比较分析，有助于增强关于如何通过制度变革或政策干预以实现地方科学发展的问题的理解。

5.2 浙江龙港镇：人地相融的城镇化发展模式

5.2.1 龙港镇的诞生及其发展资本困境

龙港镇是浙江温州市苍南县直辖镇，于1983年10月正式建镇，地处温州南部，位于浙江八大水系之一鳌江入海口南岸。数十年来，它从鳌江口的五个小渔村起步，逐步发展成为浙南闽东北地区有名的经济重镇，而且也是全国小城镇建设示范镇、全国小城镇综合改革试点镇、联合国可持续发展试点镇，但它闻名于世的最显著标签则是"中国第一农民城"，即被视为"不花国家一分

[①] 关于浙江龙港镇的案例调研过程及资料来源说明如下：2014年12月3日至5日，受清华大学公共管理学院案例中心的派遣，作为该中心研究助理的笔者跟随清华大学公共管理学院孟延春副教授的课题组前往浙江温州市的苍南县和龙港镇进行实地调研；本章关于龙港镇案例的资料主要来自笔者的访谈记录以及被访谈者所提供的文本资料；本章在该案例资料使用上已得到清华大学公共管理学院中国公共管理案例中心的同意。

钱""中国农民自费建城"的样板。龙港从一个小渔村成长为当代中国人口聚集最多、活力最强的现代化城镇之一的历史过程及发展机制问题,一直广受政策界和学术界关注。

龙港镇在建制之前,是以"龙江港区"的定位开展建设。①1982年,苍南县经济委员会副主任、县龙江港区领导小组组长陈君球带领港区建设者刚进入由五个小渔村组成、总人口6000余人的龙江港区的时候,他们所面对的是一片野草和芦苇丛生的滩涂,到处沟沟坎坎。既缺资金,又缺技术人才,更无旧城可依,没有自来水,没有电,没有码头,没有邮政,甚至连一条能供板车通行的道路也没有。尽管港区建设一开始是朝着建设新成立的苍南县②经济中心城镇的目标迈进的,但是苦于苍南县一穷二白的状况,龙江港区领导小组始终面临着"巧媳妇难为无米之炊"的困境。1982年苍南县财政预算2410万元,其中基础设施建设173万元,而龙江港区建设的全部预算只有15.5万元。在修建港区第一条主街道时,县财政第一次拨款5万元,但后来就没有钱了。③陈君球等港区领导小组的干部天天向上级要资金也要不到。当时港区建设所面临的资金短缺的严重困境,从1983年7月4日苍南县政府办公室下发给龙江港区建设领导小组的一份"抄告单"中可见一斑。该"抄告单"(苍政办告字〔1983〕81号)内容如下:

龙江港区建设领导小组:
现将温付(副)县长在你组《关于要求划拨港区水厂建设经费的报告》上的批示抄告如下:

---

① 关于龙港镇建镇的来龙去脉以及建设历程介绍,可参见魏启番:《中国第一农民城:龙港镇的由来》,经济科学出版社2008年版。2019年8月,经国务院批准,撤销苍南县龙港镇,设立县级龙港市,龙港市由浙江省直辖,温州市代管。
② 1981年,国务院和浙江省政府根据当地干部和群众的要求,以鳌江为界,从平阳县分出另置一县,因在玉苍山以南,故名为苍南县。新建的苍南县,面积1272平方千米,人口约93万人。全县七个区分属三个片,除江南三个区属经济较为发达地区外,其余地区都很落后。因为分县时,大的国有工厂、中小学、医院等固定资产几乎都留在平阳,全县除了几家小酒厂外没有一家像样的工厂,建县之初的苍南可以说是一穷二白。整个县不但没有经济中心城镇,就连普通城镇也很少,基础设施落后,各方面的条件都很差。苍南几乎所有的生产、生活资料都需要跨江到平阳县鳌江镇批发转运,不但苍南生产的商品全部需要到鳌江港口中转,江南三区的物资进出需要借助鳌江港口外运,就连百姓红白喜事操办酒席的食品、用品也要到鳌江去采购。苍南县委县政府看到了港口对经济发展的重要作用,认为苍南应该拥有自己的仓储码头,形成自己的物资集散中心,以取代鳌江镇对苍南县的经济功能,这不但能降低苍南县的物资运输成本,还能将苍南的经济命脉把握在自己手上,这才决定在沿江和龙江的结合地带设立龙江港区。
③ 此数据来自陈君球为调研组所提供的个人自述性资料——《创建中国农民城龙港镇的回顾》。

"无底洞，一而再三，财政负担不了，暂不复。温 3/7"

苍南县府办
1983.7.4

这份县政府"抄告单"给港区领导小组造成巨大压力，港区建设"下马风"疯传，引起了港区内部外部严重的思想混乱。原来已经启动或打算启动的工程建设，由于"下马风"一刮，工程进度受到严重阻碍，这是港区建设最困难的时期。而在港区领导小组中，个别意志不够坚定的同志产生了动摇，说"港区干不下去了"，认为"下马"是正确的，"迟停不如早停好，不必在此受苦"。而作为港区领导小组负责人的陈君球，则始终认为开发港区决策是正确的，是合乎苍南县人民长远利益的。因此，他主导下的港区领导小组经过反复研究，觉得向上要钱走不通，试图向下走，用民间力量帮助解决建设资金问题，即"集资建路"，决定用国家财政拨付的五万元先建一条板车道，两旁由建设单位集资建。由于当时国家还不允许集资搞建设，陈君球决定不上报，担心上报不批被动，先干了再说。龙江港区的领导班子就这样一步步克服建设困难，用极为有限的建设资金先后上马并建成了港区的道路、码头、仓库、水厂、电力等工程，极大地改善了港区的基础设施。到1983年12月，21家苍南国有商业公司、两家国有饭店以及银行等单位先后入驻港区。此时，龙港已经初步具有了城镇的框架。

应该说，苍南县政府开发港区的决策和规划无疑是具有前瞻性的，但是由于没有建设城镇的经验，港区建设主要依赖国家投资和计划经济的路子，况且领导班子的权力也有限，诸多因素造成了港区建设进展非常缓慢。虽然苍南县委书记胡万里在政策上非常支持港区的建设，但涉及资金问题，他和其他县领导也感到束手无策，因为县财政要考虑统筹安排，不可能把有限的资金全部"输血"给港区，否则其他的乡镇会"贫血"。港区的干部也急了，他们想尽一切办法，试图改善现状，可是主观的努力与客观的现实差距还是很大。周边的群众失望了，原来寄希望于能够出现一个像"对岸"鳌江镇一样的经济城镇，但就当时港区的发展状况来看成功的概率很小。更有人预测，依照当时的建设速度推算，直到2000年，龙港也难以形成城镇规模。龙港，这个新生的城镇，何时才能成为苍南的经济中心，承担起全县经济发展的重任呢？这道难题，亟待新办法来破解。

5.2.2 土地资本化与人口城镇化联动发展机制

龙港建镇以后，苍南县委需要对龙港建设的组织领导体系进行重大调整。有"孤胆英雄"之称的苍南县钱库区委书记陈定模向苍南县委领导主动请缨，要求到龙港镇工作，并向苍南县县长刘晓骅立下军令状："如果不能把龙港镇建设好的话，就请组织处理我，撤职、处分、开除党籍都可以。"①鉴于陈定模的决心，苍南县委决定任命他为龙港镇委书记。陈定模上任以后，很快就感到摆在他面前最大的问题就是缺少资金，甚至连镇政府办公经费都满足不了。

"建设龙港究竟靠什么？"陈定模与他的领导班子最终达成共识，在人、财、物三个要素之中，人是决定性因素，当时龙港面临的主要问题是人气不旺，龙港建设最需要的是人。他们分析认为，资金的来源有三个。三个投资主体：一个是"老子"，即国家投资；一个是"洋鬼子"，即外商投资；再一个是"儿子"，即依靠群众集资。依靠国家投资是一条常规的道路，之前龙江港区的建设就是依靠国家投资进行的，但是国家负担重，港区建设速度慢，而像龙港这样的"穷镇"太多了，大伙都伸手向"老子"要钱，"老子"一时也拿不出那么多的钱。外商投资，听起来确实很时髦，但是龙港的现状是"灯不明、路不平、水不清"，基础设施如此落后，哪个外商会到这种地方发展，因此，此路也不可行。最后得出的结论是：依靠群众集资。龙港镇党委最后把目光统一锁定在"群众集资"这条路上，鼓励农民带资进城。②

在城乡二元隔离的体制之下，鼓励农民进城务工经商，首先就要改革严格的户籍管理制度，让农民自理口粮到集镇。1984年1月1日，中共中央《关于1984年农村工作的通知》中明确"允许务工、经商、办服务业的农民自理口粮到集镇落户"。龙港很快就把握住了这个政策机遇，及时而迅速地落实中央政策。1984年7月4日《温州日报》上发表了一篇题为《龙港镇也来了个"对外开放"》的文章，说龙港镇最近采取一系列优惠措施，对乡（镇）、外县、外省开放，吸引四方能人进镇开业。③为了尽最大努力宣传龙港欢迎农民进城的政

---

① 关于陈定模个人经历及其任龙港镇党委书记期间所推行的改革历程可参见传记性著作《温州试验：两个人的改革开放史》（吴逢旭、陈文苞等著，浙江人民出版社2008年出版）的第一篇"陈定模传奇——龙港走向城市化"。

② 历史上温州地区的百姓都有外出经商的传统，即使在"以阶级斗争为纲"的年代，这里外出以麦芽糖换废品的"货郎"的脚步从未停止过。这些货郎，肩挑糖担走四方，北上宁波、上海，南下福建，足迹走遍全国。在"文化大革命"期间，温州地区此类"投机倒把"的人为数不少，这些人都被定性为"全面资本主义复辟"的典型。十一届三中全会以后，苍南县江南片区的农民率先走上了工业化、市场化的致富之路。当万元户在全国还很罕见的时候，在苍南县已涌现出了6500家万元户，其中95%在江南片区。这部分先富起来的农民构成了建设龙港镇的第一批"主力军"。

③ 1984年10月13日，国务院发出《关于农民进集镇落户问题的通知》，通知规定：申请到集镇（指县以下集镇，不含城关镇）务工、经商、服务的农民和家属，在城镇有固定住所，有经营能力，公安部门应准予落常住户口，发给《自理粮户口簿》。国务院的这项政策彻底消除了龙港鼓励农民进城的政治风险，而打算进入龙港落户的外地人也因而没有了政策顾虑。

策,陈定模把镇里的所有干部组成四支宣传队,先后四次开赴全县12个区镇,通过广播、群众大会等多种形式,向广大农民大力宣传龙港的地理优势、发展前途和优惠政策,鼓励农民进城创业。到1984年底,有浙江、福建两省七县的7000多户农民来龙港投资落户。

龙港之所以能够吸引这些农民投资落户,是因为实行了另外一项与鼓励农民进城的落户政策相配套的政策——进城农民"建房有偿使用土地",即进城农民不论户口,只要按照政府规定的标准,缴纳"公共设施费"就能够获得相应的土地使用权进行建房。换言之,政府通过有偿出让的方式将土地开发权直接分配给了进城农民。龙港镇制定了一种对土地使用权"分级定价"的方案:把龙港建设所要投入的资金以按照不同的地段、效益的高低向投资者征收土地使用费的方式收取。按照当时国家的土地政策,农村土地只能由国家征用,无偿划拨,不许买卖,为了避免"出售土地使用权"的提法有买卖土地的嫌疑[①],土地使用费仍然以"公共设施费"的名义进行征收。1984年8月7日,龙港镇正式发布文件《关于在龙港镇建房有偿使用土地收费标准的规定》,其中规定:"国营单位建房的根据国务院文件规定,按总投资的15%收取公共设施费用;集体和个人建房,根据不同地段、不同经济价值,每间分别按等级收取公共设施费(共分为3756元、2756元、1750元、1200元四个等级)"。

来自土地的公共设施建设费极大地缓解了龙港建设的资金压力,尤其是公用设施和市政设施建设的资金压力。1985年,龙港镇常住人口已达到两万人,此时龙港全镇累计总投资1.33亿元,其中"公共设施建设费"的群众集资11049万元,占85.8%;合股投资686.5万元,占5.1%;国家投资1216万元,只占9.1%(李金珊等,2014)。可以说,龙港这座新城主要就是靠进城农民缴纳的"公共设施费"建造起来的,在此后的12年间,龙港新城建设共投入资金12亿多元,其中近90%的资金都是通过土地有偿使用筹措得来。

由于申请进城的农民基本上属于务工经商办服务业的农民专业户和个体民营企业,他们到龙港投资,创办工业、手工业、交通运输业、商业和服务性行业、文化教育、医疗卫生保健等事业,极大促进了城镇建设和经济繁荣。龙港镇党委政府也因势利导,积极发展多种所有制经济成分,采取自由组合、自主经营、自负盈亏、照章纳税的原则,鼓励国有、集体、个体等各种所有制经济成分共同发展。从结果上看,民营经济成为龙港经济发展自始至终的主

[①] 1982年《宪法》第十条第四款规定:"任何组织或者个人不得侵占、买卖、出租或者以其他形式非法转让土地。"直至1988年,全国人大通过宪法修正案,第一次在法律上认定"土地使用权"可以依法有偿出让。然而,在共和国一个不起眼的小镇龙港,却以"公共设施建设费"的名义将这项"土地有偿使用"的工作悄悄地开展了四年。

导力量，到1986年就有闽浙两省六县市的两万多农民进入龙港办企业。至此，在原为一片小渔村的荒芜滩涂上，不到三年时间，一座新兴的小城镇在鳌江之滨迅速崛起了，数万名农民离土离乡，迁入他们自己建造的"城市"——龙港。

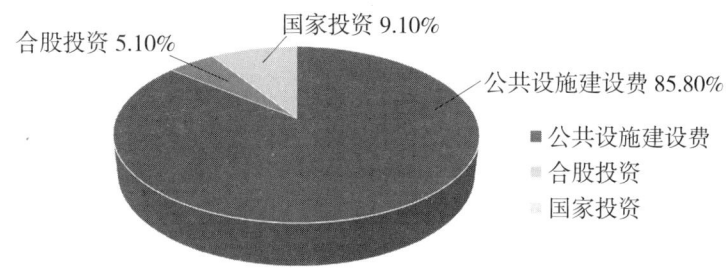

图5.2　龙港镇建镇发展资本的构成（1983—1985）

资料来源：根据调研数据自制。

5.2.3　城镇体量扩张与土地开发权收敛的矛盾

通过坚持推行土地有偿使用、户籍管理制度和民营经济发展三大改革，龙港基本上解决了城镇发展过程中的筹备建设资金、人口与产业集聚等重大问题，基本完成了城镇经济的初步发展和资本的原始积累。1986年以后，龙港民营经济的集聚效应凸显，原来由五个小渔村构成的空间渐渐难以支撑龙港经济快速发展规模。1992年，经上级政府批准同意，龙港从周边划进了沿江、龙江、白沙、海城四个乡镇，地域范围迅速扩大，从建镇之初的8平方千米扩容到58平方千米，而人口总量也迅速增加，达到12.4万人。到1994年，建镇10周年时，龙港镇在温州所有小城镇中综合经济实力已经排到了第一位，在全国亿元乡镇中名列第17位。2000年，为在鳌江流域发展中等城市打下坚实基础，温州市人民政府批准再次扩大龙港镇域，将湖前镇、江山乡、平等乡均划归龙港镇管辖。2006年《浙江省城镇体系规划》将龙港列为人口25万以上的中等城市。《温州市"十五"计划》和《温州市域城镇体系规划》提出有条件逐步建成以龙港为中心的鳌江流域区域中心城市，形成温州市的副中心城市。2011年，根据温州市统筹城乡发展的"1650"大都市圈发展格局和苍南县委"双海双区"发展战略，龙港再一次扩大了行政版图，苍南县撤销舥艚镇、芦浦镇、云岩乡建制，将其行政区域并入龙港镇，龙港的辖区面积达172平方千米。温州市人民政府在保留龙港镇建制镇的同时，设立龙港综合功能区（龙港新区），进一步拉开了城市发展框架。经过30年的发展，至2013年，龙港辖17个社区、172个行政村、22个居民区，辖区面积172平方千米，户籍人口36.2

万,常住人口43.7万,占苍南全县的近三分之一,是温州市洞头县的三倍多,与温州市的泰顺、文成两县相当,城镇规模不断扩大,其中建成区面积19平方千米,建成区户籍人口17万,常住人口24.9万,城镇化率达到56.8%,已经达到北京、上海等特大城市中心区的人口密度。[①] 2013年,龙港投资总额、地区生产总值、财政收入和城镇居民人均可支配收入分别达到111.9亿元、185.6亿元、18.8亿元、31910元,其财政收入超过了全国140个县级市,经济总量占到苍南全县的一半,是洞头、泰顺、文成三县之和,综合实力居温州市及浙江省各中心镇前列。

表5.1 龙港城镇化快速发展与扩张过程(1983—2013年)

项目	指标	年份			
		1984	1994	2008	2013
城镇化	城镇化率(%)	42.72	40.42	40.23	56.9
人口	户籍人口(人)	7812	133 680	251 863	362 001
城镇规模	辖区面积(平方千米)	8	58	83	172
经济	国内生产总值(万元)	—	91 973	943 695	1 856 000
	工农业总产值(万元)	529	171 329	2 260 308	5 785 000
	人均收入(元)	401	3688	9938	城镇 31 950
					农村 15 370
财政	财政总收入(万元)		8301	88 300	188 138
	财政总支出(万元)	—	6212	48 172	110 845

数据来源:龙港镇人民政府关于《浙江省温州市苍南县龙港镇申报国家新型城镇化综合试点材料》,2014年8月。

经过1992年、2000年和2011年三次大的行政区划调整,龙港虽然已经发展成为一个镇区常住人口近25万的小城市,管理的任务与责任繁重,但是权限不足,管理责权不对等。例如,维稳、消防、节能、环保、卫生防疫、违章建筑拆除、征地、治安和交通管理等责任重大的事务都放给龙港,但审批权、执法权都在县政府。事实上,从建镇的第二个十年开始,龙港便以一"镇"之体量,承担了相当于一"县"的工作量。面对难以负担的公共服务和社会管理压力,龙港不得不在"县级体量、镇级建制"的城市管理体制困境下负重前行。

龙港这种"小马拉大车"的城市治理困境实质上反映了它在城镇体量扩

---

① 根据第六次全国人口普查数据,我国城镇人口少于25万人口的县级市有180个,占县级市总量的48.6%,龙港镇区人口总量已经超过了全国约一半县级市的城镇人口总量。

张过程中所遭遇的发展权制度供给不足的矛盾。从土地开发权的角度看，这种发展权需求与供给之间的矛盾就更为明显。图5.3显示了龙港镇30年来城镇化率的变化情况，在20世纪80年代，由于龙港镇大力吸引农民投资落户，城镇化率大幅度超过当时全国城镇化率；然而在进入20世纪90年代以后的近20年，在全国城镇化进程快速推进的背景之下，龙港的人口城镇化却基本处于停滞状况，2008年城镇化率为40.23%，竟比1994年的40.42%和1984年的42.72%还低。其中原因，虽然涉及因区划调整而将周边村镇的大量农村人口纳入以至于拉低了龙港镇辖区内的整体城镇化率，但从根本上说，是城区规划的限制以及建设用地发展指标严重不足，导致农村迁移人口进入城区落户定居工作陷入停顿。

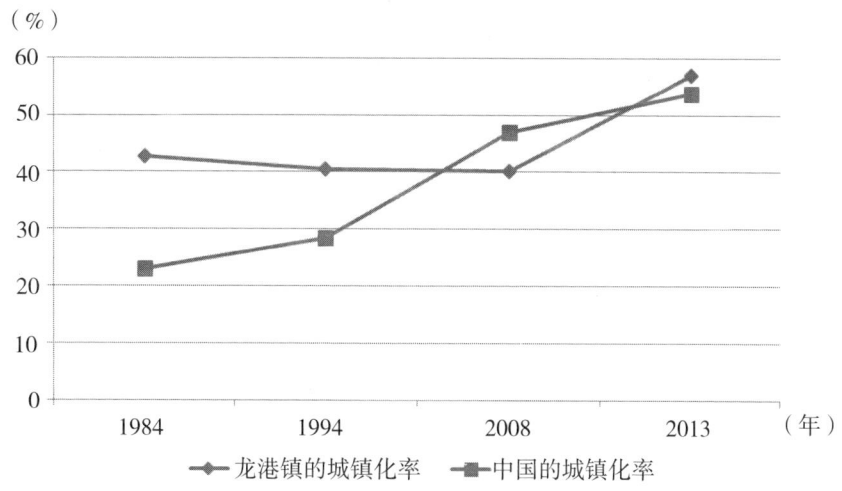

图5.3　龙港镇城镇化率变化情况（1984—2013）

数据来源：龙港镇城镇化率数据来自表5.1；国家的城镇化率数据来自《中国统计年鉴1998》和《中国统计年鉴2014》。此处城镇化率均指常住人口城镇化率；若从户籍人口角度统计，2013年龙港镇的户籍人口城镇化率仅为38.9%（2013年，龙港常住人口43.7万人，建成区户籍人口17万人）。

1984年，龙港镇政府以土地吸引投资的方式，号召具有投资和生产能力的农民移居龙港镇。此时，由于龙港是新设城镇，政府土地指标十分宽裕，而且这个时期的国家建设用地管理制度也较为宽松，于是龙港镇政府在规划容许的范围内甚至突破了规划约束而敞开供应，从而在较短时间内就完成了人口规模、建设用地规模和产业结构相匹配的基本城镇构造。然而，随着国家建设用地管理制度愈加完善，对耕地保护的要求愈加严格，而自上而下层层分配的建设用地指标也愈加紧缺，虽然龙港经过几次行政区划调整以后，镇域面积接连扩大，所辖范围大幅增加，但是更广的镇域面积、更大的人口规模并不意味着龙港能够获得足够的建设用地指标。相反，由于龙港的建制镇地位，它不仅在建设用地指标分配体制中处于数量上的最末端,而且也是保障完成耕地保护任务责任者的最前端,加之龙港在前期的镇区扩大中已经违规违法地圈占了区域内大量农用地①,使得上级政府加大了对龙港镇土地利用的约束力度。

为了争取更多的建设用地指标,龙港采用了各种手段:其一,向上级政府积极争取进行城市总体规划修编。因为规划修编往往可以合法地进行城区土地扩张,申请到更多的土地征用指标。自1982年的《龙江港区总体规划(1985—2000年)》之后,至今已经进行了五次规划修编,目前使用的《龙港镇城市总体规划(2012—2030年)》将城镇化发展目标设定为在2020年达到80%,2030年达到95%。与规划修编类似的方式,就是向上级政府申办各类试验区、开发区。其二,进行土地整理和造地以换取新增建设用地指标。②龙港镇结合海堤工程前后造地超过1万亩,以此获得建设用地计划外指标。其三,默认甚至纵容大规模的集体土地城镇化。在龙港镇区不断扩张的过程中,集体非农用(包括自然闲置耕地)地占到了相当大的比例。③一直到现在,龙港镇区仍有超过30%以上的集体所有性质土地。这就意味着,龙港镇政府并未从进入镇区的农村集体土地中取得垄断性收益。不仅如此,龙港镇政府还设有专门的镇区内集体土地性质房产的档案和房屋交易过户程序,其内容完全参考国有土地性质房产的交易,城镇扩张中土地指标的短缺使镇政府采取变通的态度,尽管这种变通本质上是违反现行房地产管理的相关法律的。

近年来,虽然上级政府在城镇发展空间规划上对龙港镇新增建设用地指标实行了计划单列,但龙港毕竟只是乡镇建制,每年可用的建设用地指标有

---

①1985年到1989年,龙港镇未批先用、少批多用的土地面积有19 206.59平方米,这是前期处理后剩余的问题归总处理;有证可考的还包括1986年261.405亩未批先占土地〔参见《关于县四届人大二次会议第84号议案的答复》(苍规土字〔1991〕40号)〕;无法领取土地及房屋产权证共377.27亩〔参见《关于要求补征土地的报告》(龙政字〔1990〕91号)〕,而此时的龙港镇区面积4.5平方千米,可考指标违规面积约占10%。

②20世纪90年代后期,为了解决土地指标与实际需求之间的矛盾,浙江省进行了鼓励土地整理措施的探索,规定经省或市土地行政主管部门批准立项的农地整理项目,竣工验收后,按实际净增耕地的60%核拨折抵建设占用耕地指标;土地整理折抵指标在全省范围内可以异地有偿调剂使用〔见《关于鼓励开展农村土地整理有关问题的通知》(浙政办发〔1998〕91号)〕。但由于多种原因,浙江既有的土地利用政策改革已经部分被叫停,比如基本农田集中置换和易地代保政策在国土资源部《关于进一步采取措施落实严格保护耕地制度的通知》(国土资发〔2003〕388号)和国务院办公厅《关于深入开展土地市场治理整顿严格土地管理的紧急通知》(国办发明电〔2004〕20号)公布后停止执行;折抵指标政策也在《国务院办公厅关于严格执行有关农村集体建设用地法律和政策的通知》(国办发〔2007〕71号)颁布后停止执行。

③1999年,龙港镇镇区面积8平方千米;2001年,镇区面积10平方千米;2003年,镇区面积12平方千米。龙港每年平均增加1平方千米,但土地管理部门近年每年拨出新增建设用地指标及龙港镇组织造地产生的抵扣指标仅为1000亩左右,换言之,城镇扩张中集体非农用(包括自然闲置耕地)地占到30%以上的比例。

限。龙港的建设用地指标占了苍南县的1/3左右，但每年只有100多亩，难以满足城市发展的客观要求。长期以来，龙港镇缺乏完善科学的空间规划管制，在土地财政依赖①和用地指标不足的双重压力下，城区建筑与人口密度过高，城市公共服务空间不足（城市缺少绿地、儿童乐园、停车场等公共空间），交通拥堵严重，违章建筑较多，市容环境较差，危房改造任务繁重。2013年，龙港镇城区人口密度达1.3万人/平方千米，超过国际公认的宜居城市的1万人/平方千米的上限，高于与经济水平相当的一些经济发达镇，与上海市中心城区人口密度相当。由此可见，如果在制度上没有包括土地开发权合理分配在内的发展权供给，龙港经济社会的可持续发展必将受到严重阻碍。

5.3 广东南海区：土地股份制改革的"南海模式"

5.3.1 土地股份制改革的"南海模式"诞生

南海县（今广东省佛山市南海区）地处广东省中南部、珠江三角洲腹地、佛山市东北部。十一届三中全会后，南海县率先解放思想，成为改革开放先行区，首创了"六个轮子一起转②，三大产业齐发展"的"南海模式"，成为全国首富县，创造了跻身广东"四小虎"的发展传奇。像其他沿海发达地区一样，改革开放初期工业化与城镇化发展过程中不可避免的土地征用问题也出现在南海县。1992年初，邓小平南方讲话掀起了经济建设的新高潮，大量资本涌入广东，开发区大量兴起，南海县的土地被大量征用。在土地征用过程中，地价开始飞涨，当时的土地承包经营制导致土地分散经营下产生了一系列矛盾：第一，土地家庭承包制与农村工业化的矛盾。乡镇工业发展过程中需要解决区域集中问题，而在征用土地建立乡镇开发区过程中遇到农户和经济合作

---

① 在财税制度上，县与镇之间的财政分成关系因没有法律基础而不稳定，导致在县乡（镇）财政关系上，分配的结果往往是财政向县级政府集中。2005年，龙港镇上交苍南县3亿多元税收，最后返还6000万元，而龙港仅全镇教职工的工资和教育设施的建设一年就需8000万元，差额只能靠预算外其他收入来弥补。2013年，龙港镇财政总收入18.18亿元，留给龙港的不到3亿元。与此同时，财政支出压力却与日俱增。2013年，龙港通过政府购买公共服务支出就达到3.5亿元，每年还需要0.8亿～1亿元来保持政府正常运转。乡镇公共财政经费紧缺，造成了镇一级对土地财政的过度依赖。在2013年9.997亿元土地出让金中，龙港分享了7亿元。但是，土地出让收入波动较大，难以构成镇级财政的稳定支撑。镇级财政的薄弱导致大量公共设施建设和公共服务投入缺乏可靠的资金支撑，影响了公共服务质量的持续提升和龙港镇经济基础的可持续发展。

② 粉碎"四人帮"之后，为了让乡亲们尽快吃饱饭，南海县委提出三大产业齐发展，县、公社、村（大队）、生产队、个体、联合体企业"六个层次一起上"。后来，"六个层次一起上"被演变为"六个轮子一起转"，这也正是后来扬名全国的"南海模式"的雏形。

社的抵制；由于土地价格的飞涨，农民不愿意放弃土地，原来部分已经"农转非"的农民还要求倒流回农村。第二，土地的产权分散在自然村、农户手中，制约着镇一级村镇建设的统一规划和统一管理，形成土地家庭承包经营不利于城乡一体化局面。第三，农村土地被征用后，征地补偿引起尖锐矛盾。第四，农户分散经营，户均耕地仅为2.9亩，而且好坏搭配远近插花，难以实现农业规模经营和现代化。① 为解决农村土地分散化经营与工业化及城镇化建设的矛盾、征地与农民权益的矛盾，南海县敢为人先，率先进行了土地股份制②试点，保障农民土地发展权。

南海罗村镇下柏行政村（原为管理区，2011年改为社区，以下称行政村）首先推行农村土地股份合作制的试点，将股份合作制引入到农村土地经营体制。该村辖4个自然村，农业人口1748人，有水田1600多亩，旱岗地和宅基地2000多亩。股份合作制的实施方案是，将已经分包到户的土地和集体组织的其他财产统一集中到行政村的农业发展股份有限公司，然后按年满16周岁以上的农业人口分配一个土地股份、16周岁以下的分配半股的标准折股到人。公司保证按国家当年粮食收购价格的80%每人每月供应25斤稻谷，每年给予每股400元以上的现金分红。1993年初，南海进一步扩大了试点范围，增加了里水镇沙涌行政村和平洲区夏北管理处洲表村两个试点单位，各镇区自发组织了14个试点单位，并决定在全区范围内分四批铺开土地股份合作制改革。1993年8月，南海区在总结试点经验的基础上，制定了《关于推行农村股份合作制的意见》，在全区农村全面推开股份合作制。到1994年底，全区（原市）共建立土地股份合作组织1590个，占社区总数的96%。截至2007年，南海已经先后建立农村股份合作组织近2000个，其中以村委会为单位组建集团公司200个，约占该村委会总数的80%；以村民小组为单位组建股份合作社1800多个，占全市村民小组的99%。③ 土地股份制改革给村民带来了巨大收益，解决好用地问题也成为快速推进工业化的重要一环。南海县土地股份制改革带来的益处体现在：第一，农田集中承包经营，促进了农业机械化。第二，灵活的土地使用方式、低廉的土地成本招揽了大批工厂。工业企业的大量入驻，优化了产业结构，村

---

① 马健：《南海模式：创新与困局——对南海土地股份制发展状况的调查》，《农村工作通讯》2008年第17期。

② 即在不改变集体土地性质的前提下，拥有承包土地权的农户，以土地经营权向经济社会入股，集体按经济发展要求重新配置土地的使用布局，并按价值规律使用土地，是集体土地的所有权、经营权、使用权三者分离。简单而言，就是村集体在土地上"种房子"获得收益，农民则依据股份享受分红。

③ 马健：《南海模式：创新与困局——对南海土地股份制发展状况的调查》，《农村工作通讯》2008年第17期。

民从农业向第二、三产业转移。第三，借助农村土地股份合作制改革，南海逐步开始探索集体经营性建设用地自发流转，这给了企业在征地之外第二种用地选择，大大降低了工业化门槛。"村村点火、户户冒烟"成为彼时南海最真实的写照。南海由此也进入了工业化的快车道。时下，遍布全区的村级工业园就发端于此。

南海区原政协副主席胡国雄回忆南海土地股份制改革时讲道：

> 改革开放之后的土地是承包去了各家客户，那各家各户分散经营，怎么集中起来、统一布局？如果是农业为主，根本发展不到。必须发展工副业，农民拿了地又不给你，因为承包给了你，他没得耕，但是你不拿又没得发展。
>
> 当时经济学家在报纸上谈股份制的东西，那我们把土地变成股份制的东西行不行呢？考虑了一下，可以呀，把股份给他，开发出来，有效益他就同意了。然后就开始试点了，试点一个是里水的沙涌，一个是平洲的洲表，将农民将千家万户的分包土地集中起来了。
>
> 刚开始的时候，农民说给你行不行啊？我自己拿着土地实在些，我自己更有把握，但是这些地给了你失败了怎么办？农民很大的顾虑。
>
> 后来，逐步探索，通过了一到两年的试验，才有大胆的人尝试先把几十亩的地集中起来，搞工业区，招商，但是这些企业家一定要能赚钱才能给到地租，后来幸亏情况还比较好，民营企业因为有了集中的土地发展，发展越来越好，越来越兴旺，地租越来越贵，收入越来越高，好多农民就说自己不耕了，耕得又辛苦，又没有保障，我不如把这些土地给你，好过我自己耕。慢慢地，就开始推广开来，通过了土地股份制改革，把土地变成了股份化，才把民营经济发展起来，南海的土地股份制改革是和民营经济共同发展的。①

南海作为改革开放先行地，解放思想、先行先试，依托地处珠三角腹地的区位优势，借助农村土地股份合作制改革实现土地的所有权、承包权、使用权三权分离，农民集体逐步开始集体经营性建设用地自发流转的探索，农村土地要素得以充分参与工业化和城镇化进程，南海由此完成从传统的农村社会向现代工业社会的转变，创造了闻名全国的"南海模式"。对于这项制度，杜

---

① 访谈资料来源：《改革开放浪潮中土地股份制改革的"南海模式"》，《南海传奇》2018 年 12 月 3 日。

润生老先生曾评价，南海的做法把土地所有权变成股权，不同于行政力量调整，而是在市场经济原则下实现自由流动，这样让土地集中起来进行规模化经营。①

5.3.2 农村土地股份制困局与新探索

发端于南海的农村土地股份制改革，确实为当地快速工业化和城镇化提供了有利条件，极大地释放了南海在初步实现工业化道路上的生产力。但随着该制度在珠三角广泛推行后，其存在的问题也逐渐显现出来。该制度在实行的过程中显现出来的问题主要表现在以下几个方面：第一，股权固化之后，由于婚丧嫁娶，各村人口发生变化，分红数量急剧分化；第二，该制度在保障农民土地权益上仍有很多不足，在征地方面仍相当程度上损害了农民的土地权益；第三，原订立的股权"生不增，死不减"问题，嬗变为突出的社会矛盾；第四，原16周岁以下的半股份群体已成为中年，他们为自己享受半股待遇而愤愤不平；第五，村委会掌管股份公司，成了土地受益所有者，他们占据大部分土地增值收益，因财务支出不够透明引发村民不满；第六，由于信息缺乏和专业经验不足，股民对管理者无法进行有效监督。②今天的南海，大量的土地依然是农村集体土地，这种土地产权属性如何适应工业化和城市经济时代的需求，如何对20世纪90年代形成的土地股份制进行完善是当前亟须解决的问题。

除了土地股份制本身不完善带来的后续有违村民土地发展权问题的出现，还出现了阻碍城市发展的新难题：第一，"以土地换租金、以空间换增长"的工业增长方式，导致工业用地分散，土地产出率不高。第二，政府征地拆迁过程中出现征地冲突。当面对城市发展统一规划过程中的征地拆迁问题时，南海也出现了征地冲突。例如，2005年南海三山地区因征地发生群体性抗争事件；2010年南海丁西村村民声讨村干部假造签名，隐瞒征地事实。第三，土地开发强度过大，造成生态环境污染。例如，2006年末，英国一家媒体报道了大量洋垃圾流入珠三角的新闻，将大沥镇联滘村这个"垃圾村"推到风口浪尖上。位于桂和路和广佛路交界处的联滘村，是南海"在农村土地上长出了工业化"的代表。最顶峰的时候，2000多家废旧塑料加工档口遍布全村，村内工业区成为一个大的"垃圾场"。在农村集体土地上"就地工业化"的模式并没

---

① 《"南海模式"的前世今生及未来方向》，《南方日报》2011年8月26日。
② 马健：《南海模式：创新与困局——对南海土地股份制发展状况的调查》，《农村工作通讯》2008年第17期。

有自动带来城市型经济发展。2007年1月，南海区开始对废旧塑料等小作坊进行全面整治，宣告联滘废旧塑料时代的终结。同时，大沥镇政府组建国资公司，以政府向村里统一租地、政府组织统一规划、统一招商、高标准开发的模式，将包括联滘工业区在内的1800亩土地，打造成大沥的新中心——广佛商贸城，这预示着联滘的重生，也开启了南海"三旧"①改造时代。② 2009年，南海成为广东省"三旧"改造试点示范。2014年，南海成为全省新一轮深化"三旧"改造综合试点。2015年，南海成为全国33个农村土地制度改革试点之一，③承担了集体经营性建设用地入市、农村土地征收、农村宅基地制度改革试点任务。这些土地改革的目的是解决农村集体土地权益保障不充分、征地矛盾多发、宅基地用益物权难落实等问题。2019年底，南海区"三块地"相关改革创新成果被新《土地管理法》吸收，为推进土地要素市场化配置、促进城乡融合发展提供了南海方案。

5.4 案例比较的分析性结论

5.4.1 土地开发权的政府垄断是推动地方发展的政策工具

龙港镇虽然被誉为"中国第一农民城"，但从龙港的发展起源和过程上

---

① "三旧"改造是指"旧城镇、旧厂房、旧村庄"改造，是对低效用地的集约节约利用。从2007年底开始，南海县着手起草了"三旧"政策，第一份政策便是后来在全国闻名的"海六条"——《关于理顺历史遗留建设用地使用权确权问题的意见》（南府〔2008〕46号文），该文件提出历史遗留建设用地，同时符合《意见》中提出的六项条件的可进行确权。以"海六条"为开端，《关于集体建设用地转为国有用地的意见》、《关于进一步理顺"三旧"改造建设用地使用权确权问题的意见》、《关于加快推进旧城镇旧厂房旧村居改造工作的补充意见》等文件相继出台，构建起了较为完整的"三旧"改造政策体系，也奠定了南海是广东省"三旧"改造政策发祥地的地位。

② 刘永亮《南海：从土地股份合作制到"三块地"改革》，https://baijiahao.baidu.com/s?id=1612177054302737767&wfr=spider&for=pc。

③ 2015年2月25日，全国人大常委会决定广东省佛山市南海区等33个试点县（市、区）行政区域暂时调整实施部分法律规定，标志着农村土地制度改革三项改革试点正式启动。2013年11月，党的十八届三中全会明确了农村土地制度改革的方向、任务和要求，开启了农村土地制度改革新征程。2014年12月，习近平总书记主持召开十八届中央深改组第七次会议，决定在全国33个试点地区开展农村土地制度改革试点。2014年12月31日，中共中央办公厅、国务院办公厅印发《关于农村土地征收、集体经营性建设用地入市、宅基地制度改革试点工作的意见》。2015年2月25日，十二届全国人大常委会第十三次会议审议通过《关于授权国务院在北京市大兴区等三十三个试点县（市、区）行政区域暂时调整实施有关法律规定的决定》，试点工作正式启动。南海按照中央试点要求，结合地方实际，开始了近四年的农村集体经营性建设用地入市改革试点探索。

看，政府自始至终发挥了关键性的主导作用。在地方发展的初始阶段，政府的主导作用高度依赖于对土地要素配置的垄断能力，即政府对土地开发权的垄断使其获得了推动地方发展的基础性能力，①政府对土地开发权的控制性分配是其主导地方发展的重要政策工具。对于龙港镇政府而言，首先，它通过土地有偿使用的方式，获取了发展资本和城镇公共投资来源；其次，它通过"分级、分段"的规划方式有效地安置了农村转移劳动力的居住和就业；再者，它通过土地要素的配置来推动主导产业的发展，即通过土地要素的自主控制来降低投资门槛招商引资，培育自己的优势产业，并先后获得了"中国印刷城"、"中国礼品城"、"中国印刷材料交易中心"和"中国台挂历集散中心"等四张"国"字号金名片，后来又启动了龙港新城15.8平方千米的产业集聚区，从而成了一座具有坚实经济基础的"产业城"。

广东南海之所以能够较早地走上工业化发展道路，依然离不开政府对土地要素配置的垄断能力。南海县的土地股份制改革是在上级政府的同意下进行的积极探索，南海以土地利用低成本的优势进行招商引资，实质上是通过向工业企业让渡土地发展性利益的方式来换取较为长期稳定的工业税源以及促进劳动力就业。可以说，在地方早期的实际发展过程中，由于当时国家赋予了地方政府（县级政府）自主性极强的土地管理权力，土地开发权是地方政府可以把握的最重要的发展权以及发展政策工具，通过行使土地开发权，地方政府可以自主地将土地要素与资本要素、劳动力要素以及产业政策有效地结合起来，从而推动地方经济快速发展。

5.4.2 人地关系的平衡性是影响地方发展结果的重要因素

工业化和城镇化的发展必然导致更多的农用地转化为建设用地，这也就意味着原来农用地使用权拥有者的农民就与他们的土地进行了永久性分离。那么在旧有的人地平衡性关系打破之后，新的人地关系的平衡性问题就会成为一个影响地方发展结果的重大社会问题。根据梯级迁移规律，农村迁移人口进入城镇，若没有稳定住房或其他房地产业的购置，就很难分享城市化经济集聚过程中的外部效应，而且在城镇定居的难度总体上会随城镇的繁荣程度（主要

---

① 在地方发展的落后阶段，很难通过税收取得城镇公共设施的建设资金，因为工商业的幼稚状态不仅不能提供税源，反而对公共设施有明显依赖。

体现为房地产市场价格）而递增。①这也就意味着，失地农民若一开始没有获得住宅和经营资产的重新配置，那么很大程度上他们将会被不断成长的城镇经济所不断排斥，这种社会利益的分化机制会导致失地农民成为充满"相对剥夺感"的社会边缘群体，他们所不断积累的对社会的"不满"和"怨恨"情绪就成了社会冲突的根源。龙港之所以能从几个小渔村逐步发展成为一个人口不断聚集、经济欣欣向荣的城市，很大程度上是因为它在城镇化发展初期及过程中比较好地处理了人地关系之间的矛盾。具体表现在：首先，早期吸引进城的农村迁移人口都以低成本获得了国有城镇土地的使用权，实现了迁移者带资入城、住宅和经营资产的合一性；其次，通过户籍制度改革将农村迁移人口以及随着城镇扩张所覆盖的农村人口大部分转为城镇居民，并保证失地农民在城镇中能够获得住宅及经营性资产；再者，在征地指标严格限制的情况之下，对于城区范围内的集体土地默认其具有与国有土地同等的财产权利，集体土地城镇内化的扩张使得农民进城的成本大幅降低，也分享到了城镇经济的发展成果。城镇化过程中人地关系的匹配性，主要是要解决发展利益的公平性分配问题。在农村土地城镇化过程中，农村人口的城镇化之所以重要，是因为只有这样，农民才能更好地分享到与城镇居民身份相关的土地使用权、房产权、公用事业使用权、城市福利权等资产或权利的增值。这些产权或权利的增值既是城镇化发展的结果，同时也是推进城镇化进一步深化发展的动力。同样，广东南海的农村土地股份制改革也是平衡人地关系的有效措施：首先，集体土地股份制将分散的土地集中经营产生了"1+1>2"的土地收益，该种土地经营方式比村民单独经营土地的收益更高。其次，通过优惠的土地要素吸引招商引资为本地创造力了直接的就业机会，劳动力结构发生变化，真正实现了地尽其利，地利共享。一般而言，农民拥有的土地仅限于农业用途，而南海则通过土地股份合作制的方式，顺应工业化、城镇化的大趋势，将土地使用延伸到了非农领域。一方面，使得农民凭借股权分享了土地农转用带来的增值收益，农民收入显著

---

① 方少勇（2009）总结了我国人口梯级迁移的两条主线：一是农村居民中生存理性驱使的流动。处于生存理性驱使下的农民，其迁移机会成本和社会机会成本基本为零，绝对收入和生存成本比较，就是全部迁移动力。表现为流向大城市和流向农业产出较高的农村，流动距离只受交通费用约束，除了农村向农村的流动，定居发生的概率很小。只有生存问题得以解决，这部分人口才开始向第二条线靠拢。二是农村和城镇居民经济理性驱使的流动。需要支付相当的迁移机会成本和社会机会成本，受拉文斯坦的移民法则驱使、移民居所搜索模型约束和安土重迁民族特性影响作近距离的迁移并定居。既有移民投资冲动，又有风险限制。流向表现为梯级进阶，从农村到小城镇，从小城镇到城市。城市化的转移过程包括几个连续动作：首先是家庭迁移；其次是家庭固定资产购置（主要为房产）；最后是定居。如果定居是必然的，家庭的房产购置即使不是必定要出现的现象，也是一个普遍现象。作为无产无业的城镇居民，不仅生存成本高，家庭信用也会存在危机，其家庭从在城市社区立足到发展，无产无业状况下是难以想象的。

提高；另一方面，使集体土地有计划、有组织地参与到工业化、城镇化的实践中，有力地支撑了经济发展与社会转型。如果处理不好人地之间的关系，就容易引发社会不稳定。改革开放以来，由于征地补偿发生的群体性事件比比皆是，这体现出经济发展过程中人地关系失衡引发的矛盾。

5.4.3 土地开发权的公平分配是化解地方发展困境的关键

从土地开发权的角度看，龙港当前的发展困境可概括为三个相互关联的方面：其一，现行自上而下层层分解的建设用地指标计划分配体制，无法满足龙港日益扩张的城市发展在空间上的基本需求；其二，城区高人口密度的现状以及人口不断聚集的趋势，会进一步加剧集体土地城镇化的问题，也就意味着城区土地利用规划、城市更新改造以及耕地保护的政策执行更加困难；其三，城区集体土地的非法扩张，本质上是土地开发权的私有化过程，也是土地增值利益的独享化过程，这不仅不会为政府带来直接的土地收益，而且可能会加剧城区内部国有土地和集体土地在权利上的矛盾关系。为解决这种困境，从根本上说，需要改革土地开发权的分配体制，在城镇落户定居人口的扩张与土地开发权的制度供给之间形成一种协同的动态机制，与此同时，严格执行土地用途管制制度，防止土地开发权的私有化和土地增值利益的独享化问题的出现，从而保证基于国有土地有偿出让制度所形成的土地增值收益能够更好地进行社会化分享。

广东南海区土地开发过程中虽然通过制度措施有效保障了土地开发权的公平分配，但土地利用过程中依然存在一些亟需解决的问题：第一，很多地方的土地开发强度达50%以上，资源消耗浪费惊人；第二，以农业生产体制去应对工业化与城镇化的社会转型，直接导致了其城镇化落后于工业化、社会转型滞后于经济转型的问题；第三，政府征地过程中引发征地冲突。总而言之，当前地方发展所面临的发展困境（发展空间受限与社会矛盾冲突）要求政府对土地开发权的控制性分配必须要与人的发展权结合起来，而必须摒弃单线的经济发展观念。通过土地开发权及其发展性收益的社会化分配，使得社会群体尤其是农村转移人口的发展权能够得以增进（如进城农民、失地农民能够在城市"安居""乐业"），那么内在支撑土地开发权政府垄断制度的集体主义道德原则的"公共的善"就得以实现。

第6章

有限等级制结构下的地方发展：案例研究（二）

本章通过河南信阳市和浙江安吉县这两个进入21世纪以后发展起来的案例，进一步对土地开发权政府垄断制度在有限等级制分配机制之下的作用、影响及其限度进行说明，从而试图论证土地开发权的政府垄断制度在新发展阶段下的制度有效性问题。

6.1 案例情况说明及其选择依据

在有限等级制分配结构之下，土地开发权的政府垄断制度已经发展成为一个成熟而完整的制度运行体系，尤其在新增建设用地指标计划管理体制中，地方政府的征地权力在制度上已经得到了相当程度的规范性限制，与此同时，农民（集体）的土地财产权利也得到了越来越多的保障，尤其征地权益补偿权相较以往有了实质性增进。①在这样的制度环境和约束条件下，这两个分处于中部和东部的地区有着工业化和城镇化发展阶段差异很大的发展条件，却能运用同样的制度机制去践行符合当地情况的发展道路。本章选择了两个处于不同工业化和城镇化发展阶段的地方发展案例，一个是处于早期工业化和城镇化发展阶段的河南省信阳市，它是中部欠发达地区的人口与农业大市；②另一个是处于中后期工业化和城镇化发展阶段的浙江省安吉县，它是东部发达地区的生

---

① 虽然如此，土地开发过程中涉及征地的社会冲突却比以往更为频繁和激烈。这种现实情况的产生有着复杂的原因，一方面不能否定现行制度的完善性，另一方面其实也反映了国家权利绝对性在衰弱，国家与农民之间的权利关系正在经历一种再平衡的调整过程。

② 关于河南信阳市的案例调研过程及资料来源说明如下：2014年7月至8月，笔者在河南省信阳市国土资源局用地科进行了为期两个月的实习工作，其间笔者赴信阳市羊山新区及其下辖的部分街道（乡镇）、社区（村）就当地的农村经济社会发展问题开展了调查研究；本章关于信阳市案例的资料主要来自信阳市和羊山新区的国土部门向笔者提供的相关政府统计资料、笔者的访谈记录以及被访谈者所提供的文本资料等。

态经济大县①。

之所以选择这两个案例，主要基于如下考虑：其一，从发展模式看，这两个地区的发展实践在相当程度上能够代表当代中国在区域发展不均衡条件下较为典型的两种地方发展模式：以经济发展和转移农业剩余人口为核心目标的工业化与城镇化发展模式和以自然生态保护为核心目标的生态经济发展模式。其二，从发展实质来看，这两种发展模式均体现了地方政府依托土地开发权政府垄断制度所发挥的主导性作用，前者侧重于土地开发权的经济发展权能的控制性分配，后者则侧重于土地开发权的生态发展权能的控制性分配。其三，从发展影响看，自从党的十八大明确提出"美丽中国"的生态文明建设理念以后，作为"中国美丽乡村"建设创始者的安吉，其农村生态发展经验和模式已经引起政策界和学术界的广泛关注，并引领了全国各地"美丽乡村"建设的新浪潮。②这种发展模式是否意味着工业化和城镇化的地方发展模式已经不合时宜，它又是否已经代表着或者在何种程度上代表着当代中国地方发展的未来，这些问题的探讨有助于理解当前运行的土地开发权政府垄断制度的有效性问题及其变革方向。

6.2 河南信阳市：工业化与城镇化导向的发展模式

6.2.1 处于早期工业化和城镇化阶段的农业大市

信阳是革命老区、人口和农业大市。它位于河南省最南部，处于武汉经济圈、皖江城市带、中原经济区的接合部。虽然区位优越，但信阳市经济社会发展在河南省17个地级市比较当中处于中后段的位置，至今总体上仍处于工业化和城镇化早中期发展阶段。

信阳市是农业大市，拥有庞大的人口基数，2000年时的总人口达770万人（截至2014年末，总人口约865万人），农业（第一产业）从业人口在三大产业从业人口构成中的比例，直到2008年以后才回落到50%以下，2011年仍维持在40%以上（见图6.1）。信阳市的城镇化率不仅长期低于全国平均水平，也

---

① 关于浙江安吉县的案例调研过程及资料来源说明如下：2013年9月至12月，笔者挂职浙江省湖州市安吉县农业与农村办公室副主任，其间对安吉县建设"中国美丽乡村"的农村发展模式进行了深度考察。本章关于安吉县案例的资料主要来自笔者在挂职期间所收集的相关政府文件、访谈记录以及被访谈者所提供的文本资料。

② 党的十八大以后，《人民日报》的要闻二版从2013年元旦起推出《美丽中国·寻找美丽乡村》专栏，以报道美丽乡村生态文明建设的典型和事例、举措和成绩。参见：人民日报、人民网"美丽中国·寻找美丽乡村"征集启示[N/OL]. http://news.china.com.cn/live/2012-12/26/content_17888596.htm。

低于河南省的平均水平（见图6.2），2003年为23.50%，2014年也仅为39.7%，相比2014年全国54.77%的城镇化率，整整低了15个百分点。

在农民人均纯收入方面，信阳市整体上一直低于全国平均水平，全国农民人均纯收入高于信阳市的差值比重一直保持在10%以上（见表6.1和图6.3）。在第一产业的产值方面，信阳市第一产业增加值占当年地区生产总值的比重一直保持在25%以上，远远高于全国水平（见图6.4）。可见，信阳市是一个较为典型的以农业人口为主、农村居民人均纯收入仍然较低、非农业产业经济基础薄弱的一般农业型地区。

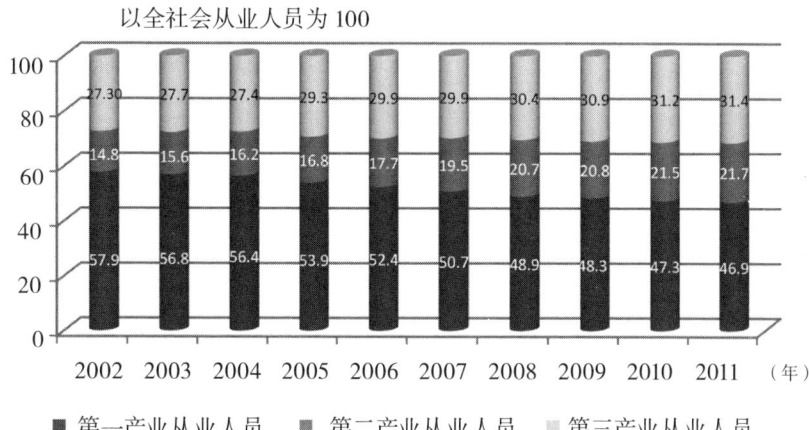

图6.1　信阳市从业人员三次产业构成（2002—2011年）

数据来源：《信阳统计年鉴2007》和《信阳统计年鉴2012》。

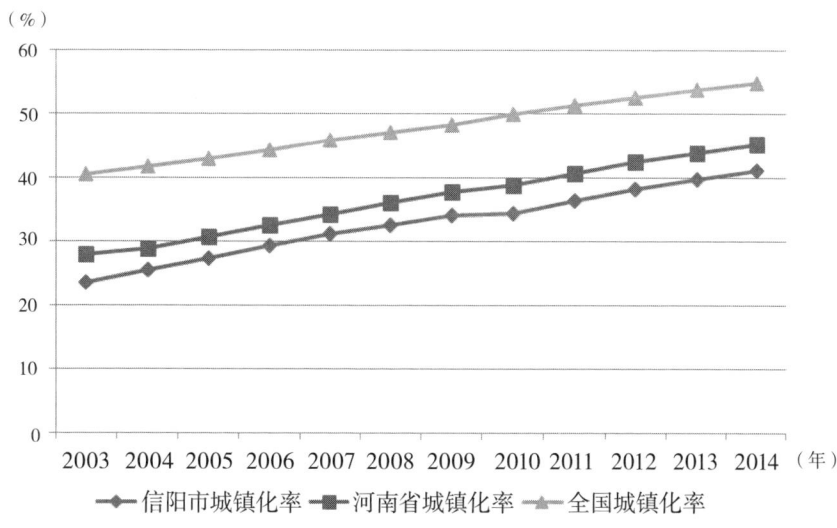

图6.2　信阳市、河南省、全国城镇化率的比较（2003—2014年）

数据来源：根据2003—2014年信阳市、河南省、全国国民经济和社会发展统计公报的数据整理。

表6.1 信阳市农民人均纯收入与全国的比较（2003—2014年）

（单位：元）

项目	2003年	2004年	2005年	2006年	2007年	2008年	2009年	2010年	2011年	2012年	2013年	2014年
信阳①	2000	2396	2708	3153	3737	4272	4618	5311	6153	7008	7982	8868
全国②	2622	2936	3255	3587	4140	4761	5153	5919	6977	7917	8896	10489
②－①	+622	+540	+547	+434	+403	+489	+535	+608	+824	+909	+914	+1621

资料来源：根据2003—2014年信阳市、全国国民经济和社会发展统计公报的数据整理。

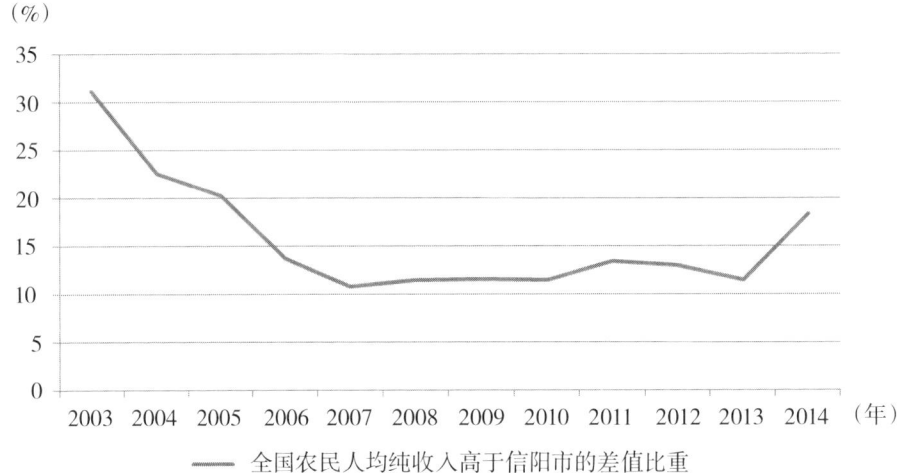

图6.3 全国农民人均纯收入与信阳市的差值比重（2003—2014年）

资料来源：根据表6.1中的②－①与①之间比值计算得出。

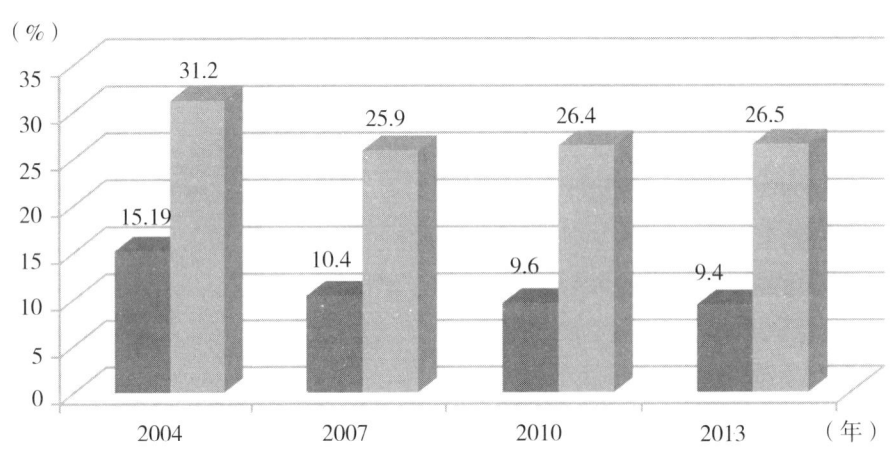

图6.4 信阳市第一产业增加值GDP占比与全国的比较（2004—2013年）

资料来源：根据2004年、2007年、2010年、2013年信阳市、全国国民经济和社会发展统计公报的数据整理。

历史地看，农业转型和消除贫困是传统农业社会推动现代化发展需要解决的中心问题（曾志敏，2014）。对于信阳市而言，它面对的发展问题是，农民能否只依靠农业生产就能够提高经济收入，从而脱离贫困？根据信阳市国土资源局提供的数据，2010年信阳市的农村人口为561.8万人，而耕地总量为838563.47公顷，即农民人均拥有2.24亩耕地。换言之，作为一般农业型地区的信阳农民在人均不到3亩耕地的土地条件下，仅仅依靠农业生产能否脱贫致富？显然，这是不可能实现的。对此，信阳市的一个农民这样描述他的生活境况：

> 加上承揽了别家撂荒的土地，我自己一共耕种了近20亩土地，一年一季，使用拖拉机等机械来耕种。种田赚不了多少钱，扣除种田的种子、化肥、机械等等成本，这20亩田一年的纯收益也就一万来块钱，当然这不能算老两口自己的工资了，这也没办法算。一亩耕地的纯收益确实只有五六百块钱。① 当然，这能够收获到自家的口粮，自家吃的就不成问题。除了农业生产之外，农闲时，我还需要到外面打小工贴补家用，否则日子过得很难。
>
> ——来自笔者对信阳市羊山新区原前楼村肖河村组某村民的访谈记录，访谈时间为2014年8月15日

当地一个担任了30多年村支书的老人，对于农民依靠农业生产来脱贫致富的发展途径表达了更为悲观的看法，他认为只有工业化和城镇化的带动，农民才可能脱离贫困生活：

> 没有工业化、城镇化的带动，农村根本发展不了。我担任村支书30多年了，在村里也搞了30多年了，农村没有根本性改变，还是很穷，跟城市比起来，就显得越来越破败。别的不说，现在政府就连村干部的工资都保障不了，根本就没人愿意去做村干部。我去市里的党校学习，遇到的村干部都是50岁以上的老人，不见一个年轻人。当然，还有一些就是上面派下来的大学生村干部。我们村干部的工资是通过县财政以"务工补助"的名义发的补贴，其中，村支书7000元/年，村委会主任5500元/年，会计等干部4000元/年。之所以补贴这么少，是因为政府说我们村干部本身有土地、林地，有土地收入。但是，有这些土地有什么用？因为种粮食根本就没有多少收入。所以，若是待在农村里，绝大多数农民都是很难富裕的，若稍有老弱病残的负担，家里就更穷了。
>
> ——来自笔者对信阳市羊山新区原前楼村村支书董书记的访谈记录，访谈时间为2014年8月15日

---

① 对此，笔者向当地农业主管部门干部求证过，当地一亩地的纯收益确实是这个水平。

农民生活的贫困状况以及农业生产的低经济效益促使信阳市及其辖属的各级政府在过去十多年里，一直致力于推行以工业化和城镇化为核心目标的发展政策，试图通过实现工业和城市经济的增长来转移剩余农业人口，从而促使农业型经济向现代城市经济转型。

6.2.2 农业剩余人口转移与土地融资的发展机制

对于庞大的农业剩余人口转移，主要通过两个途径：一是外部劳动力市场吸纳，即地方政府积极鼓励发展劳务经济，而农村青壮年劳动力也积极外出务工，从而使得信阳市成为劳动力输出的人口资源大市。自2005年以后，信阳市每年超过200万劳务人员输往国内外（见图6.5）。二是内部劳动力市场吸纳，即地方政府大力发展工业和城市经济，从而创造更多的劳动力需求以实现农业剩余人口在产业部门之间的转移。这种途径本质上是对工业化的二元经济理论的应用，也是地方政府能够充分发挥发展自主性的领域。

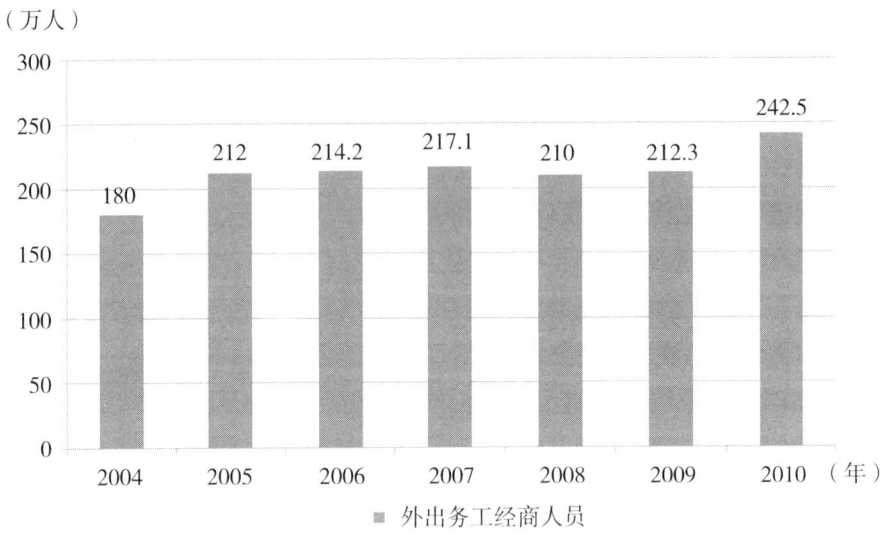

图6.5 信阳市外出务工经商人员数量（2004—2010年）

数据来源：《信阳统计年鉴2007》和《信阳统计年鉴2011》。

然而，信阳市政府推动工业化和城镇化发展所面临的一个最大的困难就是工业与城市基础设施投资的资本匮乏问题。在缺乏配套的基础设施和市场环境支持的情况下，逐利的外来资本并不会自然而然地进入一个欠发达地区进行工商业投资。因此，信阳市政府推动地区工业化和城镇化发展的前提，就是需要找到启动基础设施及城市配套设施建设的资本投融资途径。但是，信阳市政府是典型的"要饭财政"，地方财政一般预算收入与支出之间存在巨大赤字，在数量上支出一般是收入的4倍以上（见图6.6），如2006年，信阳市地方财政一般预算收入是16.26亿元，而支出则是66.82亿元；2011年，一般预算收入是44.33亿元，但支出却高达222.8亿元。二者之间的赤字很大程度上依赖于中央财政转移支付来解决。在现实条件制约下，为了解决"发展任务重但财源少"的矛盾，跟中国大多数欠发达地区的政府一样，信阳市政府只能通过"土地财政"的融资机制来解决发展资金短缺的问题，这也正是土地开发权的政府垄断制度所创造的发展融资条件。

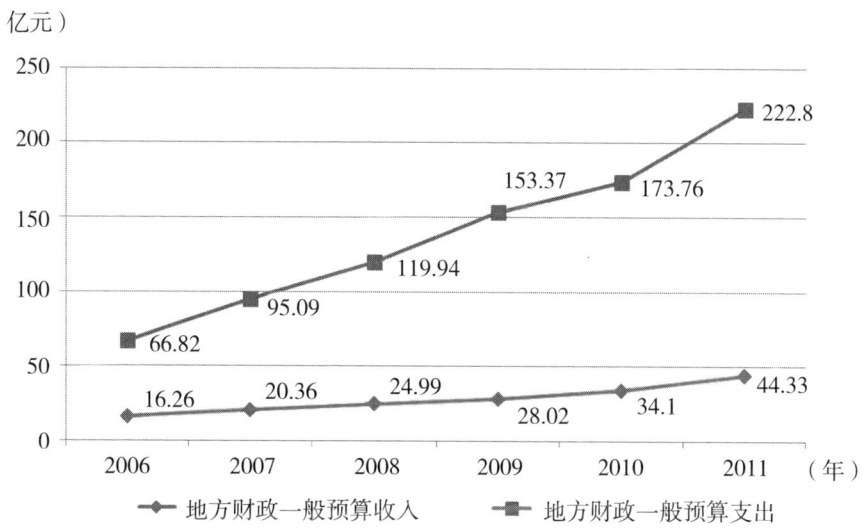

图6.6 信阳市地方财政一般预算收入与支出（2006—2011年）

数据来源：《信阳统计年鉴2012》。

以信阳市在2003年6月筹建的羊山新区为例，其中的建设发展过程可以充分地显示土地融资机制在欠发达地区推动工业化和城镇化发展的关键性作用。由于信阳市老城区很小，没办法容纳继续城市化发展的需要，因而信阳市政府决定建设一个新区，作为信阳市新的政治、经济、文化、教育中心。羊山新区当时的规划面积是76平方千米（2010年以后规划面积是81平方千米），其中起步区面积30.7平方千米。规划之初，羊山新区基本上都是荒地、山地，以及散落的村落，没有多少城镇建成区，农村集体土地（包括农村建设用地）占据了总规划面积的75%左右，其中农用地占比52.18%。可见，羊山新区的开发建设必然需要将大量的农村土地征收为城市建设用地。2003年决定开发羊山新区时，信阳市政府只给了新区筹建小组10万元的办公经费，组织了十来个人来办公。这10万元和十来个人是如何在一片荒地上建起一座新城的呢？参与建设全过程的羊山新区国土局负责人A道出了操作的模式：

政府通过各方面的"关系"招商引资，让投资者来买地，要求他们预付一部分土地款，当时实行非常优惠的土地出让政策，一亩商住土地才十来万元，因而当时吸引了很多投资者。政府通过预付款启动征地拆迁和修路建设，而后土地再进行招拍挂获取土地收益。当时规定，若土地出让金在招拍挂过程中超过了合作投资者最初达成的预付款时，那么超出部分返还给投资者。2007年以后，由于国家严格规范了土地出让金的收支管理，土地出让金就不能返还了。开始修路建设基础设施时，政府靠国家开发银行贷款了10个亿。新区发展了以后，就慢慢还了贷款，现在已经很难再向国开行贷款了。羊山新区就是这样边征边建边安置，一步步滚动土地资金，才建成了一个新区。

——来自笔者对信阳市羊山新区国土局负责人A的访谈记录，访谈时间为2014年8月12日

归纳起来，羊山新区的建设步骤是：城市规划—"以地换路"（即政府私下与投资者达成协议，将一块未来要征收的土地许诺给他们，让他们先行支付土地出让金，政府用这些钱去征地拆迁以及修路。简言之，就是政府拿农民的土地作为借条，向开发商借钱去搞开发）、"国开行融资"（国家的资金是僧多粥少，目前已经很难获得国家给予的发展基金）等方式获得建设资金—基础设施建设—土地开发与出让—土地收益—再开发建设，其核心内涵就是以土地作为融资载体和杠杆进行滚动式开发。从财政角度看，这种滚动式开发模式，前期地方政府只能发展房地产业，否则根本就没钱推动后续发展，产生不了即时性土地收益；等房地产业发展到一定程度后，就会发展工业地产，从而创造长期性的工商业税收财源。根据羊山新区财政局的测算，总体上看，在羊山新区的经营性商住地产开发中，扣除所有征地成本以后，政府财政应有40%左右的收益率，但对于城市公共事业及基础设施用途的划拨土地，则是完全亏本的；而在工业用地方面，由于政府为了招商引资获取长远税源并解决当地就业问题，而对工业企业通常都给予了土地成本补贴以及税收补贴，因而土地收益也基本是亏本的。换言之，地方政府将通过商住地产开发获得的土地收益投入地方的基础设施建设和民生建设当中。

如今羊山新区已经汇集了超过20万人口[①]，规划至2020年，总人口控制在41.28万人左右，其中城镇人口达38.19万人，城镇化率达92.51%。截至2013年

---

① 主要由三部分人口组成：原来的拆迁户、失地农民转成了市民；区县有人在新区买房和工作，不断融入进来；党政等体制内的工作人员因为工作地点在新区而逐渐将家搬过来。

末,羊山新区实现全年地区生产总值26.8亿元,同比增长13.2%;实现第三产业增加值19.9亿元,同比增长14.1%;第二、第三产业占地区生产总值的比重达96.8%,同比持平;固定资产投资全年累计完成44.6亿元,同比增长30.1%;城镇居民可支配收入达19 118元,同比增长11.0%;产业集聚区完成投资44.6亿元,产业集聚区规模以上工业企业主营业务收入完成6.5亿元。可以说,仅仅用了10年时间,羊山新区就从一大片荒地建设成为信阳市最为现代化的城市新区。羊山新区的土地融资发展模式,与信阳市其他区县推动工业化和城镇化发展模式本质上是相同的,所不同的仅仅是由于它具有更好的行政区位优势和更少的农村负担因而发展得更为迅速。

6.2.3 土地融资发展机制的限度及其当前的困境

信阳市的工业化和城镇化快速推进的过程也是国家对建设用地管理制度愈加完善和愈趋严格的过程,它的土地融资发展机制由于两个方面的限制因素目前已经达到了作用的极限:

其一,由于国家实施严格的耕地保护制度,土地总体利用规划和年度土地利用计划所涉及的建设用地指标愈加稀缺,而经过自上而下层层分配以后,信阳市所能获得的新增建设用地指标根本无法满足其工业化和城镇化扩张的需求,这就在土地供给上设定了土地融资发展的规模限度。在分配得到的建设用地指标本来就非常稀缺的情况下,市级政府为了保证它的重大工商业发展项目的用地需求,就会进一步挤压区县的用地指标,从而导致区县的建设用地矛盾尤为突出。地方政府尤其区县政府为了发展工业及城市经济,往往在土地利用上"铤而走险",采取化整为零、先租后征、先征地改变用途再申请等待指标等违法违规或者"打擦边球"的方式,尽可能将农用地转变为城市建设用地。比如,信阳市羊山新区建设之初,当时中央已经不允许修建政府广场,没办法批地下来,但当地仍然顶着压力去建设,其方式就是以农村土地流转的方式绕开城市建设用地指标,以"百花园"的名义修建了如今信阳市区的市民广场。但是,这种突破土地制度和政策的违规利用方式,毕竟存在明显的法律和政治风险,从而使得地方政府的土地利用行为越来越受到强有力的约束。

其二,由于国家在法律及政策层面已经大幅度提高了征地拆迁补偿标准,并且在征地拆迁冲突中,更加明确地支持征地农民的权利诉求并加大对地方政府处理社会稳定问题的问责压力,因而导致征地拆迁成本急剧上升,而真正能够带来即时性土地收益的经营性商住地产开发却受制于城市经济的发展程度而不可能持续增加收益,这就在土地收益上设定了土地融资发展的动力限度。在实践过程中,土地收益受制于土地一级市场的供需价格,因而是可预测的,也是有限度的;土地征收拆迁成本却由于复杂的农民社会问题而变得没有限度,即农民征地要价是没有标准的,这实质上就是"钉子户"困境的体现。至于这种困境的成因,长期参与征地拆迁工作的羊山新区国土局负责人B指出了其中缘由:

> 现在征地拆迁矛盾很多,对抗性事件频频发生,上访案件中也很多涉及土地方面,总的来看,农民就希望多获得补偿款。但是,他们对于补偿额度是没有标准的概念的,他们不认可政府提出的补偿标准,只是在不断跟别人比较中来层层推高他们心目中的补偿价格。这种比较来源于:①城区里的商品房价格;②征地农民之间的彼此比较,即农民自己会想,别人凭什么获得比自己更多的补偿呢?由此,农民普遍都形成了"钉子户"心理。但是,在很大程度上,这都是中央政府连同地方政府共同培养了农民的"钉子户"心理。中央一再强调不允许强拆,要保持社会和谐,如果造成上京上访的,不管什么原因,都会追究地方责任,进行一票否决。这样一来,地方政府为了把一直对抗的农民安抚下来,同时为了避开政策上规定的征地补偿标准限制,政府就会偷偷给这些"钉子户"多补些钱。这样一来,农民就会形成这样一种意识:只要跟政府扛得越久,那么就会补得越多。农民彼此之间,就会纷纷效仿,跟政府对着干,"拖"也就成了农民的"武器"。另一方面,农民拖得越久,补偿得越多,也是政策上造成的。现在河南省制定的区片综合地价标准,每两年就会调整一次,这样会激励农民顶上至少两年,这样补偿就会更多一些。但是,这种对抗游戏,是不会有尽头的,也从根本上损害了公共利益。
>
> ——来自笔者对信阳市羊山新区国土局负责人B的访谈记录,访谈时间为2014年8月19日

在当前土地融资机制已经达到极限的情况下,地方政府和农民也都陷入了一种极为矛盾的心理。对于地方政府而言,它确实担负着相当繁重的发展任务,地方政府的发展压力很大,尤其欠发达地方更是如此。它希望能够获得上级政府的支持,从而获得推动发展的强势地位。但事实上,鉴于频发的社会矛盾和冲突,中央对地方发展自主权的约束力越来越强,希望以此缓和地方政府与百姓之间的紧张关系。以地方土地利用为例,信阳市羊山新区国土局负责人B如此表达地方政府面临的"政治压力"和"无所适从"的处境:

目前国家审计署正在全国范围内进行审计，审计组已经进驻河南，并分派审计小组进驻信阳，这肯定会审计出问题，而且这些问题至少80%都是全国共性（普遍存在）的。等整个审计工作结束以后，就会区分哪些是共性问题，哪些是个性问题。对于共性问题就意味着这可能是中央政策出了问题，不予追究责任；对于个性问题，到时就会追究地方政府的政治及法律责任。实际上，在土地政策方面，中央对地方管得很严。地方若要发展，按部就班去做，则很难发展起来，想要发展得快一些，就必须要做一些变通的事情。比如，在修羊山新区的主干道路时，市政府确定了宽40米、六至八车道、中间十多米绿化带的方案，当时很多人大代表反对，指责政府搞政绩工程，道路修得这么宽。但现在来看，道路修得宽确实解决了交通拥挤问题。羊山新区车辆越来越多，如果当时修得不宽，现在就开始堵车了，而且也很难改造。

——来自笔者对信阳市羊山新区国土局负责人B的访谈记录，访谈时间为2014年8月19日

在土地开发利用领域，农民的矛盾心理更为普遍，也更为纠结，即既希望政府向他们征地，又要坚持做"钉子户"。羊山新区原前楼村村支书介绍了一个他所在村的农民上访要求征地的例子。

信阳市政府推动建设的一个大型工业项目将前楼村13个村民小组中的11个村民小组全部征收了，建成了新的前楼社区，农民全部转变为居民。前楼村未被纳入规划的两个村民小组（段寨、肖河）共涉及300多人，800多亩土地。这些村民以"剩余两个孤零零的村民小组会带来生产、生活及发展种种不利"为诉求，强烈要求政府把他们纳入新规划当中，并如同其他村民小组一样全部被征收，为此他们到信阳市政府进行了三次规模较大的上访。第一次上访是在2014年的清明时节，村民开着拖拉机去了市政府大门前；第二次上访大概是在5月份，村民坐着大巴去了市政府；第三次上访是在6月份，村民骑着摩托车去上访，但在半路上被乡镇和村干部拦截劝阻了回来。这两个村民小组之所以强烈要求被征地，主要是因为他们发现，他们跟已经被征地的其他村民小组的农民相比，待遇相差太大了。其他村名小组的农民因为征地，生活有了很大改善，感觉一下子富裕了起来，这给他们造成严重的心理不平衡。

——来自笔者对信阳市羊山新区原前楼村支书董书记的访谈记录，访谈时间为2014年8月15日

毫无疑问，大型工业项目的城镇规划肯定待遇更好，获利更多，除了有一笔比较大的补偿之外，也可以享受城镇养老保险，而且将来工业项目用工也会优先考虑已被征地的农民。这两个村民小组的农民希望发展，如果他们没有搭上这趟发展的便车，那么他们可能就永远没办法改变现状。但是，在这个担任了30多年的老村支书看来：

> 现在没有被征地，农民反而要求被征地；但是一旦划入规划，真正要征地的时候，他们肯定又会有各种理由不让政府去征了。老百姓现在的心理真的很矛盾，既想征地，又不想征地。说到底，就是想多要钱，都是想尽一切办法通过征地从政府和投资商那里多要钱。农民本身确实跟不上时代的发展了，他们也知道发展好，真正担心失地以后生存问题的，这样的人不多。因为在他们看来，有了安置房，还有一笔钱，就有了更多的自主发展机会，也有了做小生意的本钱，机会更多了，不会担心以后没饭吃。相比而言，有些老人确实会担心土地没了之后的生存问题。他们没土地了，不知道干什么，也担心没工作。但是，他们其实真正担心的，就是怕失地以后，没人赡养他们。没了土地，如果子女不赡养，他们就无所依靠。他们是对自己的子女是否孝顺不信任，也没信心。
>
> ——来自笔者对信阳市羊山新区原前楼村村支书董书记的访谈记录，访谈时间为2014年8月15日

从信阳羊山新区的发展情况来看，被纳入城镇化框架发展的征地农民生活确实得到了很大改善①，但是因为征地拆迁补偿的利益分配问题也导致了农村伦理关系及道德观念的扭曲，包括征地农民返贫在内的很多社会问题都与此有密切关系。这从羊山新区二十里河村支书张书记的介绍中可见一斑，也足以说明了当代中国农村发展问题的复杂性：

> 在我们村里，有一部分农户家庭因为征地补偿款的内部分配而导致兄弟之间、父子之间或亲朋之间、邻里之间闹矛盾，甚至反目成仇的，大打出手的都有。村里的集体土地在分配给农户时，土地本身就没有明确确权，土地划分的界限也不清楚，因为以前撂荒转包的，现在征地了，也会引发矛盾。有时村里的老人去世了，后人对土地的权属及界限就更说不清楚了。但归根到底就是为了钱。过去拆迁，还讲点感情，讲点面子。现在

---

① 2003年，羊山新区刚成立时，如今羊山新区招商大厦所在的鹰钱村，有摩托车的人就过得很好了，整个村都没多少辆，当时有辆桑塔纳轿车就很了不起。经过新区发展多年，搭上城市化的快车，鹰钱村很多人都有新车、新房。尤其在2006年羊山新区的主干大道建好以后，新区的居住环境变好了，就业机会也变多了。

大部分农民，在钱面前，都是不堪一击的。十年前还讲些情面，有支持国家建设的意识，现在这十年，老百姓只认钱，不讲情面。

有些农民因征地补偿暴富后，心态就会变坏，人心容易堕落，买小车、打牌、喝酒。但在安置小区，什么都要花钱，生活成本高，城里比农村生活成本高得多。2006年，有个农民征地补偿了80万，这个之前很穷的农民有钱后，天天夹着一个皮包在外面喝酒，还搞婚外情，连自己的新家也不盖，挥霍不到三年，他就落魄潦倒了。征地农民返贫的基本都是因为吃、喝、嫖、赌。还有的就是被人忽悠搞投机生意。几年前的时候，有个农民拿着征地补偿款去买了基金和股票。那时行情很好，买什么涨什么，赚了很多。很多农民认为买了就能赚钱，都一窝蜂地去买，后来股市暴跌，很多人又一贫如洗。城里其实有很多务工机会，哪怕打一天散工，也有150块，只要勤快，就能赚到钱，在农村，只要不喝不嫖不赌的，勤快一些，一个人就能养活四个人。现在农民很少专门种田的，那赚不了多少钱。青壮年劳动力都外出打工去了，有时村里的一些活，想请人干都请不到。

——来自笔者对信阳市羊山新区二十里河村村支书张书记的访谈记录，访谈时间为2014年8月13日

6.3 浙江安吉县：生态经济与保护导向的发展模式

6.3.1 长三角经济圈的"生态后花园"

安吉是浙江省东北部一个典型的山区县，山地和丘陵面积占全县总面积的60%以上，位于天目山北麓，北临太湖，南接杭州，是黄浦江之源，三面环山，茂林修竹，河道密布，可以概括为"七山一水二分田"。安吉境内孕育着丰富的生态资源，全县目前植被覆盖率75%，森林覆盖率71.1%，拥有山林207.5万亩，其中竹林面积104.5万亩[①]，为著名的"中国竹乡"，有"世界竹子看中国，中国竹子看浙江，浙江竹乡看安吉"之说。[②]安吉在经济地理上处于长三角的三小时经济交通圈范围内，水陆交通便利。[③]2008年初建成通车的杭长高速一期与申苏浙皖高速相连接，实现了安吉与上海、南京的全程高速；

[①] 除了特别说明之外，本书所涉及安吉经济、社会、生态等方面的数据均来自于《安吉统计年鉴2012》以及安吉县政府的统计资料，后文不一一注释。

[②] 安吉可谓是竹子的王国。这里有世界上散生、混生竹种最为齐全的安吉竹博园，有"竹类大观园"之称，园内的中国竹子博物馆收录了人类五六千年的竹文化史。除了4A级景区中国竹子博览园，安吉还拥有具有绿色梦幻之境的奥斯卡获奖影片《卧虎藏龙》的外景拍摄地"中国大竹海"。

[③] 距上海220千米，杭州市中心65千米，南京240千米，县内水支航程48千米，船只可达湖州、上海、苏州等地。

而2012年底正式全程通车的杭长高速二期以及申嘉湖高速西延工程建设的完成，构建了安吉到杭湖、沪宁等地的快捷交通网络。可以说，安吉县就是长三角发达城市经济圈的"生态后花园"。

安吉辖10镇5乡1个省级经济开发区、187个行政村（社区），县域面积1886平方千米，其中农用地面积1675平方千米，占比88.8%。2014年末全县户籍总人口46.38万人，其中农业人口32.56万人，占70.2%。可以说，安吉就是一个"大乡村"。虽然，安吉县的城镇化率至今仍然处于较低水平，但是如果将安吉放在所在经济圈整体来看，浙江省和上海市的经济社会发展都已经进入了城镇化发展的成熟阶段，也已经开始进入后工业化时代，大幅度超过全国的平均水平（见图6.7）。事实上，安吉的工业经济发展得较早，自20世纪90年代中期以后，第二产业在国民经济中的比重以及农民人均纯收入均长期超过全国平均水平（见图6.8和图6.9）。1993年，安吉县第二产业增加值占当年国民生产总值的比重达46.6%，此后一直保持在50%左右。近年来，第一产业增加值占比不断下降，现已降到10%以下（2014年为8.9%），第三产业增加值占比不断上升，现已上升至40%以上（2014年为42.6%）。可见，安吉县实际上是一个经历过工业化充分洗礼并且现代产业经济结构已经得以不断优化的"大乡村"。安吉县所处的特殊经济区位以及自身工业化的扎实基础，是理解安吉县后来能够成功走上生态发展道路所不可忽视的两个前提。

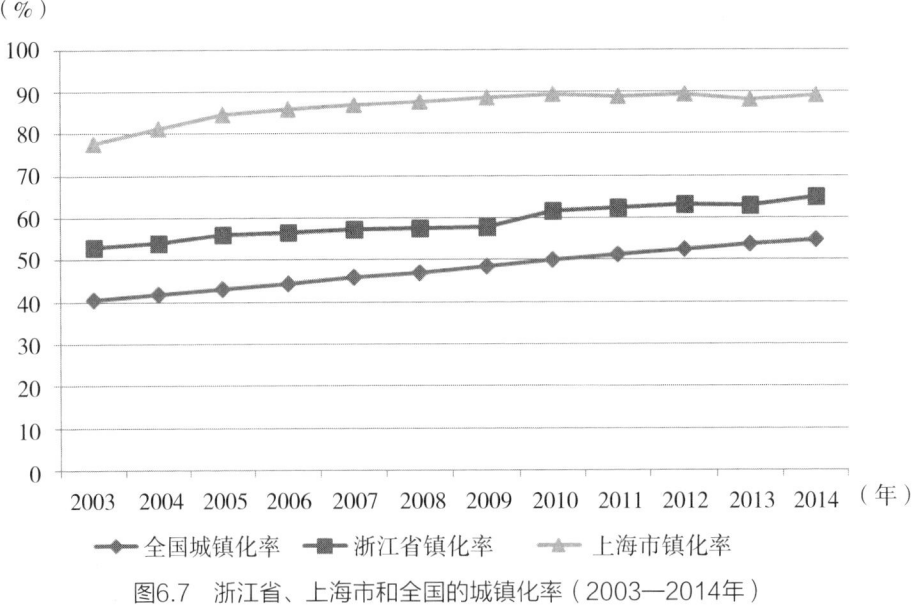

图6.7 浙江省、上海市和全国的城镇化率（2003—2014年）

数据来源：根据2003—2014年浙江省、上海市、全国国民经济和社会发展统计公报的数据整理。

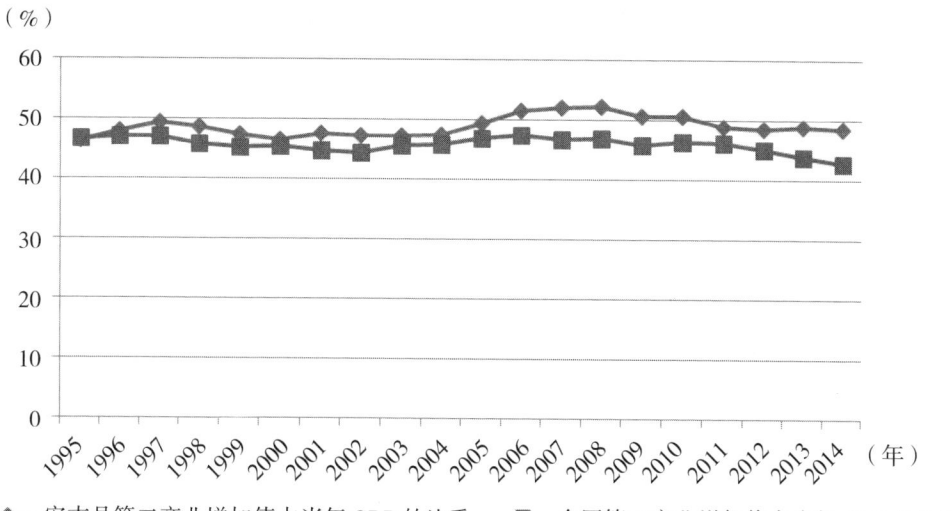

图6.8 安吉县第二产业增加值GDP占比与全国的比较（1995—2014年）

数据来源：《安吉统计年鉴2012》、2013年和2014年安吉县国民经济和社会发展统计公报，《中国统计年鉴2014》。

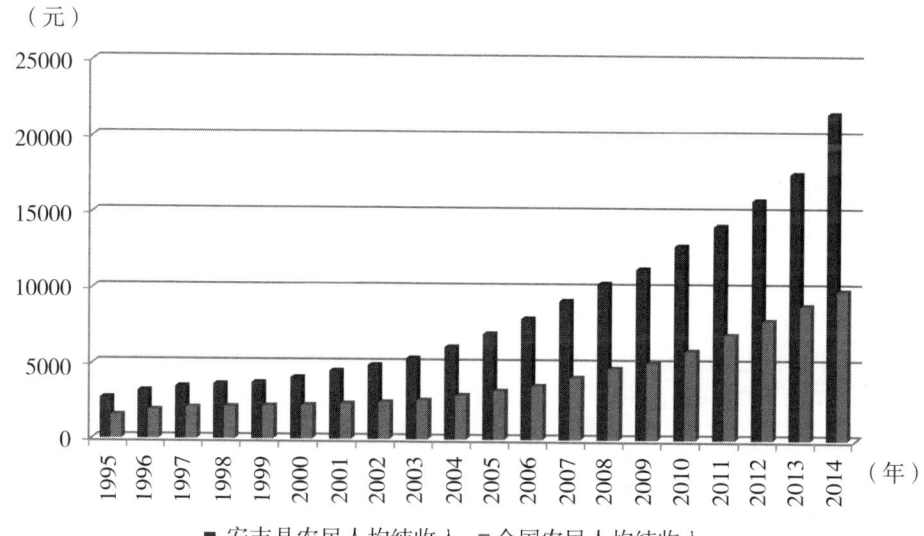

图6.9 安吉县农民人均纯收入与全国的比较（1995—2014年）

数据来源：《安吉统计年鉴2012》、2013年和2014年安吉县国民经济和社会发展统计公报，《中国统计年鉴2014》。

6.3.2 生态立县及生态经济建设成就

改革开放以后的20多年间，安吉县一直坚持"工业强县"发展模式。20世纪80年代后期，由于当时受交通条件、经济结构、人员素质、技术水平等诸多因素制约，安吉引进和发展的大多是造纸、化工、印染、建材等资源消耗型或环境污染型产业，虽然经济得到了快速增长，摘掉了贫困县的帽子，也拿来了小康县的牌子，但生态环境和自然资源也为此付出了沉重的代价。[①]以环境资源为代价的工业化发展不仅直接影响当地经济的可持续发展，而且对太湖流域水环境质量带来严重的影响，严重威胁了区域内百姓生存质量和经济社会的发展。安吉甚至曾被国务院列为太湖水污染治理重点区域，付出了巨大的环境整治代价[②]。传统工业遭遇挫折以后，安吉对长期坚持的工业强县模式进行了认真的反思，开始意识到以牺牲生态环境为代价的发展将是不可持续的，从而倒逼自己探索一条全新的生态发展之路。但是，"生态立县"的发展战略在政策层面上如何实施？在当时全国的工业经济发展浪潮中，安吉并没有现成的经验可借鉴，只能"摸着石头过河"。历史地看，安吉县委县政府主导下的生态发展主要经历了三个阶段。

首先，生态环境整治是起点。2001—2002年，安吉开展了以"五改一化"（改路、改房、改水、改厕、改线及环境美化）为主要内容的村庄环境整治活动。为从根本上治理水污染，安吉提出了生态式防治的思路，即用生态的方法，通过"减、控、调、截、治"，多管齐下，积极防治水污染。为了保护生态环境，并使生态建设深入人心，2003年9月13日，安吉县人大常委会决定设立全国首个"生态日"——从2004年开始将每年的3月25日定为安吉"生态日"，并每年定期举办一系列纪念和宣传活动。与此同时，安吉县政府开始对传统工业和农业进行了全面的生态经济改造。[③]然而，环境整治所导致的财政支出项目的增长以及严格的工业管制政策所导致的经济增长速度放缓，使

---

① 工业废水的直接排放，造成西苕溪水质严重污染，生物多样性锐减；林木、矿产等资源的过度开采，造成严重的水土流失，自然灾害频发；水质的污染，造成下游居民饮水困难，严重影响了人民群众的身体健康，同时也引发了交织在一起的各种社会矛盾。

② 1998年，安吉被国务院列为太湖水污染治理重点区域，受到"黄牌"警告。在治理太湖水"零点行动"（自1999年1月1日起，国务院规定，禁止一切排污单位向太湖流域水体超标排放水污染物，被称为"零点行动"）中，安吉别无选择，只有彻底治理，保护生态，才是出路。安吉以积极的姿态迎接挑战，在当时县财政收入只有4000多万元的情况下，先后投入8000多万元，对全县74家水污染企业进行了强制治理，关闭了33家污染严重企业，拆除了地处西苕溪上游、具有30多年造纸历史、规模和利税列全县之首的孝丰造纸厂的纸浆生产线；对全县的低档小建材、小加工等烟尘污染企业进行了集中整治；开展了大规模的"绿色工程"建设，关闭并复绿了200余处矿山。然而，在付出了巨大的整治成本后，关、停、并、转的结果直接导致了县域经济增长速度大幅下滑，财政收入明显减少，安吉的工业化进程以及经济发展再次与周边县（区）拉大了差距。

③ 工业方面则以资源节约型、生产清洁型、生态环保型为导向，通过倾斜科技改资金、鼓励进入工业园区等措施，改造提升竹制品、转椅两大传统产业。在引进外资时，安吉县委县政府坚守环保底线，做到"招商选资"。2002—2003年因环保问题而被一票否决的外资达1.5亿美元、内资3亿多元，而2002年安吉全县财政收入只有5.2亿元。农业方面则努力朝着有机、绿色、无公害方向调整，山地发展冬鞭笋、山核桃、有机茶产业，平原种植无公害稻米、有机蔬菜，河网发展优质水产产业，从而努力建成有机、绿色、无公害的三级生产基地。

得安吉一度陷入了经济转型的阵痛期。在实施生态立县战略的头五年时间里（2000—2005年），安吉经济发展以及财政收入总量和增幅均大大落后于毗邻的县市（见图6.10和图6.11）。

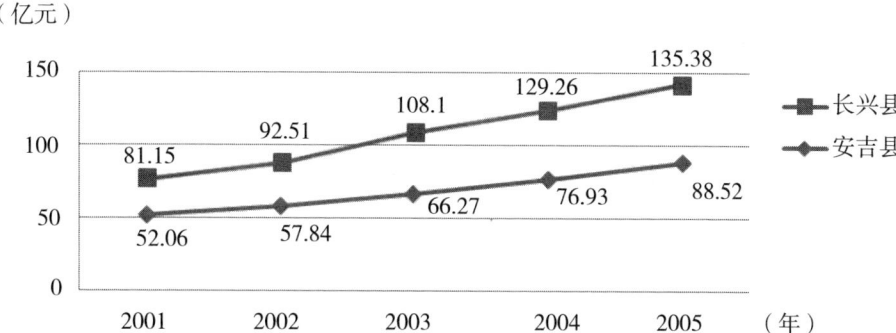

图6.10　安吉与邻县长兴GDP总量的比较（2001—2005年）

数据来源：根据《2012安吉统计年鉴》，2002—2005年的《长兴县国民经济和社会发展统计公报》整理。

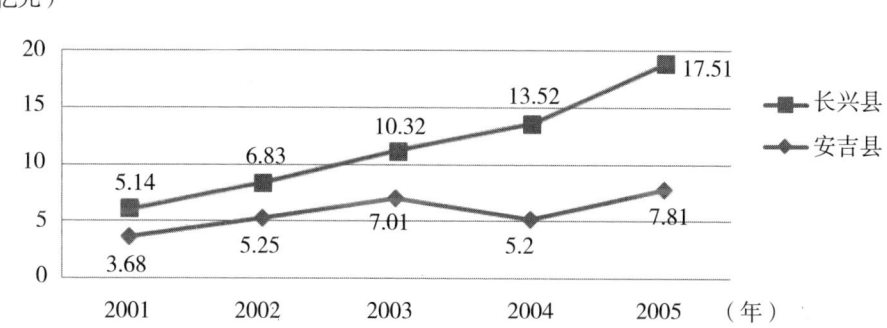

图6.11　安吉与邻县长兴财政收入比较（2001—2005年）

数据来源：根据《安吉统计年鉴2012》，2002—2005年的《长兴县国民经济和社会发展统计公报》整理。

其次，发展生态经济实现经济发展与环境保护的结合。2006年12月26日，安吉县第十二次党代会确立了走新型工业化、新型城市化和新农村建设互促互进的道路，提出了"奋战五年·再造安吉"的奋斗目标和"扬生态之长，补工业之短，提开放之速"的发展战略，试图打造"三张名片"——生态经济强县、生态文化大县、生态人居名县。得天独厚的生态环境、厚重的人文历史、便捷的区位交通和较完善的服务配套，使这个处于大都市圈中间的山区县受到多重辐射，实现差异化发展的优势凸显。在做大做强做深竹产业、安吉白茶产业的同时，利用生态环境资源优势和第一产业优势，休闲农业和乡村旅游业得到蓬勃发展，并成为安吉县新农村建设的一大主导支撑产业，越来越多的安吉农民实现了增收致富。在确立生态立县之前，安吉农民的收入低于浙江省农民的平均水平（见表6.2），但是在确立生态立县的发展战略之后，经过几年的磨练，生态经济的后发优势开始呈现，农民的收入开始加快增长，并于2004年一举超过浙江省的平均水平，赶超趋势愈加明显。

表6.2 安吉县农民人均纯收入与浙江省的比较（1998—2007年）

（单位：元）

项目	1998年	2000年	2002年	2003年	2004年	2005年	2006年	2007年
安吉县①	3666	4097	4930	5402	6161	7034	8031	9163
浙江省②	3815	4254	4940	5431	6096	6660	7335	8265
①－②	－149	－157	－10	－29	＋65	＋374	＋696	＋898

资料来源：根据《安吉统计年鉴2012》，1998—2007年的《浙江省国民经济和社会发展统计公报》整理。

最后，全覆盖建设"中国美丽乡村"。2007年党的十七大提出全面统筹城乡发展，建设生态文明，推进社会主义新农村建设的总体要求。在这样的政策背景下，安吉县委县政府经过一年多的调研和评估，2007年底提出全面建设"中国美丽乡村"的构想。[①]为了实现这个目标，安吉全方位动员所有的资源，主要实施了以"环境提升工程"（开展自然环境的生态化保护和人居环境的功能化改造，实现村村优美）、"产业提升工程"（坚持农村产业的特色化发展和农民就业的多元化拓展，实现家家创业）、"服务提升工程"（开展农村新社区的规范化建设和社会保障的无缝化整合，实现处处和谐）和"素质提升工程"（开展农村乡土文化的个性化展示和农民素质的现代化培育，实现人人幸福）等"四大工程"为主体的一系列建设工程，并构建了一整套考核制度与运行体制机制。经过多年的建设实践，安吉县的中国美丽乡村建设取得了丰硕的成果。[②]这些年安吉通过美丽乡村建设带动了生态旅游、生态农业的生态经济大发展，这正是推动安吉农民人均收入近年来大幅度增长的经济动力所在。从表6.3可以看出，2008—2014年，安吉农民人均收入已经从原来落后于浙江省平均水平的地位转变为在本省较大幅度的领先地位，与全国农民人均收入相比，安吉更是超出了一倍有余。

鉴于安吉在美丽乡村建设上所取得的瞩目成就，安吉先后被授予国家生

[①] 从目标上看，安吉试图通过十年的努力，逐步把安吉所有的乡村都打造成为"村村优美、家家创业、处处和谐、人人幸福"的"中国美丽乡村"，使安吉的农村成为生态环境最优美、村容村貌最整洁、产业特色最鲜明、社区服务最健全、乡土文化最繁荣、农民生活最幸福的全国新农村建设的样板，使安吉全县处处可憩可游、宜商宜居、且安且吉，把"中国美丽乡村"品牌打造成安吉继"中国竹乡""全国第一个生态县"之后的第三张国家级名片。

[②] 关于安吉县建设美丽乡村的背景、机制、过程及成效的详细介绍，可参见柯福艳(2012)。

态县、国家卫生县城、国家园林县城、中国人居环境范例奖、全国林业推进新农村建设示范县、全国新农村与生态县互促共建示范县、全国生态文明建设试点地区、中国竹乡、中国白茶之乡、中国椅业之乡、中国竹地板之都、中国最佳生态旅游县、中国自驾旅游品牌十大目的地、长三角最具投资价值县市、浙江省文明县城、浙江省森林城市等荣誉称号。2012年9月6日,在第六届世界城市论坛上,安吉以其出色的人居环境和一流的生态环境,获得联合国人居署颁发的"联合国人居奖",是2012年亚洲唯一获奖城市,也是中国自1990年参与该奖项评选以来唯一获此殊荣的县。

表6.3 安吉县农民人均纯收入和浙江省和全国的比较(2008—2014年)

(单位:元)

项目	2008年	2009年	2010年	2011年	2012年	2013年	2014年
安吉县①	10 343	11 326	12 840	14 152	15 836	17 580	21 562
浙江省②	9258	10 007	11 303	13 071	14 552	16 106	19 400
全国平均③	4761	5153	5919	6977	7917	8896	9892
①－②	+1085	+1319	+1537	+1081	+1284	+1474	+2162
①－③	+5582	+6173	+6921	+7175	+7919	+8684	+11 670

资料来源:①安吉县:根据《安吉统计年鉴2012》和2013—2014安吉县国民经济和社会发展统计公报整理;②浙江省:根据2008—2014年浙江省国民经济和社会发展统计公报整理;③全国:根据2008—2014年国民经济和社会发展统计公报整理。

6.3.3 土地开发权管制及发展权补偿

安吉县的生态经济发展尤其是美丽乡村建设全覆盖在政策实施上,必然依赖于各种条件,如经济与财政资源、行政执行力和政治领导力等,但在制度上论,政府严格执行土地规划和用途管制制度是其根本。美丽乡村建设全覆盖,实质上涉及政府通过对土地开发权的限制性行使,来达到保护和修缮耕地、林地,以及更广泛意义上的生态环境和有历史意义的建筑、界标、风景资源等具有生态和文化内涵的土地及其附着物的目的。根据《安吉县土地利用总体规划(2006—2020年)》,2005年全县1888.6平方千米,其中农用地面积1688.1平方千米、建设用地面积152平方千米、未利用地面积46平方千米,分别占全县土地总面积的89.50%、8.04%、2.46%。以2005年为基期年,规划农用地规模从2005年的168.81平方千米调整为2020年的170.06平方千米,占全县土地总面积的比重由89.50%调整为90.16%;规划建设用地规模从2005年的152平方千米调整为139平方千米,占全县土地总面积的比重由8.04%下降至7.35%。可见在土地规划上,安吉县总体上愈加严格限制土地开发权的行使,不断整理、复垦、盘活、更新原有的存量土地，促进土地节约集约利用。此外，安吉县制定了详细的建设用地管制分区及管制规则，因地制宜划定城乡建设用地规模边界、城乡建设用地扩展边界和禁止建设用地边界，形成允许建设区、有条件建设区、限制建设区和禁止建设区四个区域，从而按规划主导用途区，以"禁止建设—允许建设—有条件建设—限制建设"的次序，对区域土地进行空间管制分区。实际上，这就是基于规划的土地开发权的管制性分配。

与此同时，安吉县通过以下方式对受到生态管制或者征地的农民予以发展权补偿：其一，对所有建设美丽乡村并达到政府考核标准的乡镇和农村予以区分性经济奖励，这份奖励本质上就是生态发展权的经济补偿。根据《安吉县建设"中国美丽乡村"考核指标与验收办法》，对经考核验收达到"中国美丽乡村"建设标准的乡镇、村根据人口规模大小实行以奖代补。①这份生态补偿是安吉县187个行政村积极参与中国美丽乡村建设的重要激励。②其二，实行村级建设"留用地"政策，即"凡建设需要征用市区城区及乡镇规划区集体土地，必须给被征地村规划一定的建设留用地""留用地的使用在符合国家法律、法规、政策的前提下，由村级集体经济组织自主进行开发或通过招商引资进行合作、合股开发"。③"留用地"政策本质上就是政府对征地农民经济发展权的再分配。其三，城乡均衡发展，公共服务城乡一体化，即实现了社会发展权的公平性保障。在安吉县政府投资下，基础设施向农村地区延伸覆盖，文教卫事业布局调整全面到位，环卫保洁体系全面覆盖，生产生活生态条件全面改善，而且养老、教育和医疗等基本公共服务的保障水平逐渐达至城乡一体化和均衡化。正是由于这些发展权补偿的充分保障，使得安吉农民普遍对美丽乡村建设持支持态度：

> 美丽乡村建设让我们村里的道路更宽敞了，房子规划更整齐漂亮了，土地流转经营更节约也更有效益了，乡土文化（的氛围）更浓郁了，乡村厕所更干净了，农家污水全被处理了，农村保洁有人负责了。对于这样山清水秀、整洁漂亮、生活富足的美丽乡村，谁不热爱？谁不向往？我们现

---

① 以奖代补标准：乡镇人口规模在2万人以下的奖励300万元，4万人以上的奖励500万元，2万至4万人的按人口数折算奖励。精品村、重点村、特色村按人口规模2000人为标准分别奖励200万、100万、50万元，按人口数折算最高分别奖励300万、150万、75万元，最低分别奖励150万、75万、37.5万元。

② 最早自愿创建美丽乡村的马家弄村，是安吉县山川乡地势偏僻的一个纯农业山村。早在2009年，马家弄村就通过了美丽乡村精品村的考核，得到了85.7万元的奖励。周围的村子看到县里的奖励真的兑现了，申请参加美丽乡村建设的就越来越多。

③ 参见《关于加强市区村级建设留用地管理的若干意见》（湖政办发〔2004〕60号）。

在不仅拥有了城市人可以拥有的东西，而且拥有了城市人所没有或不能拥有的东西。

——来自笔者对安吉县畈山乡某村支书的访谈记录，访谈时间为2013年11月13日

6.4 案例比较的分析性结论

6.4.1 地方发展的路径选择受到特定发展阶段的约束

安吉县全面建设"中国美丽乡村"的生态发展模式，确实让人们看到了地方发展尤其是农村发展的美好未来。实现"产业强、环境美、百姓富"综合性的发展目标，就是地方发展的未来，而安吉县以其较为成功的先行实践，证明了这种未来是可以期待的。然后，信阳的发展经验表明，上述地方发展的愿景不是一蹴而就的。事实上，信阳拥有与安吉不相上下的优越的生态、人文与历史资源和环境[1]，但它并不能复制安吉的发展模式。这并不是说生态保护和美丽乡村建设对于信阳不重要，而是因为其与安吉确实处于不同的发展阶段，它的经济与财政资源，周边城市经济的消费市场对生态与休闲经济的吸纳与支撑能力，以及自身城乡工业化水平都无法在现实经济社会层面支持信阳选择工业化和城镇化成熟阶段以后的发展模式。当前，通过推动经济发展建设以转移大量农业剩余人口、解决农村贫困从而促进现代农业转型，仍是信阳地方发展要解决的核心问题。但是，信阳必须以安吉曾经的经验教训为鉴，在经济发展的同时注重生态保护建设，即需要以一种富有耐心的可持续发展理念实现经济社会的工业化与城镇化发展及生态环境保护的协同发展。

6.4.2 土地开发权的政府垄断制度仍具有现实有效性

虽然信阳与安吉的地方发展模式截然不同，但它们在制度上都依托了土地开发权政府垄断制度的关键性作用，只是侧重点不同。信阳主要通过土地开发权的积极行使，将规划、资本、产业、人口统一纳入土地融资的发展机制当中，并通过这种工业与城市经济的发展，吸纳农业剩余人口，为农民提供第二产业和第三产业的就业机会以增加经济收入；更重要的是，以此来改造城郊农村地区的经济社会结构与文化生活方式。虽然这种土地融资机制可能会累积不

---

[1] 信阳宜居宜业，山清水秀，空气清新，气候宜人，素有"江南北国、北国江南"美誉。楚文化与中原文化在这里交融，形成了信阳独特的人文气质。信阳是理想的宜居之城、旅游之城，也是全国唯一连续七年入选"中国十佳宜居城市"的城市。

动产信用的金融风险和拉大有（房）产者与无（房）产者之间的贫富差距，同时也会导致政府与失地农民之间的社会冲突问题，但从历史上看，它在整体框架上确实可以发挥积极的发展作用，而负面问题则可以通过政策执行层面予以控制和化解。此外，这种土地融资机制也是一种通过政府作用汇聚发展资源的平台，政府的行政权力能够较大程度上降低发展主体与资源要素之间匹配在一起的交易成本，从而提高了经济发展效率。在现实经济环境中，即使符合土地利用规划，若企业直接与农民进行土地开发权交易，在操作上可能会面临巨大的交易成本而难以保障土地开发利用效率。

> 在征地问题上，企业不愿意直接跟农民谈判。主要原因：①政府有公信力，企业没有。农民对政府更为信任，对企业不信任。②村民自治是松散性的，虽然农民可以推选代表与企业进行谈判，在法律上虽然也可以与企业签约，但是企业与农民签订合约的履约效力却很难被保证，村民可能随时会推翻这些合约，原因是他们会说推选的代表并不能代表他们。③现在政府将土地款落到村里，村里再进行分配，这种再分配遇到重重困难，可见村里内部本身极为复杂，非企业所能驾驭。④现在政府征拆都困难重重，企业搞征拆可能遇到的困难会更多。因此，企业不愿意直接跟农民打交道。
> ——来自笔者对信阳市某土地开发企业负责人的访谈记录，访谈时间为2014年8月14日

与信阳不同，安吉主要是通过对土地开发权的限制性行使，来达到生态保护和发展生态经济的目的，而这种限制从根本上是为了实现生态发展权在社会共同体中的共享。地方的农村发展在本质上是一个公共性问题，而不是市场问题，因为它不仅需要提供粮食生产以保障社会共同体的生存，而且也需要提供自然生态环境以保障人类在空间上的宜居宜业。从这个意义上说，即使进入工业化与城镇化发展的成熟阶段，土地开发权的政府管制性不但不能减弱，反而更应加强。

6.4.3 发展权的公平补偿是社会发展政策的重要内涵

不论是通过土地开发权积极行使的信阳发展模式还是通过土地开发权限制行使的安吉发展模式，若要实现地方经济、社会和环境的可持续均衡发展，那么必须要通过社会发展政策对个体权利受损者进行具有发展权内涵的权利补

偿，从而使得他们的发展权水平总体上得到实质性增进，而不是减损。这种发展政策认知，对于处理处于城镇化快速转型发展阶段的农村与农民问题极为重要。

就信阳的发展经验来看，对于因工业化和城镇化发展而失地的农民，必须改变主要以大量现金补偿为主的方式，要寻求一种更为综合性的发展权补偿方案，比如建设用地"留用地"返还、保障性社区住房、就业培训与安置、社会保障等等，从而让失地农民获得一种可持续维持生计以及可持续发展能力。

而就安吉的发展经验来看，对于涉及自然生态保护而严格限制土地开发权行使的农村及农民，则应给予基于生态发展权的经济补偿，不仅让他们能够获得城乡一体化的公共服务和社会保障，而且也应保障他们从事农业生产的基本经济收益，以及推动乡村文化与农业生产通过连接第二产业和第三产业的途径以实现生态经济的转型。从理论上说，农村和农业为了保障人类生存与发展而天然具有公共性，农民因承载了这种公共性而导致主体发展利益的牺牲，这也是作为社会共同体的国家需要通过相应的社会发展政策对农村和农民进行权益补偿的道德依据。

第7章

土地开发权分配机制改革：方案探索与经验借鉴

本章将介绍近年来中央政府和地方政府推动土地开发权分配机制改革的四个方案：城乡建设用地增减挂钩，浙江的政府间跨区域交易，重庆的地票交易制度和河南的人地挂钩政策，并讨论它们的利弊得失以及对于完善或改革土地开发权政府垄断制度整体框架的意义。此外，本章介绍了东亚部分国家和地区在土地开发权管制、征地权适用、征地补偿标准以及土地增值收益分配等方面的制度与政策，并讨论它们对于当代中国土地制度改革的借鉴价值。总体而言，根据目前国内方案的改革思路以及东亚经验，我国土地开发权的分配机制改革所要解决的核心问题，就是基于政府对土地开发权严格管制的前提之下，如何通过平衡政府与市场的作用来推进城乡之间、地区之间在城镇化过程中的人口、土地和资金三者之间的匹配性结合或协同性流转。相较于土地开发权私有化的市场自发配置方案，在理论上更为合理而且现实可行的一个政策方案是在中央政府对土地开发权的总量管制性分配框架之内，将土地开发权指标在地方政府间的一次分配过程变成两次分配过程：基于公平原则，按照人地挂钩机制进行无偿的初次分配；基于效率原则，按照市场交易机制进行跨区域有偿的再分配。

7.1 主要改革方案探索

7.1.1 方案一：城乡建设用地增减挂钩

7.1.1.1 增减挂钩政策的内涵、目的及实施

城乡建设用地增减挂钩是指依据土地利用总体规划，将若干拟整理复垦为耕地的农村建设用地地块（拆旧地块）和拟用于城镇建设的地块（建新地块）等面积共同组成建新拆旧项目区，通过建新拆旧和土地整理复垦等措施，在保证项目区内各类土地面积平衡的基础上，最终实现建设用地总量不增加，

耕地面积不减少，质量不降低，城乡用地布局更合理的目标。①该项政策本意是从保护耕地、控制建设用地总量的目的出发，对总量保持不变的建设用地的城乡结构进行调整。工业化和城镇化发展需要大量新增占地，而新的土地开垦在很多地区特别是经济发达的沿海地区受到土地资源条件的限制，在必须保证18亿亩耕地红线不能突破的前提下，如何有效利用农村建设用地，使得城镇建设用地的增加通过农村建设用地的减少来得以平衡，就构成了城乡建设用地增减挂钩政策要解决的核心问题。之所以农村建设用地有可利用的空间，是因为我国农村居民点占地比城镇建设用地要大得多，而且随着大量农民外出务工，农村中的"空心村"现象也日益严重。

2004年《国务院关于深化改革严格土地管理的规定》（国发〔2004〕28号）首次明确"鼓励农村建设用地整理，城镇建设用地增加要与农村建设用地减少相挂钩"。②随后，2005年国土资源部出台了《关于规范城镇建设用地增加与农村建设用地减少相挂钩试点工作的意见》（国土资发〔2005〕207号），决定在浙江、江苏、广东等八省（市）开展挂钩试点工作。此时恰逢新农村建设在全国推开，给增减挂钩以极大的推动力。2008年国土资源部出台了《城乡建设用地增减挂钩试点管理办法》（国土资发〔2008〕138号），推动了城乡建设用地增减挂钩在全国的普遍化。

鉴于在增减挂钩实践中，地方出现了追求增加城镇建设用地指标、擅自开展增减挂钩试点和扩大试点范围、突破周转指标、违背农民意愿强拆强建等问题，2010年中央一号文件提出城乡建设用地挂钩要严格限定在试点范围内，周转指标纳入年度土地利用计划统一管理，确保城乡建设用地总规模不突破。同年，国务院出台《关于严格规范城乡建设用地增减挂钩试点切实做好农村土地整治工作的通知》（国发〔2010〕47号），强调农村建设用地复垦后要优先满足农村各种发展建设用地，经批准将节约的指标少量调剂给城镇使用的，其土地收益也要及时全部返还农村，严禁在农村盲目建高楼、强迫农民住高楼。

---

① 参见国土资源部《城乡建设用地增减挂钩试点管理办法》（国土资发〔2008〕138号）。
② 从20世纪90年代后期开始，一些地方相继采取建设用地置换、周转和土地整理折抵等办法，盘活城乡存量建设用地，解决城镇和工业园区建设用地不足。为了引导城乡建设集中、集约用地，解决小城镇发展用地指标问题，2000年6月《中共中央国务院关于促进小城镇健康发展的若干意见》（中发〔2000〕11号）提出，"对以迁村并点和土地整理等方式进行小城镇建设的，可在建设用地计划中予以适当支持"，"要严格限制分散建房的宅基地审批，鼓励农民进镇购房或按规划集中建房，节约的宅基地可用于小城镇建设用地。"为贯彻落实中发〔2000〕11号文件，国土资源部随后发出《关于加强土地管理促进小城镇健康发展的通知》（国土资发〔2000〕337号），第一次明确提出建设用地周转指标，主要通过"农村居民点向中心村和集镇集中""乡镇企业向工业小区集中和村庄整理"等途径解决，对试点小城镇"可以给予一定数量的新增建设用地占用耕地的周转指标，用于实施建新拆旧"。

7.1.1.2 增减挂钩政策的积极效果

可以说，城乡建设用地增减挂钩是对现行自上而下行政性分配城镇建设用地指标的机制的一个补充和改进。行政性分配建设用地指标，面临着一个始终无法绕开的内在矛盾：中央为保护耕地而控制建设用地总量扩张，而地方为经济发展则希望建设用地指标多多益善。中央政府既希望各地搞建设保增长，又要保护耕地和控制建设用地的扩张，这样只能在平衡建设用地总量增长和各地经济发展的情况下切块下达行政控制用地指标，由此各地建设用地指标不足不均的情况就成了常态。

城乡建设用地的挂钩试点，部分解决了地方政府在抓经济发展时建设用地指标不足的瓶颈，拥有了在一定范围内增加城镇建设用地的合法渠道。在保护耕地压力大、城市建设用地指标极度紧张的情况下，它是一个能够调动中央和地方两方面积极性的新机制。这也是这种挂钩试点受到地方各级政府的欢迎，并能迅速在全国普及和不断被各地突破扩大的原因。鉴于此，中央政府也同时下达了建设用地增减挂钩的规模不能超过国家每年分配的建设用地指标一定比例（一般为10%）的规定，以防止地方政府"钻空子"，无限扩大挂钩转用土地的规模，产生严重的负面结果。

城乡建设用地增减挂钩有其积极意义，因为它打破了过去城乡建设用地的隔绝和屏障，使得过去不能流转的农村集体建设用地也可以通过指标转移转化为城镇建设用地，从而给城乡统一的建设用地市场提供了某种通道。这种挂钩机制打破了中央政府对建设用地指标的僵化控制，为地方乃至农民提供了一定程度上的自主权空间。

7.1.1.3 增减挂钩政策的消极后果

城乡建设用地增减挂钩政策的重点在于"城镇建设用地增加，农村建设用地减少"这个关键点上，从而为地方政府的城镇建设用地需求寻求供应空间。但是，该项政策在具体实践过程中也出现了比较严重的消极后果。

首先，从耕地保护的角度来看，虽然该项政策的初衷是为了保护耕地，但在实际过程中因为"占优补劣"[①]问题，反而进一步加速了地方建设对耕地的侵占与破坏。减少的农村建设用地（主要指农村居民点整理出来的建设用地[②]）开垦成为耕地，这样新增加的建设用地就能在近郊农区占用相应数量的耕地。虽然这实现了面积上的"占一补一"，但补充耕地的质量却难以达到被

[①] 即城镇建设占用的多是土壤肥力高的优质耕地，通过整理农村建设用地补充的耕地大多是土壤条件较差的劣质耕地。

[②] 农村居民点整理的潜力来自以下几个方面：（1）农村宅基地超国家标准面积形成的潜力；（2）废弃建筑物压占土地形成的潜力；（3）由于村庄建设缺乏规划，村庄内部存在许多空闲地；（4）农村居民点内存在零星农用地；（5）部分村庄搬迁而形成的整理潜力。

占用耕地的质量，导致耕地隐性减少。这与这项政策的"耕地面积不减少、质量不降低"的要求相矛盾。事实上，耕地"占优补优"很难做到，而且也会破坏环境。负责耕地保护工作的一线干部如此解释：

> 要做到"占优补优"其实是非常难的。因为，如果哪个地方还有优质土地，老祖宗肯定早就把它开发出来了。中国自古就是人多地少，耕地资源非常紧缺，尤其在20世纪五六十年代的困难时期，如果有好的土地，肯定都被开发了。可见，现在补充的土地其实还是劣质的，是否可用于耕种，很难说。此外，占补平衡政策也会导致环境的破坏。因为开垦的地方主要是荒地、林地、山地、滩地等等，将这些土地开发成耕地，本身就是破坏自然生态环境的一种方式，会破坏其防沙、防风等功能。因此，该项政策虽表面上保持了耕地数量，但补充的耕地实际上用不了，且对环境破坏很大。
>
> ——来自笔者对信阳市国土资源局耕保科某负责人的访谈记录，访谈时间为2014年7月30日

其次，从人地关系来看，该项政策并不能正向激励地方政府形成人口城镇化与土地城镇化的协同机制。城乡建设用地增减挂钩政策的实施并没有服务于人口城镇化的目标和相应的配套措施，而且这种挂钩被严格限制在本市县范围内，不容许跨地市或跨省挂钩，因此它对于我国以外地就业为主体的进城农民工几乎毫无帮助。对于本地城郊农民来说，现行政策在很多情况下已经给了他们分享城镇化土地增值的益处，因而用承包地换社保、宅基地换住房并不受他们的欢迎。对于本地的非郊区农民来说，由于城乡建设用地增减挂钩只要地，不要人，他们交易经土地整理而形成的建设用地指标可以得到一部分收益但并未直接将此与他们在本地进城落户的政策挂钩，这就使得这种制度在本地城镇化中可能发挥作用的空间被限制。

再者，从近郊与远郊农村农民的利益关系来看，土地整理并村进新社区（通过农村撤村、并村所形成的新农村建设集体居住点被称为农村新社区），对于越是临近较大城镇的郊区效果越好，而越是在真正的农业农村区域，副作用就越突出和明显。由于近郊农村大部分农民已经不大务农或者农业兼业，他们进新社区实际上是一个城郊本地户籍农民城镇化的过程。但在远郊的农业农村区域，许多地方的农民搬进集体居住点后，虽然住房条件有所改善，但宅基地大幅减少，有很多还要自己另外交钱买房，同时离耕种的田太远，还要承受"上楼"后务农带来的生产养殖和生活的诸多不便与费用支出增加。特别是被

集中到新村或所谓新社区的农民,许多仍然要外出打工,因而还是存在二次迁移安居的问题。可见,城乡建设用地增减挂钩政策并没有解决非郊区农民在就业城镇安居落户、土地城镇化与人口(户籍)城镇化脱节这个核心问题。

7.1.2 方案二:浙江的政府间跨区域交易

7.1.2.1 政府间跨区域交易的内涵及其操作模式

在现行强刚性约束的土地计划管理体制下,为了解决快速增长的建设用地需求无法在现有土地利用总体规划指标和土地利用年度计划指标分配中得到满足、规划的新增建设用地在空间上与实际需要之间的不匹配性以及耕地补充潜力较小而用地量较大的地区难以达到"占补平衡"要求这三个方面的矛盾与困境,浙江省基于本质上与城乡建设用地增减挂钩相似的"折抵、复垦指标"[①]"待置换用地区"[②]这两个政策体系的先行实践,从21世纪初开始建立了"折抵指标有偿调剂""基本农田易地代保""易地补充耕地"三个主要内容的政府间跨区域土地开发权交易政策体系。[③]

折抵指标有偿调剂政策,是为了解决建设用地供给与需求的区域不平衡性问题。从2000年开始,浙江省允许折抵指标(包括复垦指标)在政府间跨区

---

① 所谓"折抵指标"是指经过土地整理新增有效耕地折抵建设用地指标。根据浙江省的政策,一个农村土地整理项目启动后,按照测算的新增耕地比例,其中30%首先折抵建设用地指标,按两万元每亩指标费通过土地出让收取,用于土地整理的启动资金。土地整理项目通过县国土局初验、地市级国土局复验后,剩余的70%新增耕地的60%再折抵建设用地指标,即土地整理新增有效耕地的72%(30%+70%×60%)可以折抵建设用地指标。"复垦指标"概念来自1999年公布的《浙江省城市化发展纲要》,该文件提出"对按规划集中迁建的农村居民点和工业企业,已经退宅还田、退建还耕的面积,可在新址等置换农用地,作为新的建设用地"。折抵与复垦指标在地方政府使用上优于土地年度计划利用指标,这是因为计划指标具有时效性,当年未用则过期作废。但在折抵指标和复垦指标使用方面,浙江建立了土地整理折抵指标库和建设用地复耕指标库,每个县都有一本指标账册,通过地形图、规划图和竣工图的比对核算,县国土局初验、地级市国土局复验和省国土厅抽检后,省国土厅将某县产生的折抵指标或复垦指标核拨给该县,计入指标账册;同理,折抵指标和复垦指标的使用也通过省国土资源厅审查后在县市指标账册上予以核减。这样,折抵指标和复垦指标如同银行存折里的资金一样,可不断积累并分年度支取,不存在当年没有使用完就作废的问题。这种指标库的建立为土地开发权交易创造了良好条件。

② 浙江省在基本农田划区定界过程中引入了"待置换建设留用地"的概念,允许在城乡居民点周边划定"待置换用地区"。所谓"待置换用地区"的含义是,通过土地整理新增有效耕地获得的折抵指标(或复垦指标)可以将事先划定的"待置换用地区"中的耕地置换出来用于非农建设。待置换用地潜力测算须同时符合三项条件:(1)保证上级下达的基本农田保护任务落实;(2)具有土地整理和建设用地整理复垦增加耕地的置换潜力;(3)符合城市规划确定的建设用地规模。这样,"待置换用地"与"建设留用地"就都属于规划建设用地区。区别在于在"待置换用地"内的农用地转用,不允许使用国家下达的计划指标,只能使用土地整理后的折抵指标和复垦指标。2000年以后,浙江省大部分乡镇在基本农田划区定界过程中,将一部分城镇规划内的和其他可能会建设占用的一般农田划入了"待置换用地区",作为日后建设用地审批的规划依据。

③ 本小节关于浙江省政府间跨区域土地开发权交易的政策体系及其操作模式介绍,是根据汪晖和陶然(2009)提供的资料及其线索进行整理,特此说明。

域有偿调剂,从而构建了一个折抵指标市场。这使得省内欠发达地区或者可以选择把土地整理后获得的折抵指标用于本地发展,或者选择出售给其他地区来获得预算外财政收入,而省内的发达地区或者可以选择减少本地投资,降低建设用地需求,或者可以选择向欠发达地区购买折抵指标来满足建设用地需求。由于各地在使用折抵指标上的边际收益和通过土地整理获得折抵指标的边际成本各不相同,因而这就存在比较大的市场交易空间。①

基本农田易地代保政策,是为了解决土地开发利用中遇到基本农田就难以建设的问题,它是指基本农田跨县市"有偿代划和保护"的做法。委托代保的县市主要分布在杭州、宁波、温州、台州等发达地级市,而代保的县市主要分布在衢州、湖州和丽水等。与基本农田集中置换政策相配合,基本农田易地代保政策大幅度拓展了经济快速增长地区的建设用地空间。从表7.1可见,截至2009年,仅杭州和宁波两地就置换出30多万亩基本农田,从而为浙江省内两大都市区的经济发展提供了土地空间上的保障。

表7.1 浙江省基本农田易地代保情况

城市	代保前基本农田保护面积（万亩）	代保前基本农田保护率（%）	代保后基本农田保护面积（万亩）	代保后基本农田保护率（%）	基本农田面积增减（万亩）
杭州	319.13	84.00	297.22	78.23	-21.91
宁波	326.20	85.00	316.49	82.47	-9.71
温州	331.55	85.00	328.45	84.20	-3.10
嘉兴	283.04	86.00	282.92	85.96	-0.13
湖州	189.23	86.00	202.41	91.99	13.18
绍兴	269.79	85.00	270.95	85.36	1.16
金华	307.54	85.00	303.35	83.84	-4.19
衢州	181.23	85.00	202.99	95.21	21.76
舟山	36.67	85.00	36.26	84.06	-0.41
台州	264.31	85.00	261.93	84.24	-2.38
丽水	202.81	85.00	210.63	88.28	7.82

资料来源:浙江省国土资源厅。转引自汪晖和陶然《论土地发展权转移与交易的"浙江模式"——制度起源、操作模式及其重要含义》(2009)。

---

① 自2000年以后,浙江省折抵指标市场开始大规模发展,指标交易量不断上升。折抵指标有偿调剂收入成为一些市县重要的财政收入来源,大大推动了资源丰富的欠发达地区的土地整理工作;而发达地区则通过折抵指标交易市场获得了大量的建设用地指标。

易地有偿补充耕地政策,是为了解决发达地区用地多、补充耕地潜力小,但仍需实现"耕地占补平衡"的矛盾。1999年浙江省下发《关于加强一带垦造耕地管理工作的通知》(浙政办发〔1999〕132号),正式出台了易地垦造耕地政策。同年,杭州市委托上虞市在其所属海涂垦造耕地3万亩,分三期实施,杭州市则在随后四年内向上虞市支付造地费9900万元。此后,浙江省陆续出台了政策规范异地有偿补充耕地的做法,建立了各级垦造耕地项目储备库,征收了耕地开垦费。

7.1.2.2 政府间跨区域交易模式的评价

浙江省跨区域土地开发权交易模式,在接受现有刚性约束的建设用地指标计划配置体制、基本农田保护率和耕地占补平衡要求的基础上,创造性地在地方政府间引入市场机制来跨区域配置土地开发权,从而在保证跨区域发展权初始分配平等化的基础上(即土地利用规划总体指标和每年度自上而下层层分解的年度土地利用计划指标),通过市场化机制降低了现行建设用地计划管理体制下无法识别土地边际产出区域差异的信息成本,不仅实现了建设用地资源利用的跨区域有效配置,而且也为省内欠发达地区补充了宝贵的财政资源,使得不同地区在经济发展与耕地保护之间可以找到各自的平衡点(汪晖、陶然,2009)。浙江模式在实践中证明了在我国现行建设用地计划管理体制框架中可以引入市场化配置机制。

然而,可用于跨区域交易的"折抵指标""复垦指标"和耕地资源的产生本质上跟城乡建设用地增减挂钩的机制是一样的,因此浙江模式同样会出现上述城乡建设用地增减挂钩政策的负面效果。有学者质疑浙江模式存在规避中央政府基本农田审批权和新增建设用地土地有偿使用费,导致基本农田质量下降和建设用地总量失控等问题(谭峻、戴银萍,2004)。另外,与城乡建设用地增减挂钩被严格限制在本市县范围内不同,浙江省的用地指标交易是跨区域的,这样尽管在一省层面上耕地数量能够占补平衡,但具体到某一市县范围内,就可能导致建设用地开发量快速增加,耕地大幅度减少。对于那些依靠出让土地指标获利但也大量增加了耕地数量的区域,以后是否可以对这些已经出让了土地开发权的新增加耕地进行非农开发?如果不能,当欠发达地区可供出让的土地开发权从发达地区全部都获得了一次性收益以后,那么它以后的经济发展潜力如何保障?如果能,那么一省范围内的耕地资源只会不断减少,而再没有可供补充的耕地潜力。因此,这种模式会加速一省范围内建设用地开发和耕地资源消耗的速度,而因耕地资源的有限性也必然导致土地开发权跨区域交易市场的萎缩。若此时已经进入了工业化和城镇化发展的成熟阶段,自然很好,否则人地关系矛盾会因土地开发权的整体性快速消耗而愈加激化,毕竟它在本质上仍是一个土地城镇化和人口城镇化相脱钩的改革方案。

7.1.3　方案三：重庆的地票交易制度

7.1.3.1　地票交易制度的内涵及其进步性

地票①是建设用地指标凭证的通俗说法。地票所等量的指标，地方可以将其纳入国家下达的新增建设用地指标范围，增加相应面积的城镇建设用地。重庆、成都将此指标物化为地票出售，企业在土地交易所拍得地票，可以用于城镇建设用地的招拍挂。提供宅基地复垦的农民则可以获得地票价值扣除复垦费以及少量税费后的净收益。重庆的政策是将地票价格在拿地的招拍挂价格中抵扣，即价内；成都的政策则是土地摘牌需持有同面积的地票，取得土地的企业必须支付摘牌价外加地票价，即价外。价内和价外的经济本质相同，因为企业在土地竞价时都会考虑拿地成本因素（华生，2013）。

地票产生和出让了，土地仍然存在，复垦农用后土地的农村集体财产权属关系未变，只是失去了原先建设用地的性质，因此，地票及其交易是一个标准的土地开发权的剥离和转让。采用地票交易形式，可以将农村建设用地主要是农民宅基地的土地开发权显性化和货币化，从而明确了农民拿出的农村建设用地指标的市场价值。由于地票价值的绝大部分返还给农民，这可以调动农民主动释放宅基地以及其他闲置农村建设用地的积极性，也给土地复垦提供了资金来源和保证。对于移居进城镇的农民家庭，地票收入还可以成为帮助他们在城市落户的起步资金。而农村建设用地和农户的减少，也有利于扩大农田的经营规模。

从经济学角度看，地票交易制度最具积极意义之处在于将非城郊农民宅基地及农村闲置建设用地的开发权显性化。国家不应在严格限制非城郊农民的土地开发使用时，仅仅让城郊农民和城中村农民分享土地改变用途的增值收益。城镇化过程中的土地增值收益应当同样分配给为保护耕地和控制建设用地总量而做出贡献的非城郊农民。非城郊农民建设用地复垦、指标转移出让给城市建设需要就是他们参与城郊土地（因为这些土地才会被实质性征收）增值收益分享的一个途径（华生，2013）。

从制度本质看，地票交易制度是城乡建设用地增减挂钩的货币化形式，而它与浙江的政府间跨区域土地开发权交易模式相比，仅有一点不同，那就是通过土地整理所形成的建设用地指标（即地票）的享有主体从地方政府手上转

---

① "地票"是指将闲置的农村宅基地及其附属设施用地、乡镇企业用地、农村公共设施和农村公益事业用地等农村集体建设用地进行复垦，变成符合栽种农作物要求的耕地，经由土地管理部门严格验收后腾出的建设用地指标，由市国土房管部门发给等量面积建设用地指标凭证。

移到了农民个体手上,因而农民和农村集体经济组织能够获得更为直接和更多的土地收益。与城乡建设用地增减挂钩政策和浙江的折抵(复垦)指标跨区域交易政策一样,地票交易总量仍然实行计划调控,原则上不能超过当年国家下达的新增建设用地计划指标的10%。

7.1.3.2 地票交易制度的内在缺陷

作为城乡建设用地增减挂钩货币化形式的地票交易制度,存在明显的内在缺陷而可能难以为继。①

其一,地票本质上体现了土地开发权的私有性质,会造成农民群体间的权利和利益分配不公与扭曲。这是因为地票或产生地票的农村宅基地及其他闲置建设用地在农民当中并不是平均分配的。在农村二次土地承包实行"增人不增地、减人不减地"之后,如今已经有相当多的年轻农民都没有农地和宅基地,从中小城镇向大中城市迁徙的移居者当然也没有宅基地或地票。因此,地票制度不仅不能解决无地农民和移居就业者的安居问题,而且还会造成权利与利益的分配不公与扭曲。

其二,交易难以形成一个自发的稳定的供求市场。地票的供给来源实际上是受到限制的。在工业化、城镇化过程中,农民大量离开农村去城市工作和居住,这是农村宅基地闲置、村庄空心化的根本原因。换言之,若农民工市民化问题没有得到解决,地票的供给量就存在很大的不确定性。此外,地票作为城镇建设用地指标的补充,其价格取决于整个建设用地的供求关系。当国家下拨分配的无偿指标越多,地票的需求就越少,反之亦然。因此,地票需求首先取决于国家每年下拨分配的指标数量,其次也取决于在国家下达的指标之外,地方政府计划进行多少需要地票的房地产开发。②

其三,地票的市场价值具有区域专用性。地票本身并不是开发商真正需要的城市建设用地,而只是取得城市建设用地的一个凭证。地票的价值取决于地票落地处的土地市场价格。如果在一个县城或小镇周边,建设用地市场价格不高,地票价只能很低,否则地票比建设用地的市场价格还高,开发商谁也不会去买这种地票。越是靠近大城市,土地就越紧缺,房地产用地价格也就越高,地产商自然也就能承受高得多的地票价格。因此,地票的价值完全取决于它将在哪里落地以及在这个落地范围内的房地产供给需求关系(华生,2013)。换言之,除非政府进行行政控制,否则区域专用性会造成地票市场价

---

① 关于重庆地票交易制度的批判性分析,参考了华生所著《城市化转型与土地陷阱》2013年版152页至157页的部分观点,特此说明。

② 为了最大化获取地票收益,重庆和成都在政策上要求地票交易只限于房地产开发用地,而工业、城市公共设施、政府机关、公益事业等用地仍是行政指标分配,无需地票。

值的内在不稳定，从而引发地票所有权人的不公平感。

其四，区域性和全国性地票市场存在二律背反。由于我国农民迁移的典型形式是从中西部到沿海发达地区和大中城市务工，他们的就业地和安居地往往不是其户籍和宅基地所在的地区。这样，由农民工进城引发的土地开发权转移的需求会集中表现在沿海城市，但他们在这些城市和省份又无地票可兑现。由于越是偏僻和交通不便的地区，如内地山区，农村建设用地的市场价值越是低廉，而越是沿海一线城市，取得地票用于房地产建设的动力和实力越强，那么在一个全国性地票市场上，必然形成边远地区的地票全部向大城市集中，这显然不被城市规划所接受。同时，在一个全国性的地票市场上，若地票价格较高，就会严重挤压中西部地区和中小城镇对建设用地指标的需求；而若地票价格较低，则它一方面会大大刺激沿海大城市的盲目扩张，另一方面对于在沿海城市就业的农民工落户又帮助太小，即农民工最需要的是他们远在家乡的地票，能够以他们就业城市的本地价值兑现，而这一点恰恰是无论限于本地增减挂钩的地票市场还是全国性统一地票市场都不能提供的。这恐怕是正处在城镇化阶段的发展中国家都没有出现土地开发权转移交易市场的原因（华生，2013）。

其五，地票交易的利益激励会导致农村建设用地潜力的过快耗竭。如同城乡建设用地增减挂钩的政策扭曲，地票也会在实践中造成城镇房地产开发用地与农村宅基地以及包含公益用地在内的各种建设用地挂钩。在这种机制下，房地产开发和土地拍卖的巨大利益，会严重影响城市化过程中随农民正常迁移而需要进行的农村土地的合理化整理事业，抢夺农村为了农业现代化所需要的建设用地，并造成为了要用地指标而强迫农村不合理"并村""上楼"的扭曲现象。

7.1.4 方案四：河南的人地挂钩政策

7.1.4.1 人地挂钩的内涵及其实施方式

所谓的"人地挂钩"，根据《河南省人地挂钩试点工作管理办法》（豫国土资发〔2013〕8号），是指"依据国民经济和社会发展规划、土地利用总体规划与城乡规划，开展土地综合整治，实行城镇建设用地增加规模与吸纳农村人口进入城市定居规模相挂钩、城市化地区建设用地增加规模与吸纳外来人口进入城市定居规模相挂钩，有序推进城乡之间、地区之间的土地和资金等要素流转，优化市场配置，有效破解城镇化过程中的'人、地、钱'矛盾，促进城乡一体化发展的社会经济活动"。"人地挂钩"政策是中央在河南省试点的一项改革任务，于2013年初正式启动实施。①

在实践中，"人地挂钩"②被通俗地理解为"人往城转、地随人走、钱从地出"。解决"人往城转"，主要包括从农村到城镇定居和农民集中到新型农村社区定居两种形式，其中，进入新型农村社区的人口，只有享受城镇居民同等待遇才视为"人往城转"。解决"地随人走"，主要指随着人口转移，土地的功能也随之转移，城镇依据进城人口，按照人均建设用地标准相应增加用地规模，土地供应后方可认定"地随人来"；农民进城后，相应地减少农村集体建设用地规模，节余的建设用地指标转移到城镇使用，才可认定"地随人走"。解决"钱从地出"，主要通过整合涉农资金，整乡或多村联合开展土地综合整治，从农村节余建设用地指标交易和农村土地、房屋产权抵押贷款中获取资金，实际上就是取之于土、用之于农（文茂林，2012）。它的实施方式如图7.1所示。

---

① 早在2008年，国务院办公厅《关于2008年深化经济体制改革工作意见的通知》就首次提出了"推进城镇建设用地增加规模与吸纳农村人口定居规模相挂钩的试点工作"，人地挂钩政策初现雏形。2010年12月，《全国主体功能区规划》又一次提出并完善了人地挂钩政策概念，确立了人地挂钩在推进形成人口、经济和资源环境相协调的国土空间开发格局中的地位和作用。2011年9月，《国务院关于支持河南省加快建设中原经济区的指导意见》正式将人地挂钩先行先试任务"落户"中原。2012年11月17日，国务院正式批复中原经济区规划，明确要求河南省稳妥推进人地挂钩工作。2013年2月，河南省政府发布《河南省人地挂钩试点工作管理办法》，正式实施人地挂钩试点工作。

② 人地挂钩的八个实施步骤的具体操作过程说明如下：（1）编制规划。县级人民政府组织编制本行政区域内村镇规划、土地综合整治规划及年度实施方案、土地综合整治项目规划方案、城镇人口及建设用地发展规划方案、人地挂钩规划方案及年度实施方案。（2）核定人口。以近几年吸纳人口规模及人口发展预测作为核定人地挂钩中人口规模的依据。拟吸纳人口规模与城镇人均建设用地面积标准的乘积就是城镇新增建设用地总需求量。其中，城镇人均建设用地面积的标准是统一规定的（基于大中小城市和乡镇社区的区分，地方政府会规定不同的建设用地标准，总体上不能超过河南省相关规定的上限；新型农村社区，应根据地形、地貌类型、经济状况和人均耕地面积，确定人均建设用地标准，总体上要控制在120平方米以下；农村应视生产生活需要而定，总体上不超过全国人均标准。只有通过制度设计并严格控制，确保居住面积只减不增、耕地面积只增不减，才能在农村土地整治中形成节余建设用地指标）。（3）整治土地。县级、乡级人民政府实施土地综合整治，落实拆旧建新和土地复垦任务。（4）产生指标。复垦后形成的建设用地指标，录入省级指标库。扣除农村各项发展用地，结余建设用地指标认定为人地挂钩指标。（5）交易指标。人地挂钩指标在省辖市级或省级交易平台公开交易。省级市场出让和受让主体均为县（县级市、区）级政府。省辖市级市场出让主体为县（县级市、区）级政府，受让主体可以是县（县级市、区）级政府，也可以是企业。（6）使用指标。人地挂钩指标主要用于县域经济发展，其余的投放到市场交易，跨域使用。城镇商业、旅游、金融、房地产等经营性用地可优先使用人地挂钩指标。（7）分配收益。指标收益全部支付给产生指标的县级财政，专项用于当地新型农村社区基础设施和公共服务配套设施建设、农民拆迁复垦补偿、建房或购房补贴等。指标以高出指导价或最低保护价成交的溢价部分和企业或政府另外缴纳的费用，集中用于高标准基本农田建设。（8）挂钩兑现。省辖市及县级政府或企业购得人地挂钩指标后，由政府依法办理土地供应手续后，即视为完成挂钩。

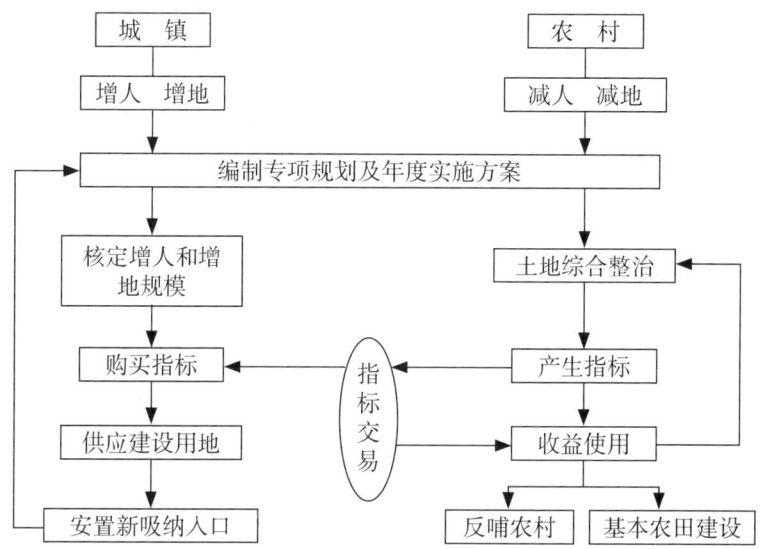

图7.1 河南省人地挂钩的实施流程

资料来源：转引自文茂林《人地挂钩试水新型城镇化》（2012）。

7.1.4.2 人地挂钩政策的评价

由于落地实施时间较短，河南省的人地挂钩政策的具体实践效果尚不好评估。从理论上说，河南现行人地挂钩政策的操作模式与浙江的政府间跨区域土地开发权交易模式极为相近，最主要的不同之处也更具有进步意义的地方在于：交易土地指标的形成受到了人口城镇化的制约，而不是无序扩大的。在人地挂钩政策设计下，农村土地整治可形成的建设用地指标，在数量上受到了城镇可吸纳农村人口规模的预先限制，并通过城乡人均建设用地的差值（农村人均建设用地大于城镇人均建设用地）来形成可交易的节约建设用地指标。换言之，在人地挂钩机制之下，人口城镇化的速度决定了土地城镇化的速度，也决定了农村建设用地减少的速度，直至城乡人均建设用地在数量标准上达至平衡，此时也就是城乡人口在空间上重新配置的均衡点。

现行人地挂钩政策实际上是对在城乡建设用地增减挂钩政策下通过农村土地整治所形成的额外城镇建设用地指标的一种分配机制，并不涉及现行国家自上而下通过土地利用总体规划和年度土地利用计划对城镇建设用地指标的分配体制。它可以解决拥有土地的农村人口的城镇化问题，这一点与重庆地票制度类似，就是拥有土地的农村人口通过向政府出让自身所拥有的土地开发权（即腾出了在农村的宅基地以及其他建设用地，也就是相当于"地票"）来换取城镇落户及享有城镇居民福利的资格和权能。但是，该项政策解决不了另外一个庞大群体——已失去农村土地而且不具有城镇户籍的进城务工外来人口的市民化问题，因为他们不具有农村土地来转化供给相应的城镇建设用地，因而无法被纳入现行人地挂钩政策框架之内。除非地方政府有新的政策机制（如来自国家每年大量行政分配城镇建设用地指标的"人地挂钩"以及中央财政转移支付的"人钱挂钩"）予以激励，否则它们既无动力也无财力解决这个庞大的无地进城农民人口群体的市民化问题。这个问题在人地挂钩实践中（信阳市是河南省人地挂钩试点城市）实际上已经凸显出来了：

> 试点人地挂钩以后，现在对于这部分进城农民（指在农村拥有宅基地的农民）安置还比较顺利，最麻烦的是早已经进城务工，却长久没有获得城市户籍而一直保留农村户口的那些人的安置问题。当时他们外出打工，家里没有劳动力，就直接放弃了土地，经过农村一次、二次再调整承包以后，他们事实上早已经失去了农村的土地。他们回去农村，也要不回土地。这样一来，他们既没有农村的土地财产，又在城市里很难生存下来，这部分群体的数量相当大，比现在从农村进城的农民群体大得多，这个问题该怎么办？这是农民工市民化以及城市社会稳定的很大一块隐患，地方政府也很头疼怎么解决这个问题。
>
> ——来自笔者对信阳市国土资源局耕保科某负责人的访谈记录，访谈时间为2014年7月30日

7.2 先行地区经验借鉴

7.2.1 政府管制权不断强化

在城镇化过程中，往往是占一国人口的多数要从农村进入城镇居住，从而产生了紧迫的土地权利再分配问题。现代国家对土地开发的规划管理，限制了广大农村区域土地开发权利而又赋予了城市及其周围地区以开发的特权，本身就是一个土地开发权大规模转移的过程，这就不可避免地产生将土地开发权进行超越于土地所有权和使用权的公平分配的必要性和紧迫性。与早期西方工业化国家经过几百年时间逐步实现城镇化不同，"二战"以后的东亚国家则是在短短30年左右的时间内基本完成从以农业人口为主的农业社会向工业社会的转型，并奇迹般地避免了历史上早期工业化国家和现代拉美及南亚国家普遍出现的贫民窟现象。因此，东亚国家和地区关于土地开发权管理与分配的制度实践经验尤为值得包括中国在内的正处于城镇化快速发展阶段的发展中国

家借鉴。①

东亚一些国家由于人口资源条件比欧洲更紧张，又缺乏西欧当年经过几百年的时间逐步实现工业化和城镇化并可大量向海外殖民地移民的历史条件，发展的空间较为窘迫。因此，东亚的后发赶超型经济体如日本、韩国和我国台湾地区，在经历了各自最初的探索之后，都基本借鉴了西欧特别是德国的土地规划管理制度②，对私有土地的非农开发权进行严格管制。

日本《土地基本法》在第一章总则的第二条就直接明确："土地无论现在与将来都是用之于民的有限的宝贵资源，是国民进行各种活动的基础。土地的利用与其他的土地利用活动具有密切关系。土地的价值主要依据人口和产业的动态、土地利用的动态、社会资本的配置状况等其他社会经济条件的变化而发生波动。鉴于土地与公共利益关系所具有的特点，规定土地优先用于公共福利。"可见，在日本，私有土地并不能完全由所有权人支配，而需优先服从公共福利之需要。

日本实行严格的农地保护制度，其《农地法》第四条规定："登记注册的专业农户未经许可擅自将农地转为自家住宅用地的，终止建筑工事，地面建筑拆除及复垦费用由本人负担，视其情节处以3年以下有期徒刑及300万日元以下罚款。"申请使用农地建房要经当地农民自治体同意后层层过关直至省一级的议会讨论，并由省一级最高行政长官签字。同时中央一级还保有最后的否决权。个别确有理由且得到批转的农地转自用宅地还带有附加限制条款，即若住宅在建成20年内遇城市规划扩展征用，该土地必须仍按农地使用价值补偿。

韩国和我国台湾地区直到"二战"前都处在日本殖民统治下；"二战"以后，在城镇化发展的高速时期，韩国长期实行军事独裁，我国台湾地区则处于"戒严令"统治之下。因此，它们的土地利用规划除了受到日本的较大影响外，还具有更大的威权强制性。总而言之，东亚国家和地区对土地开发权的政府管制在不断强化。

---

① 本小节关于东亚国家与地区土地开发权管理制度的介绍，是根据华生《城市化转型与土地陷阱》提供的资料及其线索进行整理，特此说明。
② 德国发展出了现今世界上最完备的土地空间规划体系。早年德国的《魏玛宪法》就明确规定："所有权包含义务，所有权之行使应当有利于国家管理。"因此，作为大陆法系国家，德国的整个土地利用规划体系建立在强有力的法律基础之上。从联邦到各州、区域及各个层次的规划相互衔接补充，规划体系极为严谨。德国坚持"建筑不自由"原则，严格执行"无计划地区则无开发"的管制方针，形成了稳定的土地利用秩序。其舒适的都市与美丽的乡村田园风光，以及"二战"后半个多世纪长期稳定的房地产市场，在国际上普遍得到高度的评价。

7.2.2 征地权的受限程度低

政府对土地的规划权是管理土地开发权的消极权力,而政府对土地的征收权则是管理土地开发权的积极权力。世界上主要国家和地区对私人财产(主要是不动产)的征收或强制购买(compulsory purchase)一般都需要合乎公共利益和符合法律程序。总体来看,虽然各国普遍宣称征收要基于公共利益,但关于征收权的范围仍可分为三类:第一类是以美国、加拿大、德国等西方发达国家为代表,公共利益是一个广义的概念,并没有对其范畴进行明确的限定,但是通过立法和其他法律程序对政府的征收权进行严格的限制。第二类是用列举来明确限定公共利益的范畴,如日本、韩国、我国台湾地区等。第三类公共利益既是个广义概念,同时政府自身拥有很大的自由裁量权,如中国、俄罗斯和一些中亚国家。表面上看,使用列举法的国家似乎可以更严格地限制政府征地权的适用范围,其实不然。在后发赶超型经济体如东亚的日本、韩国、我国台湾地区,虽然采用的是列举法,但由于面临快速的城镇化转型,列举的范围较宽,征地受限反而少。

日本在城镇化高速发展时期颁布的《新住宅市街地开发法》(1963年)总则第六条规定,"新住宅市街地开发事业由地方公共团体以及地方住宅供给社等,符合本法专门规定的团体实施"。这种唯一买家的规定事实上垄断了新城区土地的一级开发。同时,日本《农地法》规定,农民无权将自家私有农地改为宅地等建设用地,违者重罚,开发商无权收购农地,更不能改变农地用途,只有政府的公共团体才有权收购土地进行开发。这样在城郊城乡接合部即日本称之为"混在地"的农地转用途开发也被垄断。只有在不涉及农地转用的老城区改造,土地权益者才可以经申请批准后进行开发。

我国台湾地区则直接将根据城市发展规划的新城区开发列为征地的公共利益范畴,实行整体区域或整个区段的征收。[①]根据相关法令,台湾把所有新城区建设、旧城改造、土地用途改变(不仅包括农田转建设用地,而且包括工业用地转为商住用地)均列入公共利益的征收范围。这与台湾"土地法"第209条规定"政府机关因实施经济政策,得征收私有土地,但应以法律规定者为限"的意旨是一致的。台湾的老城区改造和日本类似,也是可以多元化的,

---

① 台湾的"平均地权条例"第53条、"土地征收条例"第4条明确规定,有下列各情形之一者,为区段征收:(1)新设都市地区之全部或一部,实施开发建设者;(2)旧都市地区为公共安全、卫生、交通之需要或促进土地之合理使用实施更新者;(3)都市土地之农业区、保护区变更为建筑用地或工业区变更为住宅区、商业区者;(4)非都市土地实施开发建设者;(5)农村社区为加强公共设施、改善公共卫生之需要或配合农业发展之规划实施更新者;(6)其他依法得为区段征收者。

即可由政府主动发起办理,也可以由私有土地所有权人(半数同意)申请政府优先办理,或者由土地所有权人自行组织重划办理。

整个区域或分区段整体征收并非是东亚国家和地区的创造,其实是移植西欧早期的经验。早在1850年法国公布《不卫生住宅改良法》,其中就有规定:"各乡镇对于房屋建筑不合卫生之区域,倘非改造房屋及环境,不能达到改进公共卫生之目的者,即得将该区域之土地,全部予以征收。"区段整体征收是法、德等西欧国家在19世纪城镇化过程中实践的成熟做法。孙中山提出的平均地权、涨价归公的思想,应当说也受到欧洲区段征收经验的影响。在1921年的《实业计划》中,孙中山针对当时城市扩展导致土地所有者暴富的情况提出,"在建设之前,先划分若干平方公里土地,由政府照所定地价全部收买,而建设完成后,自然土地增值收益,可尽归之公家"。我国台湾地区关于政府征地权的法律设置就是对孙中山思想的具体实践。

7.2.3 土地增值社会化共享

7.2.3.1 日本的经验:减步法原理

日本的《土地征用法》第71条、第72条、第73条关于征收土地的赔偿金标准,规定以附近同类土地的市场价格为依据,或以附近土地的地租或租金为依据;第82条规定,可以用土地置换进行补偿,特别是在被征土地为农地时,可要求继续以农地进行补偿,也称为"替地"[①]。由于日本有覆盖全国的地价公示制度,而且普遍征收固定资产税,因此同类土地的市场价格非常透明。其合理补偿的下限是该土地交纳固定资产税对应的资产价格,上限是附近同类用途土地的最近和最高市场价格,因而并不存在多大的争议空间。日本在新城区的区域征收中,一般保留原土地所有者的住宅用地不变,地块形状调整和位置移动也不改变原地块的相对关系,对农地则按农地的市场价格进行货币补偿。补偿金也可用于优先购买区域征收整理后计算的新的成本价土地。

日本由于实行严格的土地用途管制和规划管理,自然会造成不同的土地的价值差异巨大。在这种情况下,若没有严格的法治和公平的分配规则,各种违法建筑必然屡建不止,城市规划设置的隔离带、绿化带和控制发展区就会被破坏。对此,日本除了有严明的法律约束和制裁以外,还用严密配套的税制设计来实现土地的用途管制下对不同土地所有人的公平,并确立规划变更带来的

---

① 日本《土地征用法》第82条规定:"土地所有人或者关系人可以向征用委员会要求,用土地或者与土地相关的所有权以外的权利(即'置换土地'),顶替全部或者一部分被征用的土地以及该土地除所有权以外的权利的赔偿费。"

土地增值收益回归社会的原则。①

此外，日本的"区划整理事业"对于后发工业化和城镇化国家的农村土地整理和城市更新改造有重要的借鉴意义。土地区划整理的目的是随着经济、社会和人口情况的改变来实现土地利用的节约和合理化。按照日本的《居民自治法》，区划整理事业需要得到三分之二的居民和半数以上拥有土地权益者的同意，并得到市政规划部门的批准。最简单的区划整理事业只涉及地块形态的调整，位置移动以不改变原土地相对关系为原则，尽可能保证原土地所有者的面积不变。如在农村土地的区划整理事业中，主要是改变原自然村中各户较为零散分住的状态，形成集中居住村并促进农地的连片集中化和合理化使用。新增公共建设用地按各户的非农用地的权重分摊。这种公共建设用地按土地所有者的土地权重分摊的原则也普遍应用于近郊混在地（即农地和建设用地混合并存的城市郊区），日本称之为特定土地区划整理事业以及城区的改造。城区及近城区的区划整理往往涉及城市规划的较大改变甚至大规模改变，日本称之为再生改造。

日本的土地所有人可以申请变更规划限制，对自有建设用地进行合理化再开发，但这种土地的再开发的前提是土地所有者必须拿出相当的土地以满足规划所需要的公共事业用地需要。这就是人们通常所说的日本区划整理事业中的减步法。减步法的原理是在改变土地用途规划或建筑规划（如建筑率或容积率改变）时，原土地所有者必须将土地分为两块。一块给原土地所有者或使用权的拥有人按新规划开发，一块作为公共设施建设用地以及出售以充抵公共设施建设费。实际上，就是以自己的私有土地换取规划变更。

减步法的关键是原土地权益者能拿回多少地和换取怎样的建筑规划。若减步率（交出土地或保留土地的比率，以及可以自己开发土地的容积率，后者往往与前者同样重要）是可以谈判的，显然减步法就很难进行下去，因为各种

---

① 如农业用途专用土地由于规划限制，其土地价值被显著压低。日本就规定农业用途专用地免征遗产税（该税种最高税率达50%），从而有效减轻了用途管制对土地所有人的不利影响。在农业用途专用地被征收时，所有者有权选择实物补偿，即由征地方负责提供可能是其他地区的另外一块农业用途专用地作为替地，且保证替地价值不低于原土地价值，经常性收入不低于原经常性收入。原土地所有者可以迁移到替地上继续务农。若选择货币补偿，则对转让所得给予一笔较大的所得税减免，并可以优先购买公共出租房以保证自己不低于以前的经常性收入。在保有环节上，农业用途专用土地的固定资产税率适用自用住宅的优惠税率，且在税基宽免上，规定最高不超过市场价格的55%，因而实际税负很低。专业农户之间的转让收益也给予相当的税收减免额度。对于城市周边日本称为"混在地"中的农田，只要属于可改变用途的非农业专用地，则一律不享受遗产税、转让所得税和固定资产保有税的各项优惠。

各样的讨价还价、公关和贿赂都难以避免。①因此，日本《土地区划整理法》第109条明确规定，减步以土地权益人在规划变更前后的土地价值不变为基准。第110条规定，若原土地所有权人获得土地的价值低于减步前的土地及土地附属权利价值，则必须给予土地所有权人同等金额的货币补偿；反之，减步后原土地所有人获得的土地价值高于减步前的土地及附属权利价值，此部分将按规定被征收。简言之，规划变更不应影响土地所有者的土地价值，增值部分应当归社会共同所有。在此原则下，土地权益者之所以仍然愿意进行土地区划整理，主要是因为这样可以使得居住环境得到明显改善，土地今后的增值空间也会显著增加。减步法其实是一种变相的征地，也是日本从德国学来的城区改造建设的主要方法。

7.2.3.2 我国台湾地区的经验：平均地权和涨价归公

台湾地区依据孙中山平均地权、地尽其力、地利共享的思想，以及孙中山在民国初年就提出的规定（申报）地价、照价纳税、照价收买（指土地所有人若申报低地价以逃税时，国家可按其申报的地价收买过来，从而促进土地所有人申报的纳税地价尽可能真实）和涨价归公的政策框架，在1954年推出了适用于全台66个城市的"都市平均地权条例"，与农村土地改革相同，限制城市居民持有土地的上限。该条例第30条规定，"直辖市"及县（市）政府得视都市建设发展之需要选择适当地区实行区段征收。征收地价之补偿应按照市价由都市地价评议委员会评议。涨价部分按该条例第21条至24条对土地转让的规定，对涨价幅度超100%、200%、300%、400%及以上的地块，分别征收30%、50%、70%、90%、100%的超额累进土地增值税。1964年该条例进行了修订，对转让土地收益适当降低了超额累计土地增值税税率，分别改为20%、40%、60%、80%、100%（后来在1968年修订条例中删掉了最高档100%）。同时，在第31条增加了规定：地方政府对辖区内的土地应经常调整其动态地价，绘制地价区段图并估计区段地价后，提经土地评议委员会评定，据以编制土地现值表并于每年1月1日公告，作为土地转移及设定典权时申报土地转移现值参考，并作为主管机关审核土地转移现值及补偿征收土地价的依据。不过，台湾地区最初编制的土地公告现值是一直大大低于市价的，迫于民众的压力，台湾后来亦规定征收补偿可在土地公告现值上加成40%。其"地价调查估计规划"第4条又规定，地价调查以买卖实例为主，没有买卖实例的，调查其收益

---

① 韩国政府在20世纪60年代初引进在德国、日本都获得成功的减步法时，因为允许对减步率进行个别谈判，结果走了弯路。因为就减步率进行谈判，一是谈不拢，很难达成协议；二是谈成以后，甚至已经动工之后，人们一旦听说其他地方谈成了更优惠的减步率就会反悔，拔地桩阻挠施工，引发社会冲突。不得已，朴正熙政府很快退回到国家统一标准进行征地补偿的阶段。

实例，即租金或权利金等对价给付的实例。可见，台湾的涨价归公实际上主要靠征地补偿价格限定和所有土地转让中高额累进土地增值税两个手段实现。

由于在都市区以外并未实行该条例，即在都市规划区以外的土地并不适用于上述公告地价及相关征税规定。这样随着都市规划区的不断扩大，在都市郊区和小城镇的土地投机自然发展起来。因此，从1974年开始，台湾开始了全岛的分区规划，并于1977年全面修订条例，进行了几项重大修改。①1986年，"平均地权条例"再次修订，强调房地分离，被征收土地按公告的土地现值补偿地价，其地上建筑改良物应参照重建价格补偿。第45条规定，农用地转移给自耕农继续耕种，免征土地增值税。若变更为非农业使用再转移时，以变更之日当期公告土地现值为原地价，计算涨价总数额，课征土地增值税。1994年最后一次修订"平均地权条例"，规定对征收土地自愿按政府公告现值出让免征土地增值税。未领取现金补偿重划的土地，于重划后第一次转移时，其土地增值税减征40%。2000年台湾出台了"土地征收条例"，最终统一了对土地征收的各种法规。征收补偿依据的基准仍然是土地公告现值（补偿时有40%加成）。

总的来说，台湾对征收土地补偿以及更一般的土地增值的税收调节，是随着城市化发展过程不断改变的，并且随着城镇化的推进和完成，对土地增值的税收调节也在逐步降低。尽管如此，由于台湾的征收补偿标准是长期按照政府公告的土地现值，通常显著低于土地的市场价格，征收农民土地的现金补偿往往不够农民再去购买同品质的农地，或者补偿的新农地过远或过于零散。因而在2010年的农民大规模抗议活动后，又在2011年将土地补偿的标准从公告现值改为土地的市场价格。当然，这个市场价格仍然是依土地的性质和规划而不同的。

7.3 分析性结论

7.3.1 当前增益改革方案仍需不断深化探索核心机制

从建设用地挂钩或交易指标的供给方式来看，浙江的政府间跨区域土地

---

① 一是去掉"都市"二字，"平均地权条例"适用于城乡所有地区。二是在第10条规定"本条例实施地区内之土地，政府予以依法征收时，应按照征收当期之公告现值，补偿其地价"，去掉了评议地价的模糊说法。三是土地增值税改为20%、40%、60%的三级累进。四是在第42条规定，被征收之土地，规定于重划后第一次转移时，土地增值税减征20%。对于出售自用住宅用地，都市土地未超过300平方米、非都市区未超过700平方米的，一律按土地涨价10%征收土地增值税。

开发权交易模式、重庆的地票交易制度以及河南的人地挂钩政策实践都可以说是城乡建设用地增减挂钩制度的进一步升级发展和改进。这些改革在制度作用上实现了规划圈外的农村土地使用者在一定程度上分享了土地开发权及其收益，即实现了规划区内外土地开发权的空间交易。但是，若从人的权利角度看，这些改革只能为少部分利益群体（如拥有土地的农民群体、地方政府等）带来利益或权利增进。这是因为，通过农村土地整治途径所形成的建设用地挂钩指标、地票或交易指标，只是国家每年大量行政分配城镇建设用地指标的一个边际补充，城镇建设用地指标分配并不取决于少量的农村建设用地指标的转移。每年度按国家计划层层分解的建设用地指标才是土地开发权分配的真正主体，离开了这个绝对主体的土地开发权分配，包括地方发展及其土地融资风险、耕地保护、农民工市民化在内的诸多城镇化发展与社会转型问题都无法得到根本性回答。

在借鉴这些改革方案成功经验的基础上，极有必要对现行国家自上而下通过土地利用总体规划和年度土地利用计划对城镇建设用地指标的无偿计划分配体制进行改革。首先，为了实现人口城镇化与土地城镇化的协同发展，国家应主要基于"人地挂钩"原则自上而下进行土地开发权的初始分配，从而激励地方政府将包括已失去农村土地而且不具有城镇户籍的进城务工人口在内的庞大农村转移人口逐渐市民化。考虑到大中小城市层次的人口空间布局问题，防止大城市人口过于集中，"人地挂钩"涉及的建设用地规划与计划指标应占总体指标的某一恰当比例。其次，为了提高建设用地资源利用的配置效率以及为欠发达地区提供发展资本，应在地方政府间引入市场机制来跨区域再分配土地开发权，改变现有土地年度计划利用指标当年未用则过期作废的规定，为地方政府设置土地利用指标账户，允许其不断积累并用于政府间跨区域的土地开发权交易。对于通过农村土地整治所形成的节余建设用地指标也一并纳入地方政府的指标账户予以交易，但从交易次序上应让位于年度土地利用计划的剩余指标。这样，一方面既可以约束地方政府的"征地饥渴症"，另一方面也为地方政府的节约集约用地行为提供财政激励。

7.3.2 强化政府管制权与土地增值社会化是主流趋势

东亚一些国家和地区关于土地开发权管理与分配的制度实践虽然不尽相同，而且具体的制度规定也会随着城镇化发展过程而不断改变，但总体来看，它们有两条比较一致的成功经验：第一，在城镇化快速发展期坚持政府对土地开发权的垄断地位。这既体现在基于土地规划对土地开发权不断强化的管制权,更体现在依靠强大行政强制权力对新城区建设进行的整个区域或分区段整体征收权。这种土地开发权的政府垄断权力显然超越了土地所有权的约束,本质上体现了国家的发展自主性。第二,在城镇化发展的整个过程中始终坚持土地增值的社会化分享。它们对土地征收补偿的原则就是所有权人在征收后相比征收前的价值收益至少不减损,但不能享有超出限度的土地增值收益。与此同时,它们通过精巧的政策设计(如日本的"减步法")和完善的税制设计保证土地增值收益的社会化共享,上述制度设计主要应用于国民保障性住宅以及城乡公用事业的建设。

总的来说,随着城镇化进程的完成,东亚国家和地区与西方发达国家一样,并不会因为实行土地私有制而放松对土地开发权的规划管制,反而不断强化。概言之,它们的发展经验表明,越到现代化发展的成熟阶段,土地作为可自由交易的私有财产权利属性愈加弱化,而土地作为集体发展性资源和财富的社会化属性愈加强化。

第8章 结论与建议

8.1 研究结论

本书基于中国政治经济制度情境下发展权及其分配的理论分析框架，尝试从政府积极运营的角度来阐释土地开发权的发展权性质及其实现经济利益的非市场交易性方式，并着重对当代中国的土地开发权分配机制的制度逻辑、运行机制、制度影响及其改革方案进行了探讨，从而就土地开发权的配置管理如何协调国家与农民（集体）之间的发展权利与发展利益关系问题，以及如何构建兼顾公平与效率的土地开发权分配机制问题，提出了相应的理论见解和政策主张。作为对前文所提出研究问题的总结性回应，本书的研究结论如下：

总体性结论：①土地开发权是一项具有发展权性质的独立性土地权利。在我国国家主导发展体制的国家发展权优先性制度逻辑下，土地开发权及其发展性利益是在一种等级制结构下进行权利主体间分配的。②在不动摇土地的社会主义公有制以及国家主导发展体制的前提下，土地开发权的配置管理可以适用有限等级制原则来协调国家与农村集体和农民个体之间的发展权利与发展利益关系，即国家基于有限度的自主性来享有分配优先权，并实现土地发展性利益的社会化共享，而农村集体和农民个体则获得至少不减损的发展权补偿。③土地开发权的政府垄断制度仍然可以为地方政府发挥积极作用提供一个有效的制度框架，其存在的主要问题在于现行新增建设用地指标无偿计划分配体制的无效率以及土地增值收益分配的不公平。④土地开发权分配兼顾公平与效率的一个可能政策方案是：在当前运行的新增建设用地指标总量管制性分配框架之内，将现行的一次分配过程变成两次分配过程：首先基于公平原则，按照人地挂钩机制在地方政府间进行无偿的初次分配；其次基于效率原则，按照市场交易机制进行政府间跨区域有偿的再分配。

8.1.1 主要理论认识

结论一：土地开发权的政府垄断制度是集体主义道德原则和传统社会主义产业经济理论的具体经济实践，它通过确立国家发展权的优先性，从而保障国家在现代化经济发展中的自主性和主导权，同时也为国家主导发展体制提供相应的融资机制，从而保障政府推动发展的行动能力。

结论二：国家发展权优先性的制度逻辑形塑了国家与农村集体和农民个体之间的等级制关系，政府代表国家垄断了土地开发权及其分配权，而农村集体和农民则享有有限的利益补偿权。随着公民权利和生态环境对国家征地权的制约性增强，土地开发权的主体间分配从完全等级制结构向有限等级制结构进行演化，并通过土地开发权指标管理机制实现了"国家—农民（集体）—生态"三者权利与利益关系在某种程度上的平衡。

结论三：有限等级制结构下土地开发权（新增建设用地）指标的无偿计划分配机制，能够为地方政府提供一种制度化的土地融资机制，从而较为有效地推动地方的经济发展和城镇化进程，但也激励了地方政府的过度征地行为和征地农民的过分索偿行为，由此不仅累积了地方经济与生态不可持续发展的风险，而且也加剧了农民群体之间的阶层分化和社会不公。

8.1.2 主要实证发现

结论四：土地开发权的政府垄断制度在地方发展尤其早期经济发展中发挥了重要作用。在地方发展的初始阶段，政府的主导作用高度依赖对土地要素配置的垄断能力，即政府通过行使土地开发权，可以自主地将土地要素与资本要素、劳动力要素以及产业政策有效地结合起来，从而推动地方经济快速发展。但是，长期来看，人地关系的平衡性，即人口城镇化与土地城镇化之间的协同发展程度，构成了影响地方发展结果的重要因素。

结论五：历史地看，地方发展的路径选择受到了具体发展阶段的约束。然而，不论是地方发展的工业经济发展路径还是生态经济发展路径，土地开发权的政府垄断制度都仍然可以为地方政府发挥积极作用提供一个有效的制度框架。政府通过社会发展政策对农村集体和农民个体的权利受损进行具有发展权内涵的权利补偿，是实现地方经济、社会和环境的可持续均衡发展的重要前提。

结论六：为化解地方土地融资的宏观金融风险以及激励地方政府节约集约利用土地和推动农民工市民化，必须要改革现行国家自上而下通过土地利用总体规划和年度土地利用计划对城镇新增建设用地指标的一次性无偿计划分配体制。东亚一些国家和地区的发展经验表明，不断强化对土地开发权的政府管制以及实现土地增值的社会化共享，是应该始终坚持的土地管理制度设计及其改革的两个根本性方向。

8.2 政策建议

8.2.1 改革现行建设用地指标无偿计划分配体制

现行建设用地指标无偿计划分配体制是导致地方政府"征地饥渴症"及"公地悲剧"的关键性制度原因，它使得地方政府在推进城镇化过程中具有要"地"不要"人"的内在激励。因此，必须要改革现行建设用地指标无偿计划分配体制。相较于土地开发权私有化的市场自发配置方案，在理论上更为合理而且现实可行的一个政策方案是：在中央政府对新增建设用地指标的总量管制性分配框架之内，将原来在地方政府间的一次分配过程变成两次分配过程：首先，基于公平原则，按照人地挂钩机制（城镇建设用地增加规模同吸纳农业转移人口与城市外来人口落户数量相挂钩）进行无偿的初次分配；其次，基于效率原则，按照市场交易机制将节余建设用地指标（土地年度计划利用指标当年未用的节约指标与农村土地整治形成的节约建设用地指标）进行政府间跨区域有偿的再分配。与此同时，探索建立进城落户农民土地承包权和宅基地使用权的合理退出机制，要求地方政府承担逐步减少乡村建设用地和土地复垦的责任。这种改革方案，一方面，能够最广泛地实现全国农民群体的发展权利增进，从而满足社会公平的要求；另一方面，能够通过市场化机制提高建设用地资源利用在地区间的配置效率以及为欠发达地区提供丰厚的发展资本，从而满足经济效率的要求，也在某种程度上实现了发达地区与欠发达地区之间的协同发展。

8.2.2 严格规范现行征地拆迁的利益补偿标准

浮动的征地补偿政策导向，在实践中不断助长了人们的恶性攀比心理，严重危害了公共利益，加剧了整个社会的不公、不均、不稳。对于失地农民的公正补偿，应将之归置于农民市民化的整体框架予以考虑，原则上应取消现行一次性巨额现金补偿办法，通过配置发展权的方式，如城镇就业安置、农民宅基地换城镇住宅、农地换部分公租房租金收入，或者根据原宅基地和农地面积整体上折价返还部分建设用地的"留地"等方式，从而着眼于支持失地农民形成可持续维持生计的发展能力和保障，而不是任由失地农民或者因补偿太低损害生存权，或者因补偿过高而造成社会不公。因此，一方面必须依靠法治严格规范地方政府征地程序，另一方面也要严格规范征地拆迁的利益补偿标准，坚持土地增值社会化共享原则，促进社会公平正义。

8.2.3 强化政府的土地规划权和用途管制权

由于工业化和城镇化快速发展所激发出来的房地产开发巨大利益，导致非农建设用地急速扩张以及耕地资源大量流失。地方上各种化整为零、先租后征、先征地改变用途再申请等待指标等种种违法违规用地现象层出不穷，而城郊农村和农民各种"乱搭""违建"也屡禁不止。不论是当前房地产市场乱象治理以及保护耕地和生态环境的现实需要，还是西方和东亚先行发展国家的成功经验借鉴，都必须要不断强化政府的土地行政管理权利，尤其是土地规划权和用途管制权，并加大土地违法行为的整治力度，从而有效遏制当前土地违法违规开发乱象的泛滥。事实上，随着城镇化发展的不断推进与完成，土地规划权与用途管制权也将逐渐成为支撑中国政府控制与分配土地开发权的正当性基础。

8.3 未竟问题

关于中国的土地开发权研究，当前国内学术界侧重于从静态权利的交易角度来定义土地开发权的"财产权"性质或"管制权"性质，并形成了两派意见对立的争论局面；但两者在一定程度上都没有全面揭示当代中国土地开发权配置管理制度的发展逻辑，从而在理解和指导现行制度改革实践的有效性方面存在学术讨论的空间。与这些理论视角不同，本书尝试从政府积极运营的角度来阐释土地开发权的发展权性质及其实现经济利益的非市场交易性方式，揭示了土地开发权的政府配置管理制度如何构成了中国现代国家发展体制的一部分的成因。简言之，本书构建了基于中国政治经济制度情境下发展权及其国内分配的一般理论分析框架，对土地开发权的权利性质、归属主体与分配机制进行了一种有别于财产权理论视角和管制权理论视角的全新解读，从而为理解当代中国的土地开发权政府垄断制度的创设与运行逻辑、经济社会影响以及制度改革方向提供一种整体性的、逻辑自洽的，同时具有一定现实解释力的理论分析框架。

就本书涉及的研究议题，需要进一步深入讨论的，主要有以下几个理论问题，冀望引起后续研究的关注以及更加深入地研讨。

在政治哲学层面，集体性主体的存在性论证问题。这一点在国际人权法界关于发展权的主体双重性问题上至今仍存在极大争议。在本书的研究中，"存在具有外在独立性和内在自主性的集体性主体"是作为理论假设前提来对待的。尽管中国的制度实践一直以此作为不言而喻的信条,但是随着中国市场经济体制的改革不断深化以及融入全球政治经济体系的程度不断加深,原来支撑制度设计的集体主义道德原则已经遭受到了强大的个人主义自然权利价值体系的冲击甚至瓦解。因此,集体性主体存在性的哲学论证,从根本上关乎中国国家主导型发展体制以及包括土地开发权政府垄断制度在内诸多制度体系存续的合法性和正当性问题。

在制度政策层面,农村集体土地的未来国有化问题。基于制度起源的历史考察,现行由"八二宪法"奠定的土地国家所有与集体所有并存的二元所有制体制本质上是一项过渡性制度安排。土地的社会主义公有制所蕴含的目标是最终实现国家所有的一元所有制。这种制度目标的合理依据主要在于社会主义制度的价值追求以及集体所有制的内在不稳定性。在城镇化转型过程中,集体所有制的内在不稳定性显露无遗。经过一系列促进农村土地承包经营权物权化的法律实践的推动,目前农村集体土地所有制事实上已经处于虚化状态。为了应对城镇化进程和市场经济对农村集体的冲击,一些转为城镇社区的村庄,对农村集体资产进行股份制改造,以股份合作制形式试图保留集体土地和集体经济,但在法理上,这些股份合作制形式的农村集体已经不再是宪法意义上的"公有"性质,而是民法意义上的"共有"性质。因此,随着城镇化进程不断推进和完成,是否需要依托国家征地权,继续推进农村土地国有化进程,最终在全国城乡范围内实现国家所有的一元所有制以及"所有权国有化、使用权物权化"的城乡统一的土地权利结构,就构成了一个需要解决的"宪法问题"。

参考文献

[1] BOOTH P. Nationalising development rights: the feudal origins of the British Planning System[J].Environment and Planning B: Planning and Design, 2002, 29(1): 129–139.
[2] CHENERY H B. SYRQUIN M. Pattern of development, 1950—70[M].New York: Oxford University Press, 1975.
[3] COASE R H. The problem of social cost[J].Journal of Law and Economics, 1960(3): 1–44.
[4] COASE R H. The firm, the market, and the law[M].Chicago: University of Chicago Press, 1990.
[5] CROUCH C. The strange non-death of neo-liberalism[M].Cambridge: Polity Press, 2011.
[6] DAGAN H, HELLER M A. The liberal commons[J].Yale Law Journal, 2001, 110(4): 549–623.
[7] UN DESA. World urbanization prospects: the 2011 revision[R].New York, 2012.
[8] DOS SANTOS T. The crisis of development theory and the problem of dependence in Latin America[J].Underdevelopment and Development, 1973: 57–79.
[9] EVANS P. Embedded autonomy: states and industrial transformation[M].Princeton: Princeton University Press, 1995.
[10] FEI J H, RANIS G. Development of the labor surplus economy: theory and policy[M]. Homewood: Irwin, 1964.
[11] FRANK A G. The development of underdevelopment[M].Boston MA: New England Free Press, 1966.
[12] HAGGARD S. Pathways from the periphery: the politics of growth in the newly industrializing countries[M].Ithaca N. Y.: Cornell University Press, 1990.
[13] HELLER M A. The tragedy of the anticommons: property in the transition from marx to markets[J].Harvard Law Review, 1998, 111(3): 621–688.
[14] KLINE J, WICHELNS D. Using referendum data to characterize public support for purchasing development rights to farmland[J].Land Economics, 1994: 223–233.
[15] LEWIS. Economic development with unlimited supply of labor[J].The Manchester School, 1954, 22 (2): 139–191.
[16] LEWIS. Reflections on unlimited labour[M].// LE DIMARCO, eds. International economics and development: essays in honor of raul prebisch. New York, Academic Press, 1972: 75–96.
[17] MICELLI E. Development rights markets to manage urban plans in Italy[J]. Urban Studies, 2002, 39(1): 141–154.
[18] MILLS D E. Transferable development rights market[J].Journal of Urban Economics, 1986(7): 63–74.
[19] NORTH D C. Structure and change in economic history[M].New York: W. W. Norton, 1981.
[20] NURKSE R. Problems of capital formation in underdeveloped countries[M].London: Oxford University Press, 1953.
[21] O'HANLON, MICHAEL E.Defense budgets and American power[J].Policy Paper, 2010 (24).
[22] MACHEMER, KAPLOWITZ. A framework for evaluating transferable development rights programs[J].Journal of Environmental Planning and Management, 2002, 45(6): 773–795.
[23] PETER J P. A review of transfer of development rights[J].The Appraisal Journal, 1997.

［24］ PIKETTY T. Capital in the Twenty-First Century [M].Cambridge： Harvard University Press，2014.

［25］ PLANTINGA，MILLER. Agricultural land values and the value of rights to future land development[J].Land Economics，2001，77(1)：56-67.

［26］ PREBISCH. The economic development of Latin America and its principal problems [J]. Economic Bulletin for Latin America，1962，7(1).

［27］ PRUETZ. Saved by development[M].Arje Press：Burbank，CA，1997.

［28］ QIAN Y Y，MONTINOLA G. WEINGAST. Federalism，Chinese Style：the political basis for economic success in China [J]. World Politics，1995（48）：50-81.

［29］ RANIS G，FEI J C H. A theory of economic development[J].The American Economic Review，1961，51(4)：533-565.

［30］ ROSE J G. The transfer of development rights[M].New Jersey：The State University of New Jersey，New Brunswick，1975.

［31］ ROSTOW W W. The stages of economic growth：a non-communist manifesto[M]. Cambridge：Cambridge University Press，1960.

［32］ SCHMITZ H. Industrialisation strategies in less developed countries：some lessons of historical experience[J]. The Journal of Development Studies，1984，21(1)：1-21.

［33］ UNITED NATIONS. Measures for the economic development of the underdeveloped countries [R].New York：UN，1951.

［34］ WADE. Governing the market：economic theory and the role of government in East Asian Industrialization[M].Princeton：Princeton University Press，1990.

［35］ WALLERSTEIN I. The modern world-system I：capitalist agriculture and the origins of the European World-Economy in the sixteenth century [M].California：University of California Press，2011.

［36］ WEIBE，TEGENE A，KUHN B. Partial intersts in land：policy tools for resource use and conservation[M].US Department of Agriculcure，1996.

［37］ WILLIAMSON. Credible commitments：using hostages to support exchange[J]. American Economic Review，1983，73(4)：519-540.

［38］ WILLIAMSON. The economic institutions of capitalism[M].New York：Free Press，1985.

［39］ YANG H X，ZHAO D X. Performance legitimacy，state autonomy and China's economic miracle[J].Journal of Contemporary China，2014（24）：64-82.

［40］ ZHAO D X，HALL J A. State power and patterns of late development：resolving the crisis of the sociology of development[J].Sociology，1994（28）：211-229.

［41］ 薄一波. 若干重大决策与事件的回顾[M].北京：中央党校出版社，1991.

［42］ 蔡继明. 农村土地制度变革无法回避[N].东方早报，2004-04-19.

［43］ 蔡继明. 土地所有制应该多元化[N].中华工商时报，2003-03-17.

［44］ 蔡继明. 中国的现代化、城市化与农地制度改革探析[J].经济前沿，2005(01).

［45］ 柴铎，董藩. 美国土地发展权制度对中国征地补偿改革的启示——基于福利经济学的研究[J].经济地理，2014(2).

［46］ 柴强. 各国（地区）土地制度与政策[M].北京：北京经济学院出版社，1993.

［47］ 陈柏峰. 土地发展权的理论基础与制度前景[J].法学研究，2012(4).

［48］ 陈剑波. 农地制度：所有权问题还是委托-代理问题[J].经济研究，2006(07).

［49］ 陈书纪. 意识形态下集体主义的历史演进[M].武汉：湖北人民出版社，2015.

［50］ 陈锡文，王国培. 陈锡文谈城镇化中的粮、地、人[R].北京大学·中国与世界研究中心研究报告 No.2013-07.

［51］ 陈伟. 中国农地转用制度研究[M].北京：社会科学文献出版社，2014.

［52］ 陈志武. 把地权还给农民——于建嵘对话陈志武[J].东南学术，2008(2).

［53］ 程信和. 房地产法学[M].北京：中国人民公安大学出版社，2003.

［54］ 崔之元. 重庆实验的三个理论视角：乔治、米德与葛兰西[J].开放时代，2011(9).

［55］ 韦伯. 经济与社会(下卷) [M].林荣远，译. 北京：商务印书馆，1997.

［56］ 恩格斯. 英国农业工人联合会和农村的集体主义运动[M]//马克思恩格斯全集（45卷）.北京：人民出版社，1985.

［57］ 邓小平. 邓小平文选：第3卷[M].北京：人民出版社，1993.

［58］中共中央文献研究室.邓小平年谱1975—1997（下）[M].北京：中央文献出版社，2004.
［59］杜丽霞.土地征收中的社会发展与农民发展——以土地发展权为视角[J].河北大学学报（哲学社会科学版），2011(5).
［60］狄骥.宪法学教程[M].王文利，等译.上海：春风文艺出版社，1999.
［61］佩鲁.新发展观[M].张宁，丰子义，译.北京：华夏出版社，1987.
［62］方少勇.拉文斯坦移民法则与我国人口的梯级迁移[J].当代经济，2009 (3).
［63］高洁，廖长林.英、美、法土地发展权制度对我国土地管理制度改革的启示[J].经济社会体制比较，2011(4).
［64］高勇.城市化进程中失地农民问题探讨[J].经济学家，2004(1).
［65］国际人权法教程项目组.国家人权法教程（第1卷）[M].北京：中国政法大学出版社，2002.
［66］国家统计局.2014年国民经济和社会发展统计公报[EB/OL]. http://www.stats.gov.cn/tjsj/zxfb/201502/t20150226_685799.html.
［67］国土资源部.多省反映供地指标仅满足三成需求[EB/OL]. http://news.xinhuanet.com/2011-04/09/c_121283835.htm.
［68］郭熙保，王万珺.土地发展权、农地征用及征地补偿制度[J].河南社会科学，2006(4).
［69］格劳秀斯.战争与和平法[M].何勤华，等译.上海：上海人民出版社，2005.
［70］何显明.市场化进程中的地方政府角色及其行为逻辑——基于地方政府自主性的视角.[J].浙江大学学报(人文社会科学版)，2007, 37(6).
［71］贺雪峰.地权的逻辑：中国农村土地制度向何处去[M].北京：中国政法大学出版社，2010.
［72］贺雪峰.地权的逻辑Ⅱ：地权变革的真相与谬误[M].北京：东方出版社，2013.
［73］贺雪峰.饱和经验法——华中乡土派对经验研究方法的认识[J].社会学评论，2014 (1).
［74］贺雪峰.中国土地制度的宪法性质[J].文化纵横，2013(6).
［75］何中华，张晓华.当代发展观的演变及难题[J].文史哲，1997(2).
［76］胡锦涛.高举中国特色社会主义伟大旗帜 为夺取全面建设小康社会新胜利而奋斗——在中国共产党第十七次全国代表大会上的报告[EB/OL]. http://news.xinhuanet.com/newscenter/2007-10/24/content_6938568.htm.
［77］胡兰玲.土地发展权论[J].河北法学，2002 (2).
［78］华生.城市化转型与土地陷阱[M].北京：东方出版社，2013.
［79］华生.现代社会中的土地开发建筑权问题——兼答周其仁教授的批评[EB/OL].经济观察报，2014-04-19. http://blog.sina.com.cn/s/blog_48e91e520101j8dd.html.
［80］华生.小产权房合法化会不会天下大乱？——再答周其仁教授的批评[N/OL].经济观察报，2014-06-28. http://blog.sina.com.cn/s/blog_48e91e520102uw72.html.
［81］华生.农地农房入市：陷阱与跨越——三答周其仁教授的批评[N/OL].经济观察报，2014-07-19. http://blog.sina.com.cn/s/blog_48e91e520102uxzk.html.
［82］华生.土地涨价归谁有利人转？——四答周其仁教授的批评[N/OL].经济观察报，2014-08-30. http://blog.sina.com.cn/s/blog_48e91e520102v3gz.html.
［83］华生.土地制度改革的实质分歧——答周其仁教授最新的批评[N/OL].华夏时报，2014-09-20[2015-08-30]. http://blog.sina.com.cn/s/blog_48e91e520102v63m.html.
［84］华生.集体土地所有制向何处去[N/OL].中国证券报，2014-02-17. http://news.xinhuanet.com/house/bj/2014-02-17/c_119356679.htm.
［85］黄祖辉，汪晖.非公共利益性质的征地行为与土地发展权补偿[J].经济研究，2002(5).
［86］季禾禾，周生路，冯昌中.试论我国农地发展权定位及农民分享实现[J].经济地理，2005(2).
［87］纪双城，等.美国知华派学者兰普顿：中美关系处于临界点[N].环球时报，2015-05-13.
［88］贾海波.农地发展权的设立和权利属性[J].中国土地，2005(10).
［89］姜素红.发展权论[M].长沙：湖南人民出版社，2006.
［90］揭明，鲁勇睿.土地承包经营权之权利束与权利结构研究[M].北京：法律出版社，2011.
［91］柯福艳.美丽乡村安吉[M].杭州：浙江大学出版社，2012.
［92］李长健，伍文辉.土地资源可持续利用中的利益均衡：土地发展权配置[J].上海交通

大学学报（哲社版），2006(2).
[93] 李金珊，胡凤乔，袁波.三十岁的城市：龙港的孕育、诞生与发展[M].杭州：浙江大学出版社，2014.
[94] 李凌.建设用地管理[M].北京：化学工业出版社，2008.
[95] 李再杨.土地制度变迁的比较研究[J].当代经济科学，1999(5).
[96] 李子明，周群力.超边际分析视角下的中国土地发展权与征地效率——基于效率与公正的内洽假设[J].制度经济学研究，2010(3).
[97] 刘国臻.论我国土地发展权的法律性质[J].法学杂志，2011(3).
[98] 刘国臻.论土地发展权在我国土地权利体系中的法律地位[J].学术研究，2007(4).
[99] 刘国臻.论英国土地发展权制度及其对我国的启示[J].法学评论，2008(4).
[100] 刘国臻.中国土地发展权论纲[J].学术研究，2005(10).
[101] 刘俊.土地所有权权利结构重构[J].现代法学，2006(3).
[102] 刘明明.论土地发展权的理论基础[J].理论导刊，2008(6).
[103] 刘书林.社会思潮与青年教育研究[M].北京：高等教育出版社，2010.
[104] 马克思，恩格斯.马克思恩格斯全集(第3卷)[M].北京：人民出版社，1979.
[105] 马克思，恩格斯.马克思恩格斯选集：第4卷[M].北京：人民出版社，1995.
[106] 茅于轼.恢复农民对土地财产的所有权[J].建设市场报，2009-02-16.
[107] 米都斯.增长的极限：罗马俱乐部关于人类困境的报告[M].长春：吉林人民出版社，1997.
[108] 乔治.进步与贫困[M].吴良健，王翼龙，译.北京：商务印书馆，1995.
[109] 基辛格.论中国[M].胡利平，等译.北京：中信出版社，2012.
[110] 孔飞力.中国现代国家的起源[M].陈兼，陈之宏，译.北京：生活·读书·新知三联书店，2013.
[111] 亨金.权利的时代[M].信春鹰，译.北京：知识出版社，1997.
[112] 杰克曼.不需暴力的权力：民族国家的政治能力[M].欧阳景根，译.天津：天津人民出版社，2005.
[113] 波特.国家竞争优势[M].李明轩，邱如美，译.北京：华夏出版社，2002.
[114] 赫勒.困局经济学[M].闾佳，译.北京：机械工业出版社，2009.
[115] 沈大伟.中国共产党：收缩与调适[M].吕增奎，王新颖，译.北京：中央编译出版社，2011.
[116] 托达罗.经济发展与第三世界[M].印金强，赵荣美，译.北京：中国经济出版社，1992.
[117] 毛泽东.关于农业集体化问题[M]//农业集体化重要文件汇编（1949—1957）.北京：中央党校出版社，1981.
[118] 毛泽东.关于召开第三次农业互助合作化会议同陈伯达、廖鲁言的谈话（1953年10月15日）[M]//建国以来毛泽东文稿（第4册）.北京：中央文献出版社，1990.
[119] 布拉伊奇.国际发展法原则[M].陶德海，等译.北京：中国对外翻译出版公司，1989.
[120] 潘学方.试析农村股份合作制与集体所有制冲突的法律困境——以浙江省台州市椒江区为例[J].二十一世纪（网络版），2006(53).
[121] 庞森.发展权问题初探[J].国际问题研究，1997(1).
[122] 秦晖.并税式改革与"黄宗羲定律"[J].农村合作经济经营管理，2002(3).
[123] 靳相木，沈子龙.国外土地发展权转让理论研究进展[J].经济地理，2010(10).
[124] 清华大学公共管理学院社会管理创新课题组.乌坎事件始末[J].中国非营利评论，2012(2).
[125] 世界银行和国务院发展研究中心.中国：推进高效、包容和可持续的城镇化[EB/OL]. http：//www.worldbank.org/content/dam/Worldbank/document/EAP/China/urban-china-overview-cn.pdf.
[126] 时殷弘.全球化潮流中的国家——关于国家在当今世界政治中的地位、权能和积极作用的系统论说[J].战略与管理，2002(4).
[127] 沈守愚.土地法学通论[M].北京：中国大地出版社，2002.
[128] 栗庆斌.我国土地发展权法律问题研究[D].重庆：西南政法大学，2005.
[129] 苏志强.基于不确定利率及土地发展权的农用土地征地补偿方案[J].山东农业大学学报（自然科学版），2005(3).

[130] 孙建中.国家主权：理想与现实[M].北京：世界知识出版社，2001.
[131] 孙静静，师学义.新增建设用地指标分解中县级政府间博弈分析——基于"公用地悲剧"和"囚徒困境"的视角[J].广东土地科学，2012(3).
[132] 孙立平.向市场经济过渡过程中的国家自主性问题[J].战略与管理，1996(4).
[133] 谭峻，戴银萍.浙江省基本农田易地有偿代保制度个案分析[J].管理世界，2004(3).
[134] 汤芳.土地发展权定价研究[D].武汉：华中农业大学，2005.
[135] 汤林森.文化帝国主义[M].上海：上海人民出版社，1999.
[136] 陶然.土地融资模式的现状与风险[J].国土资源导刊，2013(08).
[137] 陶然，陆曦，苏福兵，等.地区竞争格局演变下的中国转轨：财政激励和发展模式反思[J].经济研究，2009(07).
[138] 陶然，王瑞民，史晨."反公地悲剧"：中国土地利用与开发困局及其突破[J].二十一世纪，2014(8).
[139] 万俊人.美丽中国的哲学智慧与行动意义[J].中国社会科学，2013(5).
[140] 万磊.土地发展权的法经济学分析[J].重庆社会科学，2005(9).
[141] 万琪.土地发展权交易的经济学分析和定价——以浙江省缙云县为例[D].杭州：浙江大学，2013.
[142] 汪晖，陶然.论土地发展权转移与交易的"浙江模式"——制度起源、操作模式及其重要含义[J].管理世界，2009(8).
[143] 汪晖，王兰兰，陶然.土地发展权转移与交易的中国地方试验——背景、模式、挑战与突破[J].城市规划，2011(7).
[144] 汪习根.发展权含义的法哲学分析[J].现代法学，2004(6).
[145] 汪习根.发展权法律规范比较研究[M]//徐显明.人权研究（第2卷）.济南：山东人民出版社，2001.
[146] 汪习根.发展权全球法治机制研究[M].北京：中国社会科学出版社，2008.
[147] 汪习根.法治社会的基本人权：发展权法律制度研究[M].北京：中国人民公安大学出版社，2002.
[148] 汪习根.发展权主体的法哲学分析[J].现代法学，2002(1).
[149] 汪习根.论西部发展权的法律保障[J].法制与社会发展，2002(2).
[150] 王绍光.中国公共政策议程设置的模式[J].中国社会科学，2006(5).
[151] 王绍光.大转型：1980年代以来中国的双向运动[J].中国社会科学，2008(1).
[152] 王晓明.香港土地出让制度的启示与建议[N/OL].中国经济时报2005-07-22. http://theory.people.com.cn/BIG5/40557/49139/49143/3561623.html.
[153] 王义桅.美国的中国焦虑[EB/OL]. http://www.qiqixw.com/junshi/201509/184126.html.
[154] 魏启番.中国第一农民城：龙港镇的由来[M].北京：经济科学出版社，2008.
[155] 魏英敏.当代中国伦理与道德[M].北京：昆仑出版社，2001.
[156] 文贯中.解决三农问题不能回避农地私有化[J].选择周刊(总第104期)，2006-09-20.
[157] 文贯中.土地私有化才符合经济规律[EB/OL]. http://bj.house.sina.com.cn/dcpl/2008-06-21/1010258797.html.
[158] 文茂林.人地挂钩试水新型城镇化[N].中国国土资源报，2012-12-06.
[159] 吴逢旭，陈文苞.温州试验：两个人的改革开放史[M].杭州：浙江人民出版社，2008.
[160] 吴宇哲，彭毅，鲍海君.基于土地发展权分配的征地区片综合地价研究[J].浙江大学学报（人文社会科学版），2008(6).
[161] 谢华.对美国第四点计划的历史考察与分析[J].美国研究，2010(2).
[162] 波兰尼.大转型：我们时代的政治与经济起源[M].冯钢，刘阳，译.杭州：浙江人民出版社，2007.
[163] 许崇德.中华人民共和国宪法史(下卷)[M].福州：福建人民出版社，2003.
[164] 严之尧.集体土地改革寻路[J].财经，2013(22).
[165] 杨宏星，赵鼎新.绩效合法性与中国经济奇迹[J].学海，2013(3).
[166] 杨明洪，刘永湘.压抑与抗争：一个关于农村土地发展权的理论分析框架[J].财经科学，2004(6).
[167] 杨小凯.中国土地所有权私有化的意义[EB/OL]. http://www.aisixiang.com/data/425.html.
[168] 亚马蒂亚·森.以自由看待发展[M].任赜，于真，译.北京：中国人民大学出版社，

2002.
[169] 哈耶克.个人主义与经济秩序[M].邓正来，译.上海：复旦大学出版社，2012.
[170] 穆勒. 政治经济学原理及其在社会哲学上的若干应用（下卷）[M].胡企林，朱泱，译.北京：商务印书馆，1991.
[171] 郁建兴，周俊. 全球化进程中国家与社会的关系[J].哲学研究，2003(4).
[172] 国家土地管理局国外土地制度课题研究组.各国土地制度研究[R].1992.
[173] 曾华群. 国际经济法导论[M].北京：法律出版社，1997.
[174] 曾志敏. 农村发展的理论范式嬗变：理论综述[J].中国非营利评论，2014 (1).
[175] 曾志敏. 国有企业经济行为的法律规制：中国铁路总公司为例[J].中国行政管理，2014 (2).
[176] 张安录. 城乡生态交错区农地城市流转的机制与制度创新[J].中国农村经济，1999(7).
[177] 张安录. 可转移发展权与农地城市流转控制[J].中国农村观察，2000(2).
[178] 张鹏，刘春鑫. 基于土地发展权与制度变迁视角的城乡土地地票交易探索——重庆模式分析[J].经济体制改革，2010(5).
[179] 张蔚文，李学文，吴宇哲.基于可转让发展权模式的折抵指标有偿调剂政策分析[J].中国农村经济，2008(12).
[180] 张俊，陈汉云，杨志威. 土地发展权转移的国际比较研究[J].改革与战略，2008(1).
[181] 张五常. 中国的经济制度：中国经济改革三十周年[M].北京：中信出版社，2012.
[182] 张晓芳，陈龙乾，张晓冬. 基于土地发展权的征地补偿机制浅探[J].经济研究导刊，2010 (13).
[183] 张严冰. 发展理念的西方政治哲学起源与当前之问题[M]//宋磊，朱天飚. 发展与战略——政府、企业和社会之间的互动.北京：北京大学出版社，2013.
[184] 张严冰，楚树龙.中国融入世界的距离还有多远？[J].中国与世界观察，2008(3-4).
[185] 郑永年.中美两种世界秩序观及其冲突[EB/OL]. http://www.zaobao.com/forum/views/opinion/story20150908-524183/page/0/1.
[186] 中国人权研究会.生存权和发展权是首要的基本人权——中国对人权的基本观点之四[N]. 人民日报，2005-06-27(9).
[187] 周建春.农地发展权的设定及评估[J].中国土地，2005(4).
[188] 周黎安.中国地方官员的晋升锦标赛模式研究[J].经济研究，2007(7).
[189] 周其仁.城乡中国（上）[M].北京：中信出版社，2013.
[190] 周其仁.大白菜涨价要不要归公？[EB/OL]. http://www.ftchinese.com/story/001002772.
[191] 周其仁.农地产权与征地制度——中国城市化面临的重大选择[J].经济学季刊，2004(4).
[192] 周其仁. 土地落价又归谁？[EB/OL].http://zhouqiren.org/archives/419.html.
[193] 朱天飚. 比较政治经济学[M].北京：北京大学出版社，2006.
[194] 朱炎生.发展权的演变与实现途径——略论发展中国家争取发展的人权[J].厦门大学学报（哲学社会科学版），2001(3).